Dieses Buch ist von Grund auf *heidnisch*, es gründet auf der paganen ethischen Tradition des (glücklichen) Lebens in einer Welt, die einzig und endlich ist und in der der Mensch die ihm bemessene Zeit zu größtmöglichem Lustgewinn nutzen sollte.

Die Psychologie beschreibt und analysiert die im Menschen verankerten Gefühlsreaktionen, die Evolutionsbiologie richtet den Blick auf zeitliche Abläufe und zeigt, daß der Träger des Glücksgefühls, das Limbische System, Resultat einer langen Stammesgeschichte ist. Die Psychobiologie weiß heute einiges zu sagen über die Struktur und den physikochemischen Ablauf von Emotionen.

Doch das naturalistische Verständnis von Freude und Lust muß keineswegs, so zeigen die Autoren, eine deprimierende Entzauberung dieses emotionalen Komplexes mit sich bringen. Dieses Buch will Denkanstöße geben für eine Lebensgestaltung mit hedonistischem Ansatz: im Bereich von Erotik und Sexualität, bei literarischem und musikalischem Kunstgenuß, sportlicher Betätigung, intellektueller Wahrheitssuche u. v. m.

Auch dem delikaten Problem des Umgangs mit bewußtseinsverändernden Drogen weichen die Autoren nicht aus, da es auch in den Bereich einer hedonistisch orientierten Ethik fällt zu beurteilen, ob eine genußvolle Steigerung des Bewußtseinszustandes eine empfehlenswerte Lebensstrategie sein kann.

insel taschenbuch 2558
Dessau/Kanitscheider
Von Lust und Freude

Bettina Dessau und Bernulf Kanitscheider

Von Lust und Freude

Gedanken zu einer hedonistischen
Lebensorientierung
Mit zahlreichen Abbildungen

Insel Verlag

Umschlagabbildung: Steinskulptur am Sanktuarium der Liebe, Khajuraho, Indien.
Foto: Raghu Raï/Magnum/Focus

insel taschenbuch 2558
Erste Auflage 2000
Erstausgabe

Vertrieb durch den Suhrkamp Taschenbuch Verlag
Umschlag: Michael Hagemann
Satz: Hümmer GmbH, Waldbüttelbrunn
Druck: Pustet, Regensburg
Printed in Germany

1 2 3 4 5 6 – 05 04 03 02 01 00

Inhalt

Der Hedonist und die anderen

Einleitung
Von Lust und Freude

Ein neues Lied, ein besseres Lied,
O Freunde, will ich euch dichten!
Wir wollen hier auf Erden schon
Das Himmelreich errichten.

Es wächst hienieden Brot genug
Für alle Menschenkinder,
Auch Rosen und Myrten, Schönheit und Lust,
Und Zuckererbsen nicht minder.

Ja, Zuckererbsen für jedermann,
Sobald die Schoten platzen!
Den Himmel überlassen wir
Den Engeln und den Spatzen.[1]

Dieses Buch setzt eine Gedankenlinie fort, die mit Reflexionen zur Sinnfrage ihren Ausgang genommen hat.[2] Eine Durchmusterung aller Sinnangebote von Theologie, Philosophie und Wissenschaft ergab, daß eine objektivierbare Sinnhaftigkeit des Lebens, sei es als Zweck oder Ziel, als Strebung oder als spirituelle Disposition, auf der Ebene der naturalen Realität nicht festzumachen ist. Auch jüngste Untersuchungen über die Feinabstimmung des Universums führten nicht eindeutig zu der Überzeugung einer geplanten oder gesteuerten Welt, sondern ließen die Möglichkeit offen, daß die Besonderheiten des geordneten Kosmos auf einem uns täuschenden Selektionseffekt beruhen, dem wir unterliegen, weil wir nicht die ganze Realität, die aus vielen Welten besteht, kennen.[3] So kann auch heute an der Situation des Menschen kaum eine Änderung konstatiert werden gegenüber jener treffenden Charakterisierung, die Max Weber (1919) für die Rolle und Bedeutungshaftigkeit aller kulturellen und geistigen Aktivitäten des Menschen gegeben hat:

»Kultur ist ein vom Standpunkt des Menschen aus mit Sinn und Bedeutung *bedachter* endlicher Ausschnitt aus der sinnlosen Unendlichkeit des Weltgeschehens.«[4]

Das Ergebnis meines Buches hat viele Leser vielleicht in Ratlosigkeit zurückgelassen, obwohl ich mich bemüht hatte, einen Fingerzeig zu geben, wie man nach dem Vorbild epikureischer Denkform mit dem Verlust objektiver Sinnhaftigkeit umgehen könnte. Ein Verweis auf ein antikes Vorbild der Lebensführung, weit über zweitausend Jahre alt, reicht nicht hin, um sich mit einer zeitgemäßen philosophischen Lebensorientierung in unserer komplexen Welt zurechtzufinden. Epikur lehrte unter völlig anderen ökonomischen, sozialen und vor allem philosophischen Randbedingungen. Er mußte sich nicht gegen eine mächtige Tradition durchsetzen, in der statt des individuellen Glücks das Erreichen eines transzendenten Heils oberstes Ziel ist, er konnte auf eine wesentlich sinnenfreudigere Grundorientierung seiner Mitmenschen vertrauen.

Unsere heutige moralische Situation ist gespalten und polarisiert. Extreme moralische Einstellungen begegnen sich mit voller Härte, aufklärerische Sinnenlust trifft auf neue, traditionalistische Asketik. Fundamentalistische religiöse Gruppierungen versuchen die erreichten liberalen Spielräume wieder einzuengen.[5] Fast scheint es, als ob die moralischen Einstellungen einer geschichtlichen sinusartigen Wellenbewegung folgen: Auf libertinistische Autarkiebestrebungen folgt wieder der Wunsch nach einer heteronomen Orientierung, bei der die Maximen der Handlungen von externen ideologischen Instanzen vorgegeben sind. Hinsichtlich dieses konservativen Zeitgeistes ist das nun Folgende vielleicht etwas unzeitgemäß, aber möglicherweise findet es auch der eine oder andere Leser reizvoll, sich antizyklisch zu verhalten.

Dieses Buch ist von Grund auf *heidnisch*, es rekurriert auf die pagane ethische Tradition des glücklichen Lebens in einer Welt, die einzig und endlich ist und in der der Mensch eine begrenzte Verweildauer hat, die er mit etwas Vernunft und Geschick zu einem erfüllten Dasein ausnützen kann, um sich am Ende sagen zu können, daß es sich wirklich gelohnt hat.

Somit wenden wir uns in diesem Buch an all jene, die das intellektuelle Vertrauen in eine theistische Metaphysik verloren haben, und an jene, die den Sprung in den Glauben rational nicht verantworten können.[6] Das Buch wurde für Menschen konzipiert, die sich etwas mehr wünschen als das Getriebensein vom zufälligen Weltgeschehen und die von der Sorge betroffen sind, daß der Mensch ohne objektivierbare Sinnformen unweigerlich von einer nihilistischen Melancholie ergriffen wird, die ihn in Verzweiflung und Lebensverweigerung drängt.

Wir wollen niemanden aus seinen Bindungen lösen, niemanden in seiner geistigen Heimat verunsichern; sollten sich aber bereits Anzeichen der skeptischen Unruhe breitgemacht haben, möchten wir ein aktives, individualistisches Sinnmodell vorschlagen, das, als *Option* gedacht, eine Alternative zu den weltüberschreitenden metaphysischen Ansätzen bietet.

Ein *Weltverächter*, der sich vom Ende aller Dinge verängstigt fühlt, wird kaum überzeugbar sein, er wird seine Sicherung in der Transzendenz suchen. Ein *Weltgenießer* oder Libertin braucht nicht bekehrt zu werden, er tut, was ihm Freude macht. Der *Weltsucher*, der das gute Leben anstrebt, aber nicht weiß, ob dieses moralisch verantwortbar ist, kann an dem Folgenden am ehesten eine psychische Entlastung finden.

Wir setzen in unserer Argumentation Epikur folgend einen durchgängigen Naturalismus voraus, der in seiner einfachsten Formulierung besagt, daß es überall in der Welt mit rechten Dingen zugeht.[7] Dies bedeutet in philosophischer Sprache, daß es keiner spirituellen Realitätsschicht bedarf, um die Welt in ihrem Aufbau und ihrem Ablauf zu erklären. Ebensowenig sind rein geistige Beschreibungselemente vonnöten, um das somatische und mentale Geschehen um den Komplex der Lust, die faktische Basis des Hedonismus, zu verstehen. Auch wenn in der ontologischen Diskussion um Natur und Übernatur noch nicht das letzte Wort gesprochen sein mag,[8] gehen wir in diesem Kontext davon aus, daß emotionale Prozesse neurophysiologische Vorgänge im Gehirn darstellen, daß Gefühle ein emergentes Ergebnis der Interaktion einer großen Zahl von Nervenzellen bilden und daß der Träger des Glücksgefühls, das Limbische System, das Resultat einer langen Stammesgeschichte ist.

Dieser evolutionäre Naturalismus besagt, daß Lust und Glück, aber ebenso Schmerz und Trauer, genauso wie Furcht und Angst, physiologische Zustände des menschlichen Gehirns sind, die durch spontanes Wachstum von Ordnung auf natürliche Weise in die Welt gekommen sind. Selbst wenn ekstatische Formen des Empfindens einen Kontakt mit außerweltlichen Gegebenheiten suggerieren, handelt es sich gemäß der naturalistischen Grundannahme um Zustände der emotiven Zentren unseres Gehirns, ohne dessen Aktivität weder Glück noch Leid im Universum vorhanden wären. Freude und Trauer sind somit emergente Resultate des spontanen Wachstums von Komplexität, das unser kreatives Universum in einer späten Entwicklungsphase hervorgebracht hat.

Zu unseren Wunschvorstellungen gehört es, den Leser davon zu überzeugen, daß ein naturalistisches Verständnis von Freude und Lust keineswegs eine deprimierende Entzauberung dieses emotionalen Komplexes mit sich bringt, sondern im Gegenteil: Die somatische Grundannahme, daß Glück keine extrakorporale Entität ist, gestattet eine bessere Handhabung und ein leichteres Umgehen mit diesem Gefühlskomplex. Das analytische Verstehen der inneren Struktur des emotiven Geschehens stellt keine Verarmung, Herabsetzung oder reduktionistische Verkürzung der phänomenalen Gefühlswelt dar. Vielmehr liefert die Erkenntnis ihrer physiologischen Tiefendimension die Möglichkeit eines vernünftigen Umgangs mit diesem Komplex und einer zielgerichteten Steuerung der Emotionen. Dieses Wissen hat besondere Bedeutung in normativer Hinsicht. Die kognitive Einsicht in den Aufbau der Gefühlsdimension des Menschen kann ihn bewahren, sich in unnötiger Weise gegen seine eigene Natur zu wenden, kurz gesagt, sein Glück zu verringern. Ein *deskriptiver* Naturalismus besagt nicht, daß Verhaltensnormen einfach an der Natur abgelesen werden können, dieser *präskriptive* Naturalismus läßt sich aus logischen Gründen nicht verteidigen. Wohl aber gibt es gute Gründe, bei normativen Forderungen an den Menschen seine ererbten Handlungsdispositionen zu berücksichtigen.

Ein dogmatischer Phänomenalismus, der sich weigert, die organische, also materiale Basis dieser Realitätsschicht anzuerkennen, tappt bei der Einschätzung von Regulierungsalternativen im dunkeln. Wenn man ein System steuern, verändern, optimieren will, muß man seinen inneren Aufbau kennen, das gilt für alle komplexen Gebilde und für Bewußtseinsphänomene. Je genauer man die Struktur und Funktion ihrer Träger kennt, desto besser kann man die Wirkungen normierender Randbedingungen abschätzen, den Schaden für das Individuum abwehren, den Nutzen erhöhen.

Dieses Buch ist das Ergebnis einer intensiven Zusammenarbeit. Das Thema legt auf natürliche Weise einen doppelten Zugang nahe: den deskriptiven und argumentierenden auf der einen Seite und den literarisch exemplifizierenden auf der anderen. Theoretischer Hedonismus muß mit praktischer Hedonik angereichert werden, um die Wirkungsweise einer solchen Lebenseinstellung sichtbar zu machen. Ethische Überlegungen sind kein toter Hausrat, sondern als Leitvorstellungen für effektives Handeln in der Welt gedacht.

Die episodischen Einschübe sollen demonstrieren, wie sich hedonistische Einstellungen in der Lebenspraxis ausgewirkt haben; sie stellen gewissermaßen das Material der Bewährung der abstrakten Erörterungen dar. Nur in der Anwendung der ethischen Prinzipien läßt sich ermessen, ob Menschen, die diesen folgen, glücklicher oder unglücklicher werden.

Gebrauch machen wir auch vom liberalistischen *Prinzip der minimalen Restriktion*. Grundsätzlich spricht alles dafür, die Menschen erst einmal das tun zu lassen, was sie wollen, denn jede Einschränkung erzeugt Unlust und vermeidbares Unbehagen. Jede moralische oder gesetzliche Zwangsmaßnahme bedarf der Begründung durch Hinweis auf konkrete Langzeitschädigungen der Gesellschaft oder des Individuums selbst.

Dieses Permissivitätsprinzip besagt also, daß alle Begrenzungen des naturwüchsigen Luststrebens durch die Angabe guter Gründe untermauert werden müssen. Fehlen diese Rechtfertigungen, ist jede Handlung als moralisch legitim anzusehen. Es ist also immer der Protagonist der Einschränkung, der die Begründungslast für mögliche Verbote trägt. Fehlen solche Begründungen, gilt *laisser faire – laisser aller*.

In dem vorliegenden Gemeinschaftswerk kommt somit eine dreifache Zielsetzung zum Ausdruck:

In *deskriptiver* Hinsicht möchte es Informationen darüber vermitteln, was Philosophie und Wissenschaft zum Thema Lust zu sagen wissen. Im fachwissenschaftlichen Teil können wir uns knapp fassen, da gerade in jüngster Zeit hierzu umfassende

Abhandlungen erschienen sind.[9] Dennoch wird deskriptives Wissen für die systematische philosophische Argumentation gebraucht.

In *normativer* Hinsicht sollen – ohne missionarischen Eifer – Denkanstöße für eine säkulare Lebensgestaltung gegeben werden, die einem naturalistischen Weltbild Rechnung trägt. Ohne Aufdringlichkeit möchten wir den hedonistischen Ansatz empfehlen und nicht mehr, denn wir wissen, daß es keine sicheren moralischen Evidenzen gibt. Auch verbietet der naturalistische Zugang den Gebrauch von einer extrakorporalen Entität wie dem wahrhaft Guten. Da es keine genuinen Intuitionen von einem an sich Guten gibt, können wir nur den Vorschlag machen, mit der hier vorgestellten Strategie die Bewältigung der Lebensprobleme zu versuchen. Immerhin gab es repräsentative Vorbilder in der Vergangenheit – auf die wir in den Literaturbeispielen hinweisen –, die mit einer kyrenaischen oder epikureischen Ethik ein glückliches und zufriedenes Leben erreichten. Dabei haben wir natürlich auch eine emanzipatorische Intention im Auge: das Bewußtmachen dieser möglichen Lebensform soll Befreiung von traditionellen emotionalen Zwängen mit sich bringen, die mit dem genannten Prinzip der minimalen Restriktion nicht in Einklang sind. Hier schließen wir vollinhaltlich an frühere Intentionen an, in denen die Kritik gesellschaftlicher Repression formuliert wurde.[10] In besonderer Weise soll auch bedacht werden, daß die hedonistische Tradition Wesentliches zur emotionalen und intellektuellen *Befreiung der Frau* aus der patriarchalischen Unterdrückung beigetragen hat.

In *ästhetischer* Hinsicht wollen wir aufzeigen, welch ein unschätzbarer Wert in all jenen literarischen Kunstwerken verborgen ist, in denen das hedonische Grundprinzip sichtbar umgesetzt ist. Auch wenn dieser Hinweis auf positive Konsequenzen einer philosophischen Einstellung kein systematisches Argument darstellt, kann die ästhetische Manifestation doch eine suggestive Anschauung liefern dafür, daß der Lust eine enorme schöpferische Kraft innewohnt.

Manch einer, der sich seines Lebenszieles sehr sicher ist, der in freudvoller Gelassenheit mit seiner gegenwärtigen Seelenverfassung zufrieden ist, wird sich fragen, wozu »diese« Reflexion nütze sei: Nun, sie dient dem Suchenden, nicht dem, der weiß oder wähnt, sein Ziel gefunden zu haben. Die Frage nach dem Sinn und dem obersten Ziel des Daseins verschwindet im Zustand emotionaler Ergriffenheit, die Freude selber bringt das Denken zum Schweigen. In diesem Zustand der lusterfüllten Glückseligkeit hat der Mensch das Leben der Götter erreicht, sagt Epikur. Diese besitzen das Glück dauerhaft, dem Menschen ist jedoch dieses göttliche Glück nur temporär beschieden, er muß sich immer wieder auf die Suche machen, es zu finden.

B. D./B. K.

Die Philosophie der Lust

»Der sei nicht mein Genoß, der mir zum
Weine beim vollen
Becher von Fehden erzählt und vom
leidigen Krieg;
vielmehr der in geselligem Frohsinn
gern der Musen
und Aphrodites holdseliger Gaben gedenkt.«

Anakreon

Die Leidenschaft und das höchste Glück

Hedonismus ist die philosophische Verfeinerung einer Maxime des Handelns, die im Alltag mit einem despektierlichen Unterton durch »Wein, Weib und Gesang« charakterisiert wird. Diese Redensart verwendet man häufig, um auszudrücken, daß sich ein Zeitgenosse mehr dem Genuß der Sinne als der Pflicht der Arbeit hingibt. Die Formulierung enthält noch die traditionalistische Ausrichtung auf den Mann. Selbst wenn man aber heute den darin ausgedrückten Sexismus durch eine symmetrische Formulierung »Wein, Mann und Gesang« ergänzte, bliebe nicht verborgen, daß die Anweisung zu dieser praktischen Hedonik in der Gesellschaft einen denkbar schlechten Ruf besitzt.

Wie die Lebenspraxis des Genießens, die Hedonik, wenig angesehen ist, so war auch die ethische Position des Hedonismus immer ein Kellerkind der Philosophie, eine moralphilosophische Haltung mit geringer Reputation. Man sah darin Flachheit, Oberflächlichkeit und geringen sittlichen Ernst. Lag nun das geringe Ansehen des Hedonismus an dessen begrifflicher Schwäche oder daran, daß dieser keinen kohärenten Vorschlag zur Spezifikation des höchsten Zieles und der Ordnung eines gedeihlichen Zusammenlebens der Menschen machen konnte? Oder lag der Grund der Geringschätzung doch an der aprioristischen Vorgabe, daß der »Lust« einfach ein niedriger Platz in der Skala der moralischen Werte gebührt?

Etwas Licht wird auf diese Fragen geworfen, wenn wir uns die ersten Reflexionen über dieses Thema ansehen, welche in jenem Land durchgeführt worden sind, aus dem auch der Schlüsselbegriff unseres Themas stammt. ἡδονή bedeutet im Griechischen einen Komplex, dem der Charakter einer Sprachfamilie zukommt.[11] Das semantische Spektrum aller Varianten von ἡδονή deckt eine Vielfalt von Gefühlen ab, die den Wohlgeschmack ebenso wie die sinnliche Begierde und die Wollust umfassen. Eine der Schwierigkeiten, mit diesem Schlüsselterm eine brauchbare philosophische Position zu verbinden, liegt also an dem schwer zu präzisierenden Lustbegriff. Jeder Begriff, der zur Charakterisierung einer Empfindung angesetzt wird, muß bestimmte Handlungstypen einschließen und andere ausschließen. Wenn lustvolles Empfinden einfach mit dem identifiziert wird, was eine Person zu einem beliebigen Zeitpunkt anstrebt, dann würde jede Hedonismusthese zur Trivialität degenerieren.[12] Auch ein Asket wäre demnach ein besonderer Hedonist, weil er einer Wunschvorstellung folgt, die darin besteht, keine Leidenschaften mehr zu besitzen, und seine höchste Lust bestünde in der vollkommenen Lustferne. Die Notwendigkeit einer semantischen Einschränkung wird auch dadurch deutlich, daß im religiösen Kontext das höchste Ziel in quasihedonistischer Sprache ausgedrückt wird und der Himmel als Ort der ewigen Freude gilt, was unter Umständen aber mit einem asketischen Ideal im irdischen Leben verbunden sein kann.[13]

Wir wollen im folgenden unter »Lust« nur auf Erden ablaufende Affektionen der Sinne verstehen, und zwar solche, die eine positive emotionale Tönung besitzen. Wenn wir von intellektueller Lust, z. B. von der Freude an dem Einsehen gedanklicher Zusammenhänge reden wollen, werden wir dies eigens vermerken. Im Zusammenhang mit der Diskussion einiger moralphilosophischer Thesen werden wir über das Abwägen von sinnlicher und intellektueller Lust verhandeln. In einem späteren Abschnitt wird darüber hinaus deutlich werden, daß auch diese Abgrenzung im Grunde willkürlich ist und daß sinnliche und intellektuelle Freude nicht so kategorial verschieden sind, wie dies vom Phänomen her erscheint. Dazu bedarf es allerdings genauer physiologischer Kenntnisse und eines expliziten psychobiologischen Modells über das Zustandekommen lustvollen Erlebens. Erstweilig jedoch soll der Lustbegriff so eingeschränkt verwendet werden, daß mit »Lust« der Reizzustand mindestens eines Sinnes (des Gehör-, Geschmacks- oder Tastorgans) gemeint ist, der im bewußten Erleben als Wohlbefinden konstatiert wird. Die noch immer erhebliche Vagheit dieses Begriffes, der eine sehr komplexe Sinneswahrnehmung wiedergibt, kann nur durch beispielartige Kontexte verkleinert werden. Denn in einem bestimmten Kulturrahmen gibt es durchaus klare und verständliche Verwendungen für bestimmte Begriffe des Erlebens, also auch für »Lust«. Als zum ersten Mal ein griechischer Philosoph die Lust zum obersten Wert (τέλος) erhob, konnten sich seine Zeitgenossen darunter durchaus etwas Konkretes vorstellen. In der Stadt Kyrene, im Osten der großen Syrte in Nordafrika, lebte Aristippos (435-360), ein Schüler des Sokrates, den seine Zeitgenossen als »Virtuosen der Lebenskunst und der Kunst der Menschenbehandlung« beschrieben.[14] Sein Streben muß es gewesen sein, den Stürmen des Lebens und den Schicksalsschlägen gewachsen zu sein. Diogenes Laërtius erzählt uns,[15] wie dieser bemüht war, in allen Situationen Ruhe und Beherrschung zu bewahren, aber nicht dadurch, daß er den Gefahren auswich, sondern daß er sie zu meistern versuchte: So wie man das Reiten nicht vermeidet, weil es unter Umständen gefährlich ist, ein Pferd zu besteigen, sondern versucht, dieses zu lenken, zu leiten und zu zügeln, genauso wie man auch auf die Vorteile der Seefahrt nicht aus Angst, unterzugehen, verzichtet, sondern das Schiff auf den richtigen Kurs lenkt – ebenso muß man auch sein Leben umsichtig steuern. Auch in bezug auf die Liebe spielt Aristipp immer wieder auf dieses Steuerungsmodell an. Seine Lebenskunst wird aus Anekdoten deutlich, die von dem Verhältnis zu seiner Geliebten Laïs aus Korinth erzählt werden. Diese zu ihrer Zeit äußerst begehrte Hetäre[16] stand im Ruf, vielen Männern den Kopf so zu verdrehen, daß deren Handlungs- und Entscheidungsfähigkeit reichlich eingeschränkt erschien. Aristipp aber war sich sicher: »Ich besitze, ich werde nicht besessen«[17], so meinte er jedenfalls. Das bei Athenaios geschilderte Verhältnis von Aristipp und Laïs ist sehr aufschlußreich: »Aristipp verbrachte jedes Jahr zwei Monate mit Laïs zusammen in Aegina, zur Zeit des Festes von Poseidon. Hiketas schalt ihn: du gibst ihr so viel Geld, und sie schwelgt mit Diogenes umsonst. Da antwortete Aristipp: ›Ich mache der Laïs Geschenke, damit sie mir Genuß verschafft, nicht damit sie einem anderen keinen bereitet.‹«[18] Die Vielseitigkeit seiner Gespielin brachte ihn keineswegs aus dem Gleichgewicht. Ebenso gelassen reagierte er auf deren aktive Vergangenheit: Als Diogenes Aristipp vorwarf, er lebe mit einem Freudenmädchen zusammen, beruhigte ihn letzterer mit einem einfachen Gleichnis:

– Ist es unbotmäßig, in einem Haus zu wohnen, in dem andere schon gelebt haben? –

– Eigentlich nicht – antwortete Diogenes

– und mit einem Schiff zur See zu fahren, das schon viele benützt haben? –

– auch dagegen gibt es nichts einzuwenden –

– dann gibt es auch keinen Grund, mit einer Frau nicht zu verkehren, die schon viele andere erfreut hat. –[19] (Vgl. Abb. 1)

Offensichtlich war Aristipp nicht von der Idee des sexuellen Privateigentums und dessen eifersüchtiger Bewachung besessen, wie sie in der Folge die Regel wurde.[20] Diese Gewandtheit in der Bewältigung von konfliktträchtigen Situationen ist charakteristisch für den Begründer der hedonistischen Philosophie. Daraus spricht ein Pragmatismus, der mit undogmatischer Gelassenheit eine Optimierung der Möglichkeiten des Lebens anstrebt und sich jedenfalls nicht aus prinzipienethischen Überlegungen heraus selbst Stolpersteine in den Weg legt. Aristipp war ein Philosoph, der sich niemals von aprioristischen Grundsätzen, von Vernunftprinzipien leiten ließ, sondern von der Erfahrung. Er war der Überzeugung, daß es ein Grundstreben bei allen höheren Lebewesen gibt, bei Tieren und Kindern ebenso wie beim erwachsenen Menschen, daß sie der Lustempfindung spontan zuneigen und ebenso unmittelbar bemüht sind, der Unlust zu entfliehen. Die glückliche Lebensführung ergibt sich nach Aristipp und der – nach seinem Wohnort benannten – kyrenaischen Schule als Erfahrungstatsache über den Kern der menschlichen Natur: Der Mensch strebt von Natur aus nach Lust. Als anthropologische Grunddisposition muß der Wunsch nach Erreichung und Steigerung dieses Zustandes deshalb die Basis für die Regeln des menschlichen Lebens abgeben. Dies bedeutet erst einmal, daß das Befolgen des Luststrebens keiner weiteren Rechtfertigung bedarf, wohingegen ein Vermeiden von Lust auf eine Begründung angewiesen ist. Dieses Rechtfertigungsproblem wurde in besonderer Weise noch einmal von Eudoxos von Knidos (407-357) aufgegriffen, der ein Mathematiker mit offenbar stark hedonistischen Neigungen war. Eudoxos begründet den superioren Charakter der Lust mit der Tatsache, daß diese von den Menschen als *Selbstzweck* angesehen wird und nicht als etwas, das man um einer anderen Sache willen begehrt: »Niemand frage, zu welchem Zweck man sich freuen wolle, und darin spreche sich die Tatsache aus, daß die Freude und die Lust *an sich* begehrenswert ist.«[21] Einem Verliebten kann man sinnvolle Fragen stellen, *welche* Wege er einschlägt, um mit dem Ziel seiner Verehrung vereint zu sein. Aber jeder Mensch, der jemals diesen emotionalen Zustand erfahren hat, wird die Frage als unsinnig abweisen, *warum* er dieses Ziel überhaupt anstrebt. Begründungen mit Hinweisen auf den Lustcharakter einer Handlung sind gemäß Eudoxos' Argument *Letztbegründungen*, sie können nicht auf ein tieferes Prinzip zurückgeführt werden. Etwas anders gewendet, bedeutet Eudoxos' Argument, daß wir uns nicht entschuldigen müssen, wenn wir das tun, was uns am meisten Freude bereitet; wohl aber kann es gute Gründe geben für einen Verzicht auf Genuß, wenn Konsequenzen sichtbar werden, die für uns von Übel sind. Erst wenn wir die Bilanz von Lust und Unlust ziehen, müssen wir begründen und abwägen.

Aristipp befürwortet nicht ein blindes Befolgen eines punktuellen, kurzzeitigen Luststrebens, sondern setzt die Vernunft als Verrechnungsorgan für die Lustmaximierung ein. Ohne Vernunft könnte im Grenzfall sogar die selbstzerstörerische Folge eines Genusses alle zukünftigen Glücksempfindungen zunichte machen. Ein Übermaß von einer stimulierenden Droge oder eine gefährliche Sexualvariante können weitere Freuden verderben.

Was die inhaltliche Ausführung des Lustbegriffes betrifft, so erfahren wir bei Aristipp wenig. Jedenfalls wird klar, daß er nicht wie später Epikur das Fehlen von Unlust, die Freiheit von Schmerz, also gewissermaßen den neutralen Zustand zwischen den beiden Polen der Lustskala als erstrebenswerten Zustand ansieht. Vielmehr bezeichnet er als höchstes Ziel die sanfte, zur Empfindung hin sich steigernde Bewegung.[22] (Vgl. Abb. 2)

Man kann nur Vermutungen darüber anstellen, warum Aristipp die »sanfte Bewegung« mehr betont als die rauhe, ungestüme Aktivität, die er eher der Unlust zuordnet. Möglicherweise entsprach diese Dynamik der Lust seinem eigenen Empfindungsvermögen. Vielleicht dachte er auch an die kurze Dauer des Vergnügens, die gerade im sexuellen Bereich die Folge ist, wenn das Geschehen zu sehr forciert wird.

Klonarion: Man hört ja merkwürdige Dinge von dir, Leaina. Die reiche Megilla aus Lesbos soll dich wie ein Mann lieben und ihr sollt, ich weiß nicht was, miteinander treiben, wenn ihr zusammen seid. Wie steht's damit? du errötest? sprich, verhält sich's so?

Leaina: Ja, es ist so, Klonarion; ich schäme mich aber; denn es ist etwas Widernatürliches.

Klonarion: Bei der Aphrodite, heraus mit der Sprache! Was ist's, oder was will das Weib? Was macht ihr, wenn ihr beisammen seid? Siehst du, du hast mich nicht lieb, sonst würdest du es mir nicht verbergen.

Leaina: Wenn irgendeine, so liebe ich dich. Diese Frau hat etwas außerordentlich Mannsmäßiges.

Klonarion: Ich verstehe nicht, was du meinst, wenn du nicht etwa sagen willst, daß sie eine Buhlerin ist, wie es deren auf Lesbos geben soll, so Mannweiber, die sich von den Männern nicht beikommen lassen, sondern mit Weibern nach Männerart Umgang pflegen.

Leaina: Ja, so was ist es.

Klonarion: Nun also! das eben sollst du mir erzählen, Leaina, wie sie die Sache einfädelte, wie du dich überreden ließest usw.

Leaina: Sie und die Korintherin Demonassa, die ebenfalls reich ist und denselben Sport treibt wie Megilla, hielten ein Trinkgelage: mich zogen sie zu, damit ich ihnen auf der Zither vorspielte. Nachdem ich gespielt hatte und es schon spät und Schlafenszeit war, hatten sie einen in der Krone, und Megilla sagte zu mir: Komm, Leaina, es ist bereits Zeit, sich zur Ruhe zu begeben, bleib also hier und schlafe zwischen uns beiden.

Klonarion: Und du tatest es? Und dann, was geschah weiter?

Leaina: Zuerst gaben sie mir Küsse wie Männer, berührten nicht nur meine Lippen wie Männer, sondern steckten mir sogar die Zunge in den Mund, umarmten mich und drückten meine Brüste. Demonassa biß mich sogar beim Küssen mitten dazwischen. Ich konnte mir noch immer nicht denken, wo das hinaus sollte. Endlich nahm Megilla, der es schon etwas heiß war, ihre Perücke ab, die gar nicht zu erkennen war und wie angewachsen aussah: da sah man, daß sie sich das Haar ganz kurz geschoren hatte, wie es die mannhaftesten Athleten zu tun pflegen. Als ich dies sah, bekam ich's mit der Angst. Sie aber sagte: Hast du schon einen so schönen Jüngling gesehen? Ich sehe hier ja gar keinen Jüngling, gab ich zur Antwort, o Megilla. Mache mich nicht zu einem Weibe, erwiderte sie darauf, denn ich heiße Megillos und habe vor langer Zeit diese Demonassa hier geheiratet, und sie ist meine Frau. Da mußte ich lachen, Klonarion, und sagte: So war es uns also verborgen geblieben, Megillos, daß du ein Mann bist, just wie der Sage nach Achill unter dem Purpurgewand inmitten der Mädchen verborgen war. Hast du auch das, was den Mann ausmacht, und tust damit der Demonassa, was die Männer zu tun pflegen? Das habe ich nun zwar nicht, Leaina, entgegnete sie, ich bedarf seiner aber auch keineswegs: du wirst sehen, daß ich mich auf eine besondere und weit wollüstigere Art mit dir vergnüge. Du bist doch nicht etwa ein Hermaphrodit, fragte ich, wie es deren viele geben soll, die mit den Merkmalen beider Geschlechter versehen sind? Denn noch immer wußte ich nicht, was los war, Klonarion: O nein, erwiderte sie, ich bin ganz und gar Mann. Ich hörte, fuhr ich fort, die böotische Flötenspielerin Ismenodora erzählen, was sich in ihrer Heimat begeben haben soll, daß nämlich in Theben aus einem Weibe ein Mann geworden sei, der zugleich der beste Seher war – Tiresias, glaub' ich, hieß er. Ist es dir vielleicht auch so gegangen? O nein, Leaina, entgegnete sie, geschaffen bin ich ebenso wie ihr andern, mein Herz, meine Begierden und alles andere ist aber männlich. Genügt dir denn die bloße Begierde? fragte ich. Sei mir zu Willen, Leaina, antwortete sie, wenn du ungläubig bist, und du wirst erkennen, daß ich den Männern nichts nachgebe. Anstatt ihrer Waffe habe ich etwas anderes. Ergib dich mir also, und du wirst es sehen. Ich tat es, Klonarion, weil sie mich inständig darum bat und mir eine kostbare Halskette und einige von den leichten Schleiern schenkte. Hierauf umschlang ich sie wie einen Mann, sie küßte mich und machte, was du weißt und atmete schwer und schien mir eine übergroße Wollust zu empfinden.

Klonarion: Was oder wie machte sie es denn aber, Leaina, das mußt du mir vor allen Dingen sagen.

Leaina: Frage nicht so genau, es ist unanständig; deshalb schwöre ich dir bei der himmlischen Aphrodite, daß ich es nicht sagen werde.[23]

Lukian · 120-180

Aristipp will niemandem moralische Empfehlungen geben, die dessen Wesen nicht gemäß sind. Durch den überlieferten Satz: »Zwischen Lust und Lust [...] ist kein Unterschied, und es gibt nichts, was sich durch einen höheren Grad von Annehmlichkeit von dem anderen Angenehmen hervorhebt«[24], wird klar, daß es keine apriorische Bewertung von Arten der Lust geben kann. Zwar läßt er keinen Zweifel darüber, daß sein Lustbegriff durch die körperlichen Annehmlichkeiten bestimmt ist, und zwar durch solche, die mit *Bewegung* verbunden sind und die nicht in der schmerzlosen Empfindungslosigkeit bestehen – wie beim Schlaf –, aber welche Variante der körperlichen Bewegung nun die maximale Steigerung der Gefühle mit sich bringt, darüber möchte Aristipp keine Vorgaben machen, dies überläßt er dem individuellen Erleben.

Es bedeutet schon ein erstaunliches Stück griechischer Weisheit, einzugestehen, daß es keine unfehlbaren Intuitionen über die Wertehierarchien geben kann und daß es dem Individuum überlassen werden muß, sich jene Lustart zu wählen, bei der es glücklich ist.

In dieser Hinsicht mochten die metaphysisch orientierten Philosophen nicht zustimmen. Aristoteles leugnet zwar nicht, ja bekräftigt es sogar, daß die Lust ein hohes Gut ist. Auch die Erfahrungstatsache, daß Tiere und Menschen nach ihr streben und verlangen, ist ihm ein Indiz für eine solche Bewertung.[25] Der Wunsch nach Lust entspricht der naturgemäßen Entfaltung menschlicher Dispositionen. Jedoch erfährt die Lust eine Bewertung vom Zielobjekt des Begehrens her. Nicht alle Dinge haben den gleichen Grad an Vollkommenheit. Diese Existenz einer metaphysischen Abstufung in der Wertigkeit der Objekte ist nämlich Voraussetzung für eine moralische Gewichtung: »Jeder Sinn hat nämlich seine Lust, und ebenso gibt es eine Lust des Denkens und Betrachtens, und die höchste Lust liegt in der vollkommensten Tätigkeit, und am vollkommensten ist die Tätigkeit eines sich in guter Verfassung befindenden Tätigen gegenüber seinem vornehmsten Gegenstand.«[26] In der aristotelischen Hierarchie liegt natürlich das Göttliche, wie es sich in der Ordnung und Harmonie des Weltalls spiegelt, an oberster Stelle, so daß letztlich das Erkennen des Weltalls das höchste Glück darstellt.[27] Aus der metaphysischen Stufenleiter ergibt sich also die Wertehierarchie und damit auch die Einteilung in höhere und niedere Arten der Lust. Es erübrigt sich zu erwähnen, daß aus heutiger Sicht Aristoteles kaum mehr als sein subjektives Empfinden dafür einsetzen kann, die werthafte Abstufung des Seienden zu rechtfertigen. Aristoteles' Freude am erhabenen Charakter des Kosmos, ebenso wie später Kants Bewunderung des gestirnten Himmels, sind persönliche Bekenntnisse, die ihre emotive Befindlichkeit spiegeln, aber nichts, was sich transpersonal festmachen ließe. Einen Verliebten wird der Körper seiner Geliebten zu der gleichen Begeisterung hinreißen wie den Theoretiker die Ordnung des Weltalls. So muß es doch bei Aristipps Einsicht bleiben, daß eine hierarchische Ordnung der Lustempfindungen eine Illusion ist, insofern sie sich auf eine nicht vorhandene metaphysische Stufenlehre stützt.

Aristipp verteidigt also eine individualistische und personalistische Ethik, die als höchstes Ziel das lustvolle Einzelereignis und nicht eine Art integrierter Form des Wohlbefindens anstrebt, die manchmal mit der Glückseligkeit εὐδαιμονία assoziiert ist. Dies bedingt eine Konzentration auf den Augenblick, die entscheidend für den mit dieser Ethik verbundenen Lebensvollzug ist. Es geht um das momentane individuelle Glück, das durch das Erleben sinnlicher Lust gegeben ist, wobei diese ihren Wert behält, wie immer auch die Empfindung zustande gekommen ist. Es gibt also rein von den Phänomenen her keine moralische Abqualifizierung eines intensiven positiven Erlebnisses wegen dessen verwerflicher Ursache. Ob Aristipp es gesehen hat, wissen wir nicht, aber hier liegt ein Problem vor, das ein konsequenter Hedonismus lösen muß: Wenn man, wie sich Kondylis ausgedrückt hat, die »Entkoppelung der Legitimität der Lust von der Legitimität ihrer Ursache«[28] konsequent vertritt, könnte auch für andere Menschen schädliches und schmerzvolles Geschehen zur Erreichung des persönlichen Lustgewinnes toleriert werden. Dies widerspricht natürlich der Grundintention einer universalisierbaren Ethik, die nicht nur Regeln für einige wenige Menschen aufstellen will, sondern für alle Menschen anwendbar sein soll. Wie wir später sehen werden, muß das Lustprinzip in reziproker Form bzw. als zeitüberspannende Rückkopplungsregel formuliert werden. Dann läßt es sich vermeiden, Lustgewinn aus dem Leiden anderer zu ziehen. Aristipp ist es vermutlich aufgrund seiner sokratischen rationalistischen Orientierung gar nicht in den Sinn gekommen, sein Glück auf dem Unglück anderer Menschen aufzubauen. Sosehr er das punktuelle körperliche Erleben betont, er propagiert dies in keinem Fall als völlig blindes, von den Konsequenzen abgehobenes Geschehen. Seine menschenfreundliche Lebensart weist überdies darauf hin, daß er auch bei der Suche nach Lust sehr wohl auf seine Mitmenschen Rücksicht genommen hat. Viele aus seinem Leben überlieferten Anekdoten belegen, daß er die Konsequenzen seines Handelns durchaus im Blick hat, daß er nie die Übersicht über den Ablauf der Ereignisse verlieren will. Umsicht und Folgenabschätzung gehören zu den Prinzipien seines Handelns, auch bei extravaganten Eskapaden. »Als beim Eintritt in das Haus einer Dirne einer seiner jungen Begleiter errötete, sagte er: ›Nicht im Eintritt liegt das Bedenkliche, aber nicht wieder loskommen können, das ist's.‹«[29]

Dir allein ist ein Liebhaber zuteil geworden, den du so liebst, daß du auch keinen Augenblick dich von ihm trennen kannst. Welche Ungefälligkeit, bei der Aphrodite! Von Glycera schon so oft eingeladen, wie sie mir bei dem Dionysienfest sagte, kommst du nicht, und wenn nicht auf die Einladung jener, so hätte es dich doch wenigstens treiben sollen, deine Freundinnen zu besuchen. Freilich, du bist weise geworden und liebst deinen Liebhaber. Du bist glücklich ob deines guten Rufes. Wir aber sind Huren und zügellos. Auch Philo hatte einen Stab aus Feigenholz. Ich ärgere mich, bei der großen Göttin. Wir alle waren anwesend: Thessala, Myrrhine, Chrysion, Euxippe, später kam auch Philumene, obwohl sie sich erst neulich verheiratet hat und von der Eifersucht ihres Mannes verfolgt wird. Aber sie brachte ihren lieben Mann zu Bett und kam, wenn auch spät. Du allein hast deinen Adonis gehätschelt, damit er nicht von dir, der Aphrodite, verlassen, eine Beute der Persephone werde. Ich sage dir, ein Mahl feierten wir – warum soll ich dir nicht ein bißchen das Herz schwer machen – das war die Anmut selbst! Gesänge, Scherzgedichte, ein Gelage bis zum Hahnenschrei. Salben, Kränze, Konfekt, Lorbeer beschattete den Ort, da wir lagerten, eins nur fehlte uns dabei, du, sonst nichts. Was uns aber am meisten Vergnügen bereitete, war ein Wettstreit zwischen Thryallis und Myrrhine, wer die schönsten und zartesten Hinterbacken habe. Zuerst löste Myrrhine den Gürtel, bewegte unter dem seidenen Gewand die zitternde Hüfte hin und her, und es sah aus wie Rahm oder gestandene Milch. Und sie blickte dabei zurück auf die Bewegungen ihres Hinterns, zugleich seufzte sie leicht wie beim Liebesakt, so daß ich, bei der Aphrodite, starr war. Doch Thryallis ließ sich nicht abschrecken, sie nahm den Kampf auf und übertrumpfte sie durch Zügellosigkeit. Nicht mit einem Schleier, rief sie, werde ich zum Wettkampf antreten, auch nicht durch Sprödetun, sondern gleichsam im Nacktkampf, denn der Kampf liebt keine Verstellungen. Damit legte sie das Gewand ab, und indem sie die Hüfte ein wenig aufwärts bog, sagte sie: Da schau her, meine Haut, wie rein, makellos und lauter, Myrrhine. Die Purpurfarbe meiner Hüften, wie sie in den Schenkel übergehen, und diese selbst nicht zu fleischig, nicht zu mager, und die Grübchen an ihrem Ende. Bei mir zittert es nicht, beim Zeus, wie bei der Myrrhine, sagte sie lächelnd, und sie brachte ein solches Schwingen der Hinterbakken hervor und drehte sie herum nach allen Seiten, als ob sie fließend wären, daß wir alle aufsprangen und der Thryallis den Sieg zusprachen. Dann gab es noch andere Vergleichungen und Wettkämpfe wegen des Busens. Mit dem Leib der Philumene wagte keine zu wetteifern, denn er hatte noch nicht geboren und war blühend. Nachdem wir nun die ganze Nacht gefeiert und über unsere Liebhaber geschimpft und den Wunsch ausgesprochen hatten, es möchten uns andere zuteil werden – denn die letzte Liebe ist ja immer die schönste –, gingen wir auseinander, vom Weine voll. Auf dem Wege taumelten wir oft hin und her und stürmten lärmend zu Deximachos in der goldenen Gasse, wie wenn wir zur Agnos wollten, nahe beim Hause des Menephron. In den ist nämlich Thais unsterblich verliebt, und nicht mit Unrecht, denn er ist ein junges Bürschchen, das erst neulich eine reiche Erbschaft angetreten hat. Jetzt will ich dir deine stolze Zurückhaltung verzeihen. Am Erntefest werden wir beim Liebhaber der Thessala tafeln, denn sie pflegt den Liebling der Aphrodite. Daß du mir ja kommst mit deinem Kästchen und den

Korallen und deinem Adonis, den du jetzt so innig liebst. Denn wir wollen mit unseren Liebsten zechen. Leb wohl![30]

Alkiphron · 2. Jh. n. d. Z.

In der Betonung der sicheren Handhabung der Triebsphäre näherten die Kyrenaiker sich der fast gleichzeitig existierenden Philosophenschule der Kyniker. Obwohl die Kyniker von ihrem Ansatz her die Antagonisten der Lustethiker waren, weil sie die Selbstgenügsamkeit und die Tugendhaftigkeit als oberstes Ziel betrachteten, kamen sie in einigen ihrer ethischen Konsequenzen zu Empfehlungen, die sich durchaus mit hedonistischen Idealen berührten. Die von dem Sokrates-Schüler Antisthenes (455-360) begründete Schulrichtung der Kyniker verteidigte ebenso wie die Kyrenaiker die Autarkie im Sinne einer völligen Befreiung von gesellschaftlichen Konventionen und von herkömmlichen moralischen Normen. Um diese Selbständigkeit auch in der Sexualethik zu demonstrieren, forderte Diogenes von Sinope (gestorben 323) die Aufhebung der Ehe und die Einführung der Promiskuität. Dies sollte allerdings keinen Freibrief für gewaltsame sexuelle Akte bedeuten, denn nach seiner Vorstellung darf nur gütliche Überredung zum Geschlechtsverkehr angewendet werden. Die Kinder sollten nach Diogenes' Vorstellung nicht von der Familie, sondern von der Gemeinschaft erzogen werden.[31] Mit gesellschaftlichen Regeln ging Diogenes sehr rationalistisch um. Auch an einem öffentlich durchgeführten Sexualakt fand er nichts Verwerfliches, weil an einem natürlichen Vorgang nichts häßlich sein könne, weshalb die Tabuisierung und das Verbergen dieser Tätigkeiten unsinnig seien.[32] Man muß allerdings betonen, daß die kynische provokative Nonchalance nicht vom Prinzip der Lustmaximierung, sondern von der Tendenz zur Befreiung von sozialen Zwängen motiviert war. Dennoch hat Diogenes ein Problem aufgeworfen, das bis in die Gegenwart reicht und das auch moderne Sexualethiker immer wieder zum Grübeln veranlaßt hat. Vom rein rationalistischen Standpunkt aus ist es nicht klar, warum bis zum heutigen Tag das sexuelle Geschehen versteckt werden muß. Wenn der Geschlechtsakt wirklich moralisch neutral ist, wenn er, wie Diogenes ja vorschlug, nur durch freie Vereinbarung zustande kommt, wenn er zudem ein Naturvorgang ist, warum muß er geheimgehalten werden? Auch Michel de Montaigne fragte noch Jahrhunderte später kopfschüttelnd: »Was hat das Zeugungswerk den Menschen gethan, diese so natürliche, so nothwendige und so billige Handlung, daß sie niemals ohne Scham davon reden und es von allen ernsthaften und tugendsamen Unterredungen ausschließen?«[33] Moderne Sexualwissenschaftler rätseln gegenwärtig noch immer an den Gründen für die Existenz einer sogenannten Intimmoral, ohne schlüssige Motive vorlegen zu können.[34] (Vgl. Abb. 3)

Diogenes jedenfalls gründet seinen Vorschlag auf das Prinzip »Naturalia non sunt turpia«[35] (Naturdinge sind niemals häßlich). Dieser liberale Grundsatz entspricht aber zweifellos nicht der modernen Rechtsauffassung. Diogenes' Vorschlag würde heute den Tatbestand von § 183 a, »Erregung öffentlichen Ärgernisses«, erfüllen. Diese Tatsache dispensiert uns allerdings nicht davon, zumindest im philosophischen Kontext über die Gründe und den Sinn einer solchen gesetzlichen Normierung nachzudenken.[36]

Eines zeigen aber die kynischen Vorschläge zu Änderungen des gesellschaftlichen Regelsystems schon auf: Offenbar hebt sich die Sexualität von den übrigen Vergnügungen wie Musik, Theater, Tanz oder gemeinschaftlichem Genuß halluzinogener Getränke wesentlich ab. Alle diese freudvollen Tätigkeiten besitzen sozialen Charakter, sie dürfen in Gruppen geschehen. Irgend etwas scheint an der Geschlechtlichkeit zu sein, das zumindest die partielle soziale Ausgrenzung rechtfertigt. Allein schon der Umfang der Aufmerksamkeit, die der moralischen Betrachtung des Sexualverhaltens gewidmet wird und der bezüglich der Kontrolle anderer, sozialer Vergnügungen nichts entspricht, weist auf eine psychologische Sonderstellung dieser Klasse von Emotionen hin.

Nicht nur unter den Kynikern, auch in der Kyrenaischen

Schule machte man sich Gedanken, wie weit man sich von den gesetzlichen Schranken der Gesellschaft in seinem Lebensstil hindern lassen sollte. Theodoros Atheos[37], der – wie sein Beiname sagt – die Existenz der Gottheit ablehnte, kritisierte beispielsweise die Einrichtung der Wehrpflicht. Viele Hedonisten haben sich in der Folge für den Pazifismus ausgesprochen, allen voran die römischen Liebesdichter wie z. B. Properz; der ist zwar noch bereit, diejenigen Krieger, die es nach Ruhm, Rache und reicher Beute gelüstet, mit zündenden Aufrufen zu unterstützen; aber teilnehmen am Kampf möchte er nicht, er bleibt lieber zu Hause bei seiner Cynthia, die Liebe zu ihr ist sein Lebensinhalt.[38] Im 18. Jahrhundert wiederholt Julien Offray de LaMettrie seine Abscheu gegenüber Soldaten, Militarismus und Krieg, und auch Bertrand Russell hat in ähnlicher Richtung argumentiert. Kritiker dieser Einstellung werden darauf hinweisen, daß diese Haltung nicht für das Überleben eines Volkes taugt. Aber immerhin erfüllt Properz' Haltung die Minimalbedingung einer ethischen Regel, sie ist universalisierbar. Wenn alle Männer sich statt kriegerischer Aggressionen der Liebe zu ihren Frauen widmeten, wäre der Frieden gesichert.

Kinesias: Wie kannst du so mir's machen, Böse? Folgst den Weibern da, und marterst mich, und quälst dich selber mit? *Greift nach ihr*

Myrrhine: Die Hand weg! Laß mir Ruh'!

Kinesias: Du ziehst die Hand ab, und zuschanden geht daheim mein Gut und deines!

Myrrhine: Schert mich wenig!

Kinesias: So? Dir ist's gleich, wenn deine Weberei herab die Hühner zerren?

Myrrhine: Mir ist's gleich!

Kinesias: Wie lang schon hast du Aphrodites Nachtfest nicht mitgemacht? – Sag, kommst du nicht mit heim?

Myrrhine: Niemals, bei Zeus, wenn ihr den Krieg nicht endigt und Frieden macht!

Kinesias: Nun, wenn's nicht anders ist, wir wollen's tun!

Myrrhine: Nun, wenn's nicht anders ist, dann komm' ich mit! Für jetzt – hab' ich's verschworen!

Kinesias: Komm, nach so langer Zeit, lieg her zu mir!

Myrrhine: Nein! – Und ich lieb' dich doch, ich will's nicht leugnen!

Kinesias: Du liebst mich, Myrrhchen? Ei, so leg dich her!

Myrrhine: Spaßhafter Mann, vor unserem Bübchen da?

Kinesias: Nicht doch. *Zum Sklaven* Du, Manes, trag das Kind nach Haus! *Manes mit dem Kind ab* Nun sieh, jetzt ist das Kind auch weggeschafft!
Komm, leg dich!

Myrrhine: Loser Schelm, wo ist denn nur ein Plätzchen –?

Kinesias: In der Grotte Pans – bequem!

Myrrhine: Dann komm' ich ja nicht rein zur Burg zurück?

Kinesias: Ganz gut, du wäschst dich in der Klepsydra!

Myrrhine: Und dann den Eid, Gottloser, soll ich brechen?

Kinesias: Die Schuld komm' über mich! Vergiß den Eid!

Myrrhine: Nun denn, ich hol 'ne Bettstatt!

Kinesias: Laß! – Es geht am Boden!

Myrrhine: Beim Apollon, nein, du darfst, wenn's auch pressiert, mir nicht am Boden liegen! *Ab*

Kinesias: Mein Weibchen liebt mich doch, das seh' ich klar!

Myrrhine: bringt die Bettstatt Sieh! Leg dich nun geschwind! Ich zieh' mich aus! Halt – 's fehlt das Dings da – die Matratze – noch!

Kinesias: Wozu? Ich brauch' das nicht!

Myrrhine: Bei Artemis, auf Gurten wär's doch garstig!

Kinesias: Komm, ein Küßchen!

Myrrhine: küßt ihn Da! *läuft fort*

Kinesias: Du! – Der Teufel! – Komm, doch, komm nur schnell!

Myrrhine: bringt die Matratze Da ist sie! Leg dich jetzt, ich zieh' mich aus! – noch etwas – richtig! – noch kein Kissen da!

Kinesias: Mein Gott, ich brauch' ja keines!

Myrrhine: fortlaufend Aber ich.

Kinesias: zu seinem Phallos Zurüstungen für dich, als käm' Herakles!

Myrrhine: kommt mit dem Kissen und legt es ihm unter Steh auf, spring auf!

Kinesias: Gottlob, nun hätt' ich alles!

Myrrhine: Ja? Wirklich alles?

Kinesias: Komm, mein Goldchen, komm!

Myrrhine: Schon knüpf' ich auf mein Busenband! – Hör aber, du hältst doch Wort? Vergiß den Frieden nicht!

Kinesias: Ich will verdammt sein –

Myrrhine: Ach, da fehlt die Decke!

Kinesias: Wozu? Ich will ja nichts, als dich umarmen!

Myrrhine: Das sollst du auch: gleich bin ich wieder da! *Ab*

Kinesias: Das Weibsstück bringt mich um mit ihren Decken!

Myrrhine: bringt einen Schafpelz So! Richt dich auf!

Kinesias: 's ist alles aufgerichtet!

Myrrhine: Soll ich dich salben?

Kinesias: Beim Apoll, mich nicht!

Myrrhine: Bei Aphrodite, komm und sträub dich nicht. *Läuft fort*

Kinesias: Großmächt'ger Zeus, laß sie den Topf verschütten!
Myrrhine bringt einen Salbentopf

Myrrhine: Komm, gib die Hand, da nimm und salbe dich!

Kinesias: Die Salbe duftet nicht gar süß, sie riecht hochzeitlich nicht, und doch wär's hohe Zeit!

Myrrhine: Wie dumm auch! Bring' ich da die Rhodossalbe!

Kinesias: Schon gut, du Schalk, so laß doch!

Myrrhine: Sei kein Närrchen! *Ab*

Kinesias: Der Henker hol den ersten Salbenkoch!

Myrrhine: kommt mit einer anderen Salbenbüchse
Da, nimm die Dos'!

Kinesias: Ich hab' dir andre Dosen! Komm, leg dich, Hexchen, schlepp doch nun nichts mehr herbei!

Myrrhine: Bei Artemis, ich folg' und binde die Schuh auf! – Aber gelt, mein liebes Männchen, du stimmst doch für den Frieden? ... *Macht sich los und flieht*

Kinesias: Ganz gewiß! …
Vernichtet, umgebracht hat mich das Weib! –
Da die Schönste von allen so schnöd mich gefoppt?
Wer erbarmt sich nun deiner, du Waisenkind?
Komm Fuchshund und schaff
Mir für Geld eine Amme dem Jungen![39]

Aristophanes · 445-388

Auch Theodorus Atheos erklärt es für unvernünftig, daß ein braver Mann für das Vaterland dem Tod preisgegeben wird. Dem von Einsicht geleiteten Luststreben entspricht kein solcher Opfertod. Damit veranschlagt Theodorus ganz unverhohlen das persönliche Glück höher als jeden Einsatz, zumal den des eigenen Lebens, für die πόλις. Dieser individualistische Zug, der allen kollektivistischen Identifikationen abhold ist, hat den Hedonisten dann auch die Kritik eingetragen, eine egoistische Gruppe von Sonderlingen zu sein. Es fragt sich allerdings, ob nicht gerade im Falle des Wehrdienstes das egoistische Luststreben eher dem lebenserhaltenden Pazifismus dient als die kollektivistische Vaterlandsliebe.

Für die Hedonisten aller Epochen war es somit klar, daß sie weder Anspruch darauf erheben, Herrenmenschen zu sein, noch sich unterjochen lassen wollen. Bereits Aristipp hatte dies gegenüber Sokrates deutlich betont, als dieser ihn fragte, ob er lieber zur Klasse der Herrschenden oder Beherrschten gehören möchte.[40] Doch Aristipp wollte sich nicht in diese Dichotomie zwingen lassen: »Indessen scheint mir ein mittlerer Weg möglich zu sein, den ich zu gehen versuche, einer, welcher der Herrschaft, aber auch der Stellung eines Untertanen ausweicht, der aber zur Freiheit führt, welche am meisten zur Glückseligkeit beiträgt.«[41] Außerhalb der politischen Ordnung ist man zwar der permanent Fremde und sozial Heimatlose, aber dafür auch entsprechend ungebunden. Schon beim Begründer hedonistischen Denkens wird deutlich, daß für diesen Lebensstil eine *Entscheidung* vonnöten ist, die in der Persönlichkeit des einzelnen liegt. Man muß wissen, ob man den einsamen Weg des autarken Individualismus oder den gemeinschaftlichen Weg sozialer Angepaßtheit und Fremdbestimmung gehen möchte.

Von der Lust zur Seelenruhe

In *Epikurus von Athen* begegnen wir der zentralen Gestalt des griechischen Hedonismus, der für alle späteren Ausgestaltungen dieser Lebensform Maß und Ausrichtung geliefert hat. In seiner Ethik hat der ἡδονή-Begriff eine Wendung von der aktiven Sinnenlust zur Schmerzlosigkeit und Gemütsruhe erfahren. Von modernen Autoren wurde diese Verschiebung meist mit Genugtuung konstatiert, weil die Lust damit in eine akzeptable Nähe bürgerlicher Ideale rückte. Denn wie aufgeklärt sich moderne Interpreten und Historiker oft geben, selten können sie verbergen, daß sie von den traditionellen Repressionen geprägt wurden.[42] Seelenruhe läßt sich eher in die Rahmenvorstellung, die man von einem Philosophen hat, einbauen als ungebremste Sinnenfreude.

In bezug auf das Glücksideal waren Epikurs Person und die hedonistische Denkweise schon früh starken Angriffen ausgesetzt. Die Betonung der Lust als Urmotiv des menschlichen Handelns und der Einsatz dieses Strebens für die normative Orientierung riefen alle Arten von Diffamierungen auf den Plan.[43] Der mit Epikur verfeindete Stoiker Diotimos verleumdete ihn, indem er falsche obszöne Briefe unter dessen Namen veröffentlichte, und Epiktet schmähte ihn als einen Wollüstling.[44] Wir werden sehen, daß Hedonisten permanent unter solchen Verunglimpfungen zu leiden hatten, es gibt eine regelrechte Tradition des Verächtlichmachens dieser philosophischen Strömung.[45]

Da wir die Ethik des epikureischen Systems im wesentlichen aus dem Brief des Menoikeus[46] kennen, der keine systematische Abhandlung darstellt, hängt es zum Teil von der Auswahl der

Briefpassagen ab, welche Orientierung man der epikureischen Ethik gibt: eine mehr statische, auf ἀταραξία, also auf Seelenruhe ausgerichtete Deutung oder eine dynamische, mehr an die kyrenaischen Vorbilder anschließende Interpretation. Aus einer nicht erhaltenen Schrift Epikurs über das Endziel des menschlichen Handelns zitiert Diogenes Laërtius den folgenden Passus: »Ich wüßte nicht, was ich mir überhaupt noch als ein Gut vorstellen kann, wenn ich mir die Lust am Essen und Trinken wegdenke, wenn ich die Liebesgenüsse verabschiede und wenn ich nicht mehr meine Freude haben soll an dem Anhören von Musik und dem Anschauen schöner Kunstgestaltungen.«[47] Damit scheint Epikur zuerst einmal die Intention eines bewußten Lebensgenießers zu befürworten, aber in den schon erwähnten Brief mischen sich dann bald vorsichtigere Töne. Zwar bleibt es dabei, daß Lust am Anfang und Ende des glückseligen Lebens steht und daß diese angeborene Tendenz Richtschnur aller normativen Beurteilung ist, aber es gibt Fälle, wo wir auf Angenehmes verzichten müssen, um den Weg zu noch größeren Freuden freizumachen. Diese häufig anzutreffende Situation hat Olof Gigon sehr passend das *Paradoxon der Lust* genannt: »daß nämlich die Lust das alleinige und oberste Ziel des Lebens ist, daß sie aber dennoch nicht unter allen Umständen erstrebt werden soll«[48]. Einsichtig erscheint dies in jenen Fällen von ungehemmtem Genuß, der über kurz oder lang die Gesundheit ruiniert, womit das Genießen sich selber durch Schädigung des Sensoriums der weiteren Genußmöglichkeiten beraubt. In solchen Situationen sollte die Vernunft (φρόνησις) als strategisches Instrument zur Optimierung des Erlebens eingesetzt werden. Die Vernunft hat dabei nichts mit der Vorgabe eines Ziels zu tun, sondern mit dem Weg dorthin. Da die Vernunft hypothetisch alternative Wege der Lustoptimierung überschaut, antizipiert sie auch die Stolpersteine zum Ziel, und da sie ebenso längere Zeitintervalle überblickt, kann die Vernunft unvermeidbare Unlustphasen in die Gesamtbilanz integrieren. Das Standardbeispiel ist die Dosierung euphorisierender Substanzen: Deren vernünftige Begrenzung sorgt für den wiederholten optimalen Genuß. Es ist eben die *Vernunft*, die einem sagt, daß man einen alten Cognac in kleinen Portionen auf viele Tage verteilt genießen sollte, um den Katzenjammer zu vermeiden.

Was ist nun aber das Wesen dieser Lust? Philosophiehistoriker und Philologen haben sich beklagt, daß Epikur nur vage Bestimmungen dieses Schlüsseltermes liefert.[49] Vor allem wird nicht klar, wie das Verhältnis der positiven und aktiven Lust zur Abwesenheit von Unlust, zur Schmerzlosigkeit zu fassen ist. Wir lesen nur, daß Epikur die ruhige Lust (ἡ καταστηματικὴ ἡδονή) von der Lust in der Bewegung (ἡ ἐν κινήσει ἡδονή) trennt. Aber schon antike Autoren hatten Mühe, Seelenruhe (ἀταραξία) und Schmerzlosigkeit in begrifflicher Nachbarschaft zur ἡδονή zu sehen, so etwa auch Cicero.[50] Hermann Usener hat auf die Möglichkeit einer biographischen Aufklärung dieser begrifflichen Diskrepanz hingewiesen. Epikur war in seinem höheren Alter von einem schmerzhaften Blasenleiden gequält, weshalb sich das in der Jugend hochgehaltene Ideal in Richtung auf Schmerzlosigkeit verschob.[51]

Wenn man die früher von Epikur selbst genannten Arten lustvollen Geschehens Revue passieren läßt, könnte man höchstens daran denken, daß die *Erfüllung* der Ziele – die Beseitigung der Spannungszustände wie Hunger, Durst, sexuelle Erregung, das Nachklingen von Musik, die Erinnerung an geschaute Bilder – den Zustand der Seelenruhe repräsentiert. Aber ist damit nicht eine Verschiebung der Bedeutung des Lustbegriffes eingeleitet, die dem ursprünglichen kyrenaischen Gebrauch zuwiderläuft? Sind nicht gerade das einmalige momentane Erleben, die spontane Aktivität der Sinne das zentrale Moment von Lust? Die rein negative Bestimmung, nicht zu frieren, nicht zu hungern, nicht zu dürsten, nicht traurig zu sein, treibt den Lustbegriff in Richtung auf asketische Selbstgenügsamkeit. Dieser Zug epikureischen Denkens, bei dem im Mittelpunkt des Strebens die Befreiung des einzelnen von Unlust und Angst steht, in der der Weise unempfindlich gegen Schicksalsschläge werden soll, hat die Wertschätzung der neuzeitlichen Interpreten erfahren.[52] Die Gründe dafür liegen wohl in deren traditionellem Mißtrauen gegenüber dem bedingungslosen Streben nach der Erfüllung vor allem körperlicher Lust. Gelassenheit und Freiheit von Irritationen der subjektiven Befindlichkeit passen eher in das tradierte Bild eines Philosophen als kompromißloses Maximieren von sinnlichem Genuß. In systematischer Hinsicht muß die Abschwächung des Lustbegriffs bei Epikur bedenklich stimmen. Selbst der Hedonismuskritiker Cicero bemerkt, daß die Epikureer zwar bescheidener seien, die Kyrenaiker jedoch konsequenter.[53]

Epikurs Sorge um die Befreiung von Angst stiftet die Verbindung zu seinem Naturalismus: »Es ist nicht möglich, sich von der Furcht hinsichtlich der wichtigsten Lebensfragen zu befreien, wenn man nicht Bescheid weiß über die Natur des Weltalls, sondern sich nur in Mutmaßungen mythischen Charakters bewegt. Mithin ist es nicht möglich, ohne Naturerkenntnis zu unverfälschten Lustempfindungen zu gelangen.«[54] Dies muß in zwei Richtungen verstanden werden, nämlich hinsichtlich der Demystifikation von Natur und Mensch: Werden die Naturphänomene ihres magischen Charakters entkleidet, betrachtet man z. B. Kometen nicht mehr als Omina für unheilvolle Ereignisse, entlastet man sich von überflüssigen Sorgen. In bezug auf den Menschen selbst bedeutet dies, daß man den Aufbau und die Struktur des empfindenden Organismus erkennen muß, um eine adäquate naturalistische Ethik etablieren zu können. Seelische Regungen, zu denen die Lust zählt, sind letztlich körperliche Vorgänge. Epikur bringt dafür das auch heute noch gültige Interaktionsargument, das jeden ontologischen Leib-Seele-Dualismus obsolet erscheinen läßt: »Wer also die Seele für unkörperlich erklärt, der redet ins Blaue hinein. Denn wäre die Seele von dieser Art, so könnte sie überhaupt weder wirken noch leiden. Tatsächlich aber finden diese Vorgänge beide bei der Seele statt.«[55]

Nur wenn die Lust als eine körperliche Reaktion verstanden wird, ist es erklärlich, daß physische Einwirkungen wie ein wohlschmeckendes Essen oder ein köstlicher Wein einen angenehmen

Seelenzustand hervorrufen. Ebenso ist es nur unter der monistischen Voraussetzung verstehbar, daß schon die Vorstellung der fernen geliebten Person jemanden in einen physischen Erregungszustand versetzen kann. In der modernen Psychobiologie besitzen wir eine deutliche Bestätigung von Epikurs materialistischer Seelenlehre; die funktionale Abhängigkeit mentalen Geschehens und dessen Steuerung durch chemische Parameter werden heute immer besser verstanden.

Epikur folgert aus dem monistischen Ansatz natürlich völlig zu Recht, daß es keine Unsterblichkeit der Seele geben kann, was für ihn jedoch kein Grund zur Verzweiflung ist. Da der Tod als das Erlöschen aller Seelenfunktionen auch alle Strebungen und alles Begehren zum Erliegen bringt, braucht er uns auch nicht sonderlich zu bekümmern. Woran uns der Tod allerdings durchaus erinnern sollte, ist die *Einmaligkeit unserer Existenz*. Die Einzigkeit des Daseins, der Durchgangscharakter des bewußten Lebens bedingt eine notwendige Zentrierung allen Strebens auf das kleine Zeitintervall, das die Natur uns läßt, um uns zu freuen. Wer zu lange zögert mit der Realisierung seiner Wünsche und Träume, dem läuft das Leben davon: »Nur einmal werden wir geboren, ein zweites Mal ist es nicht möglich, und wir müssen dann eine ganze Ewigkeit hindurch nicht mehr sein. Trotzdem schiebst du den rechten Augenblick immer wieder hinaus und bist doch nicht einmal Herr über den morgigen Tag. Überm Zaudern schwindet aber das Leben dahin, und so manche sterben, ohne sich im Leben jemals recht Zeit genommen zu haben.«[56]

Jungfrauschaft bewahrest du auch. Und wofür? Wenn einst du
Kommen zum Acheron wirst, findest du keinen Galan.
Bei den Lebenden sind der Kypris[57] Freuden, im Hades
Werden, o Jungfrau, wir liegen als Asch' und Gebein.[58]

Asklepiades · um 300 v. d. Z.

Zweifellos begegnen wir damit einer zentralen Lebensregel unseres Gartenphilosophen, die wir als Maxime des Handelns auch im Kontext heutiger Gesellschaft immer im Randbewußtsein aufbewahren sollten. Wir können auf Grund der überaus komplexen Situation gerade des modernen Lebens kaum rationale Abschätzungen über die Ereignisse des morgigen Tages oder gar des kommenden Jahres machen. Bietet sich eine Gelegenheit, eine Freude zu ergreifen, sollten wir es tun. Horaz hat später den epikureischen Ratschlag in die unsterblichen Worte gekleidet:

Du frage nicht – zu wissen wäre Frevel –, was mir, was dir als Ziel die Götter gesetzt, Leukonoe, auch nicht babylonische Sternzeichen prüfe! Wieviel besser: Was auch geschieht, zu tragen. Ob viele Winter noch, ob gewährt hat Jupiter schon den letzten, der jetzt an widerstrebenden Klippen bricht das Meer Thyrhennias – weise sei, kläre den Wein, auf kurze Dauer langwährende Hoffnung bemiß! Da wir noch sprechen, ist schon entflohen die neidische Zeit: greif diesen Tag, nimmer traue dem nächsten![59]

Auch Horaz war damals schon überzeugt, daß der Mensch nicht wissen kann, ob er gerade den letzten Winter erlebt. Langzeithoffnungen sind trügerisch, diesen Rat gibt Horaz seiner Leukonoe. Besser den Wein am heutigen Tage trinken, als darauf zu vertrauen, daß es den nächsten noch gibt. Mit dieser Lebensmaxime begegnen wir einem typischen Zug epikureischer Ethik, nämlich der Therapeutik. Hindernisse auf dem Wege zur Lebensfreude sollen durch gezielte Glückstechnologie beseitigt werden. Das Glück wird uns nicht vom Schicksal ins Haus geliefert, sondern wir müssen uns darum kümmern. Dies muß aber jeder Mensch *für sich selbst* tun, niemand kann ihm dies abnehmen. Deshalb ist Epikurs praktische Philosophie auch eine Anleitung zur *Selbstsorge*[60] (ἐπιμέλεια ἑαυτοῦ). Jeder für sich sollte diese Selbstgestaltung und die Auslotung seiner Erlebnismöglichkeiten vornehmen, allerdings unter klugem Einsatz der epikureischen Einsichten. Selbstsorge bedeutet allerdings nicht den Ausschluß der Gemeinschaft. Zwar lebt der epikureische Hedonist primär als Individuum und erst in zweiter Linie als soziales Wesen. Dennoch freut er sich an kleinen ausgewählten Freundesgruppen von Gleichgesinnten. Freunde sind wichtig, weil sie der Verstärkung des Selbstverwirklichungsziels dienlich sind. (Vgl. Abb. 4)

Oἱ ἀπὸ τῶν κήπων, jene kleinen Gruppen von ca. 200 Personen – Männer, Frauen und Sklayen in gleicher Weise –, die im Garten des Epikur in der Art einer Wohngemeinschaft lebten, stellen eine Alternative zur traditionellen Familie dar. Ziel des Zusammenlebens war die Förderung des Glücks aller Mitglieder. Die soziale Dimension des Menschen ist also im epikureischen Hedonismus insoweit eingeschlossen, als sie dem individuellen Wohlbefinden zugute kommt. Dem Staat als solchem gebührt keine besondere Verehrung; »er ist nicht von Gottes Gnaden, sondern nur ein Geschäftsverband und ein Nachtwächterstaat.«[61] Auf seine Schutzfunktion reduziert, kann der Staat selbstredend auch nicht Gegenstand pathetischer Emphase sein, und für ihn zu sterben lohnt sich erst recht nicht. Jeder Anhänger Epikurs wird Pazifist sein.

Die Tugenden der Stoiker

Die Wirkungsgeschichte des epikureischen Denkens besteht in der Folge vielfach in polemischen Angriffen und verzerrenden Verunglimpfungen. Cicero kanzelt die Kyrenaiker und deren Lustprinzip dadurch ab, daß er Auffassungen, in denen sich keine Verbindung zur Tugend findet, ganz aus der Philosophie verbannt haben möchte.[62] Seiner Meinung nach muß jede Ethik eine Tugendlehre sein, die besagt, in welcher Weise das sittlich Gute, welches allein um seiner selbst willen existiert, angestrebt werden soll – ohne jeden Bezug zu den Wünschen, Vorlieben und Gefühlen der Menschen. »Die Lust indessen wollen wir den Tieren überlassen«[63], meint er geringschätzig. Mit der Würde des Menschen verträgt es sich nicht, den Begierden, dem unzuverlässigsten Teil des Geistes, nachzugeben. Selbst als Begleiteffekt des tugendhaften Handelns ist die Lust verdächtig: »Wozu ist es denn noch nötig, gleichsam wie eine Dirne in die Gesellschaft ehrbarer Frauen, so die Lust in den Verein der Tugenden zu bringen?«[64] Cicero denkt nicht daran, daß hinter der von ihm gepriesenen Vernunft, welche die Kardinaltugenden entwirft, in subtiler Weise verborgene Steuergrößen der Emotionen am Werk sind, die das ideale Bild der Sittlichkeit, das er konzipiert, empfindlich stören. Die *reine* Vernunft, die mit kühler Abgeklärtheit »die Ordnung und das rechte Maß« der Tugenden konstruiert, ist nach heutigem Wissen eine illegitime Abstraktion, die verdeckt, daß die Vernunft von den emotiven Zentren des Gehirns gelenkt wird.[65] Damit wird verständlich, daß die rationale Konstruktion von Tugendlehren vielfach im Dienste von Interessen wie Macht und Unterdrückung steht, wobei diese Motivationen den Tugendwächtern selten bewußt sind. Dies wird am deutlichsten bei der Kardinaltugend der *Tapferkeit*, mit der man unschuldige Männer dazu antreiben kann, noch mit glühender Begeisterung ihr Blut für das Vaterland zu vergießen, wie Cicero sich das wünscht.[66] Nietzsche hat später viel von den verborgenen Motiven hinter den rationalen Tugendlehren aufgedeckt. Gerade die Tugend der *Mäßigung*, von Cicero gelobt, liegt in enger Nachbarschaft zur *Mittelmäßigkeit*. Sie enthält die Gefahr der Langeweile in sich, eben weil sie die spontanen Regungen auf das niedrige Niveau der Empfindung herabdrücken will. Zarathustra hat nur noch ein Gähnen für die Tugenden übrig: »Jetzo verstehe ich klar, was einst man vor Allem suchte, wenn man Lehrer der Tugenden suchte. Guten Schlaf suchte man sich und mohnblumige Tugenden dazu!«[67]

Die metaphysische Illusion der Autarkie der Vernunft hat viele Philosophen in die Irre geleitet. Auch Seneca glaubt daran, daß Verstand und Urteilskraft ein autonomes Vermögen bilden, das in eigenständiger Weise das höchste Gut – die Tugenden – erdenkt. Die Lust darf sich höchstens als schamhafte Begleiterin des tugendhaften Handelns im Hintergrund aufhalten.

Und wenn Du Gefallen findest an jener Verdoppelung von Tugend und Lust, und nur in diesem Geleite den Weg zum glücklichen Leben zurücklegen willst, so gehe die Tugend voran, die Lust sei nur ihr Begleiter und schwebe wie ein Schatten um den Körper.[68]

Eine solche unscharfe Bestimmung des Verhältnisses von Tugend und Lust reicht natürlich niemals hin, um im konkreten Fall eine wirkliche Entscheidung zu fällen, welches Maß an Lust noch legitim ist, und schon gar nicht, ob in der Tugend selbst nicht auch Lust verborgen ist. Seneca bemüht sich jedenfalls zu zeigen, daß man den von ihm proklamierten obersten Wert, die *sittliche Vollkommenheit*, nicht um eines versteckten Genusses willen anstrebt, wie man ja vermuten könnte. Obwohl er heftigst dementiert, daß dieses Ideal weder als Lohn noch als Ursache Lust-Motive besitzt, bleibt der berechtigte Zweifel bestehen, ob nicht Selbstgefälligkeit, Eigenlob, Arroganz und ein nicht eingestandenes Dominanzstreben am Werk sind, wenn jemand sich auf dem Weg zu sittlicher Vollkommenheit wähnt. Die psychologische Tiefendimension des Menschen läßt nicht nur viel Täuschung, sondern vor allem Selbsttäuschung zu.

Darüber hinaus ist Seneca völlig von der latenten Instabilität aller lustvollen Aktivitäten überzeugt, immer sieht er den drohenden Exzeß. »Genuß ist etwas Niedriges, Knechtisches, Schwaches, Hinfälliges, dessen Platz und Heimstatt Bordelle und Garküchen sind.«[69]

Aber warum waren sich eigentlich die Vertreter der römischen Stoa wie Cicero so einig, daß lusterzeugendes Handeln automatisch zum Übermaß führen muß? Unmittelbar evident ist dies doch gar nicht. Daraus, daß bei *einigen* Menschen *gelegentlich* die natürlichen rückkoppelnden Mechanismen nicht greifen und sie das rechte Maß beim Genuß nicht finden, folgt nicht, daß *generell* jede ausgelebte, von Tugenden ungebremste lustbringende Tätigkeit den Handelnden in einen psychisch metastabilen Zustand führt und ihn ins Unglück reißt. Dieser permanente Metastabilitätsverdacht gegenüber allem Genuß beherrschte das Denken aller Stoiker. Sie waren fixiert vom möglichen »Übermaß« der Lust, wobei die Vorstellung wohl vom Essen und Trinken geleitet wurde. Bezüglich der sexuellen Betätigung müßte den Stoikern eigentlich die Erfahrung jedes Liebenden bewußt gewesen sein, daß die Natur das rechte Maß automatisch bestimmt und die Erschöpfung jede Überaktivität von selbst abriegelt.

Die Stoiker fürchteten zu sehr, daß lustvolles Handeln auf die schiefe Bahn geraten könnte. Im Sinne einer logischen Möglichkeit hatten sie recht, nicht aber in ihrer Einschätzung der empirischen Wahrscheinlichkeit eines solchen Abgleitens. Im Prinzip sind beide Ideale, die Lust der Hedonisten und die Schmerzlosigkeit der Stoiker, von extremen Grenzfällen bedroht, die erste vom selbstverstärkenden Exzeß, der ohne Grenze die körperlichen Kapazitäten übersteigt, und die zweite durch die rückgekoppelte Empfindungslosigkeit, die in der absoluten Leere und Langeweile endet. Die Kunst des Genießens besteht darin, die Stimulation so zu setzen, daß man einen Weg zwischen einem zerstörerischen Exzeß und der »mohnblumigen«, schläfrigen Monotonie der Seele findet. Den Stoikern fehlte das Vertrauen in die natürliche Selbstregulation. Lieber lobten sie Epikurs Ataraxie, die sie als beständiger, stetiger, weniger flüchtig erachteten als die punktuell wirkenden Höhepunkte des Erlebens, von denen bald nur schattenhafte Erinnerungen bleiben. Diese Vorstellungen früherer Erlebnisse galten ihnen als schal. »Was aber die Sinnenlust anbelangt, so bewahrt die empfangende Seele nur die Erinnerung davon, also gleichsam nur den Geruch des Weines. Denn die im Fleisch prickelnde Lust erlischt im Fleisch, und die Erinnerung davon ist nichts als Schatten und Rauch.«[70]

Diese abschätzige Reaktion auf frühere lustvolle Erfahrungen durch stoische Autoren ist zweifellos von vorgefaßten Wertungen beeinflußt. Genausogut kann man vergangene Erlebnisse Revue passieren lassen mit dem Ziel, neue Aktivitäten einzuleiten, das fahle Licht der Erinnerung als Leuchtspur zu neuen

Erlebnissen betrachten. Die »bacchantische Schwärmerei«, wie Plutarch diese Antizipationen von einzuleitenden Genüssen nennt, kann in der Tat einen beflügelten Anreiz für zukünftige freudvolle Erlebnisse bilden. Natürlich, und da haben die Stoiker mit ihrer Charakterisierung im Grunde recht, Sinnenlust ist aus rein physiologischen Gründen einer wellenartigen Intensitätsschwankung unterworfen: je höher die Klimax, je punktueller das Erleben, um so tiefer der emotionale Zustand der Ruhephase. Die Schwankungen und Veränderungen der Sinnenfreuden sind Charakteristika dieses Erlebens. Der sinusartige Verlauf der Intensität des Empfindens liegt in der Natur der Organe, die Träger dieser Emotionen sind. Nach einer hohen Aktivität werden sie eine Zeitlang insensibel. Man kann daran aber nicht einen moralischen Defekt des Lustideals festmachen.

Die mit kleinerer Amplitude auftretende intellektuelle Lust und gar die lähmende Seelenruhe, wofür die Stoiker sprichwörtlich geworden sind, beanspruchen die Trägerorgane in geringerem Maße, wodurch die Sättigung des Empfindens weniger schnell oder kaum eintritt. In keinem Fall kann man also aus dem Vorhandensein starker Kontraste in den Lustempfindungen eine sittliche Empfehlung für kontemplative Langeweile ableiten.

Die eigentliche Motivation der Stoiker, der Lust einen geringeren Stellenwert zuzuschreiben, bestand jedoch nicht in diesen physiologischen Gründen, sondern in der Furcht vor dem anarchischen Zug, der in jeder individualistischen und insbesondere in der hedonistischen Ethik vorhanden ist. Die stoische Ethik ist primär *gemeinschaftsbezogen*, der Mensch lebt um der Gemeinschaft willen. Zwar lehnen die Stoiker nicht die Glückseligkeit als oberstes Lebensziel ab, aber sie identifizieren das höchste Gut mit der Tugend. Letztere bestimmen sie ganz rationalistisch als ein Leben, das in Einklang mit der Natur steht, die gänzlich von der Vernunft durchwaltet ist: ἡ ἐν τῷ παντὶ φρόνησις.

Das Handeln in Einklang mit der Natur ist mehrdeutig. Bei Kleanthes hat φύσις eine mehr kosmologische Bedeutung, d. h. es ist die Natur des Weltalls gemeint. Bei Chrysipp wird unter φύσις eher die menschliche Natur verstanden, womit sich dieser Stoiker stärker dem kyrenaischen Ansatz nähert. Alle sind sich aber einig, daß der Weise leidenschaftslos ist, die Affekte (πάθη) beherrscht, keine Begierde (ἐπιθυμία, libido) mehr besitzt und unentwegt an die vollkommene Pflichterfüllung denkt.[71] Pflichtgemäßes Handeln bezieht sich aber in erster Linie auf die Gemeinschaft. Diese gemessene und von hohem sittlichen Ernst getragene Haltung haben sich in der Folge die meisten Philosophen zu eigen gemacht mit dem Effekt, daß sie angepaßte Stützen von Staat und Landesreligion wurden.

Es ist leicht einsehbar, daß sich eine Pflichtethik gut in die Staatsräson einfügt. Intellektuelle, die sich immer an das Geziemende (καθῆκον) gebunden fühlen, die keine bizarren, eigenwilligen Verhaltensweisen an den Tag legen und mehr an die Gemeinschaft als an ihre Selbstverwirklichung denken, sind dem Staat willkommen. Der mehr auf seine individuelle Differenz zu den Mitmenschen pochende Epikureer ist gerade wegen seiner Unberechenbarkeit und geringen Lenkbarkeit ein unerwünschter Zeitgenosse – bis auf den heutigen Tag.

Das Schicksal derjenigen Philosophen, die sich für den einsamen Weg der Individualität entschieden hatten, zeigt dies deutlich an – sie wurden geächtet. Die Verachtung und Unterdrückung der epikureischen Denkrichtung wurde schon in der Spätantike sichtbar. Im zweiten nachchristlichen Jahrhundert, wo Offenbarungsglaube und mystische Metaphysik die intellektuelle Geographie beherrschten, formierte sich noch einmal in der Person von Diogenes von Oinoanda, der eine Rieseninschrift über die epikureischen Grundsätze in die Wand einer Säulenhalle einmeißeln ließ,[72] der Widerstand gegen die neuplatonische und neupythagoreische Mystik. Nur die Tatsache, daß die Botschaft des Diogenes aus Stein war, hat dafür gesorgt, daß sie der Nachwelt erhalten blieb, das vordringende Christentum bewirkte, daß weitere epikureische Literatur nicht mehr überliefert wurde.[73]

Die dunkle Macht der Triebe

Warnungen

Es ist fraglich, ob man je herausfinden wird, warum die Menschen sich immer wieder selber so viele Hindernisse aufgebaut haben, das zu tun, was sie eigentlich am liebsten möchten. Anthropologisch ist es umstritten, ob es je eine historische Epoche oder einen geographischen Bereich gab, in dem ein völlig unbefangener Umgang mit den naturwüchsigen Trieben möglich war. Die Deutungen der Berichte von dem freizügigen Verhalten der Naturvölker der Südsee sind uneinheitlich,[74] vermutlich deshalb, weil auch die Ethnologen von tradierten Normenvorgaben geprägt sind und eine völlig unbefangene Rekonstruktion indigener Sitten fast undurchführbar ist. Lediglich aus den frühen orientalischen Hochkulturen wissen wir aus Keilschriftberichten, daß, z.B. in Mesopotamien, dem Streben nach sexueller Befriedigung relativ ungehemmt nachgegangen werden konnte, weil durch religiös überhöhte Fruchtbarkeitskulte die Lustbefriedigung für beide Geschlechter moralisch unproblematisch war.[75] Die Historiker sehen den Umbruch in der Einstellung zur Triebwelt durch den im 6. vorchristlichen Jahrhundert in Israel sich durchsetzenden patriarchalischen Monotheismus gegeben, der das liberale matriarchalische Gesellschaftssystem ablöste. Aber auch damit liegt noch keine wirkliche kausale Erklärung vor, warum sich überhaupt in der Geschichte die lustskeptische Haltung derart dominant etablieren konnte.[76] Zumindest in Griechenland hat es noch eine lange Zeit gedauert, bis sich im praktischen Leben weltflüchtige Züge äußerten; die Dionysos- und Aphrodite-Feiern waren im Gegenteil eine Verkörperung der hohen Ekstase des Erlebens bei Wein, Musik und Sexualität.[77]

Liebeszauber. Anubis, Gott der Erde und der Unterwelt und des Himmels, Hund, Hund, Hund, sammle deine ganze Macht und ganze Kraft gegen Tigerus, der Sophia Tochter: endige ihren

Hochmut und ihre Vernunft und Schamhaftigkeit. Führ sie mir her unter meine Füße, schmelzend in Liebesbegierde zu allen Stunden von Tag und Nacht; immer denke sie an mich, wenn sie ißt, trinkt, arbeitet, spricht, ruht, im Schlaf und Traum liegt, bis sie von dir gepeitscht kommt, mich begehrend, mit vollen Händen, mit reichspendender Natur, sich und das ihrige mir schenkend und vollbringend, was Frauen gegen Männer gebührt, und dienend meinem und ihrem Liebesverlangen ohne Zögern und ohne Scham, Schenkel an Schenkel, Leib an Leib pressend und ihr Schwarzes an mein Schwarzes, das höchste Wonne bringt. Ja, Herr, führ mir her die Titerus [sic!], der Sophia Tochter, mir, dem Hermeias, Hermiones Sohn, jetzt, jetzt, schnell, schnell, von deiner Geißel gejagt.[78] (Vgl. Abb. 5)

Man kann sich des Eindrucks nicht erwehren, daß sich gerade unter den Philosophen bevorzugt die Spielverderber tummeln. Wir wollen unsere Zunft nicht desavouieren, aber vielleicht zeigt sich doch hier ein Selektionseffekt. Die grübelnde Reflexion und die Vita contemplativa, das, was Ortega y Gasset später das »Ensimismamiento« genannt hat, verträgt sich schlecht mit der aktiven, weltzugewandten Lebenshaltung, in der auch der Genuß seinen Ort hat. Am ehesten kann man sich einen Philosophen noch durch Wein euphorisiert vorstellen,[79] aber als Musikanten, humorvollen Gesellschafter oder gar als raffinierten Liebhaber? B. Russell hat später darauf hingewiesen, daß Männer der Wissenschaft ganz allgemein ein unkompliziertes Gefühlsleben besitzen. »[Sie] schöpfen so tiefe Befriedigung aus ihrer Arbeit, daß sie schon dem Essen, ja selbst der Ehe ein Vergnügen abgewinnen.«[80] Wie dem auch sei..., jedenfalls finden sich bereits früh philosophische Zeugnisse von Bedenken und Warnungen gegenüber dem Triebleben, und wir lesen viel von normativen Empfehlungen, mit dem Lustpotential, das der menschliche Organismus nun einmal bietet, restriktiv umzugehen.

Es wäre historisch nicht korrekt, allein dem Christentum die Verantwortung anzulasten, die Abwertung des lustbetonten, freudvollen, diesseitsbejahenden Lebens eingeleitet zu haben. Lange vorher begegnen wir religiösen und philosophischen Strömungen, die ein düsteres Bild von der menschlichen Natur präsentieren und die sich schlecht in die geläufige Vorstellung des heiteren, sinnenfrohen Heidentums fügen. In der griechischen Antike finden sich Denkrichtungen mit sehr unterschiedlicher Gewichtung von lustvollen Tätigkeiten. Einerseits finden wir bei Hesiod die kosmische Bedeutung des ἔρως: das Liebesbegehren als Urpotenz, als weltschaffende Macht. Eros ist demnach das dynamische Prinzip, das die Welt in ihren Teilen erhält und deren Entwicklung weitertreibt. Dieser schönste unter den unsterblichen Göttern, der Gliederlösende, macht wehrlos und bezwingt vernünftiges Denken und Wollen: »Aller Götter und aller Menschen Sinn und verständige Absicht bezwingt er in ihrer Brust.«[81] Selbst der klassische Tragiker Euripides, der nicht gerade als Frauenfreund bekannt war, sah es als frevelhaft an, sich der Liebe zu widersetzen.[82]

Aber schon bei manchen Vorsokratikern wie etwa bei Demokrit finden wir Warnungen, auf das rechte Maß beim Essen, Trinken und Liebesgenuß zu achten, nicht so sehr, um sich vor negativen gesundheitlichen Folgen zu schützen, sondern weil alle Begierden sich nicht wirklich endgültig stillen lassen, weil sie, wie wir sagen würden, Suchtcharakter besitzen.[83] Wenn wir gerade ein intensives Liebeserlebnis mit unserem Partner erfahren haben, denken wir bereits in der Abklingphase an die mögliche Fortsetzung des Lustgeschehens. Selbst der Vater des Materialismus konnte sich eine positive Einschätzung des immer wieder neu entstehenden Verlangens nicht vorstellen, das nach temporärer Befriedigung weiteres Vergnügen sucht. Ihm war nicht einsichtig, daß eine wirkliche, endgültige Sättigung nur den Boden für die Langeweile bereiten würde. Die Abhängigkeit, die bei jedem Genuß involviert ist, erschreckte den Philosophen. Dieser Kritikpunkt wurde der Bedürfnisbefriedigung immer wieder vorgehalten: weil die Begierden sich nur zeitweise erfüllen lassen, enthalten sie ein Moment der Unvollkommenheit. »Jeder unmäßige Jubel«, sagt später Schopenhauer, »beruht immer auf dem Wahn, etwas im Leben gefunden zu haben, was gar nicht darin anzutreffen ist, nämlich dauernde Befriedigung.«[84] Ein Verteidiger der freudvollen »exaltatio« dagegen betont, daß er um den emotionalen Abfall zwar weiß, daß sich seine Hochschätzung aber auf die *gesamte Kette* der Hochs und Tiefs des Erlebens erstreckt und daß er an langzeitlich beständiger Sättigung überhaupt nicht interessiert ist.

Aber Heraklit hat nur verächtliche Worte für die Sinnlichkeit übrig: »Wenn das Glück in den Lüsten des Körpers bestände, dann müßte man das Rindvieh glücklich nennen, wenn es Erbsen zu fressen fände.«[85] Es bleibt unklar, warum man nicht auch Tieren ein Glücksempfinden zuschreiben kann, nicht nur beim Essen und Trinken, sondern bei allen Lebensvollzügen. Nur die anthropozentrische Arroganz spricht gegen eine solche Annahme.

Sehr dezidierte Vorschriften zur Kontrolle der lustvollen Tätigkeiten kennen wir aus dem Kreise der Pythagoreer. Der Neuplatoniker Jamblichos erzählt, daß die Pythagoreer denjenigen Menschen, denen sie näher bekannt waren, den Rat gaben, vor der Lust auf der Hut zu sein.[86] Der Hauptgrund scheint gewesen zu sein, daß die Leidenschaft »nirgends halt machte und ins Endlose fortginge«[87], was natürlich richtig ist, aber vom Hedonisten entsprechend positiv bewertet wird. Die Sexualethik der Pythagoreer weist bereits alle Merkmale späterer Verklemmung auf. Die Sexualerziehung soll dahin wirken, Knaben und Mädchen Abhärtungen, Anstrengungen, Selbstzucht und Ausdauer abzuverlangen, den Geschlechtsverkehr sollen sie möglichst spät kennenlernen und auch als Erwachsene selten die Liebe pflegen.[88] Indirekt wird ein erhellendes Licht auf hellenische Üblichkeiten geworfen, wenn die Pythagoreer die Grundsätze betonen, weder mit der Mutter noch mit der Tochter sexuell zu verkehren und auch nicht in einem Heiligtum oder gar in der Öffentlichkeit Geschlechtsverkehr auszuüben.[89]

Bei Platon stoßen wir auf eine metaphysische Unterfütterung

dieser restriktiven Tendenzen. In seinem zentralen Werk, dem »Staat«, versucht er einen Keil zwischen die Arten der Lust zu treiben, indem er *reine* Lust und echte Freude mit der Teilhabe am wahrhaft Seienden verbindet und *schmutzige* Lust als das bezeichnet, was den gewöhnlichen Sinnengenuß ausmacht. Für die Genußmenschen findet Platon nur verachtende Worte: »Wie das Herdenvieh halten sie das Auge immer nach unten gerichtet und nähern sich gebückt zur Erde und zu den Trögen sich mästend und sich bespringend.«[90] Die Kritik an Platons Position liegt nach heutiger Sicht natürlich auf der Hand: Auf Grund der Unhaltbarkeit einer jeden axiologischen Stufeneinteilung innerhalb des Seienden fällt auch die darin verankerte moralische Abqualifizierung bestimmter Erlebnisformen weg. Man kann höchstens von Differenzen in der Komplexität innerhalb der Ordnung des Seienden sprechen, aber niemals von Differenzen der Wertigkeit. Ein kompliziertes Musikstück zu hören bedarf der höheren Ausbildung, vielleicht auch eines sensibleren Organismus, aber von dieser Differenz in der Komplexität führt kein Weg zur gerechtfertigten Abqualifizierung einfacherer Genußformen. Platon hat de facto nur seine vorgefaßten Präferenzen in seine metaphysische Ordnung projiziert. Im Spätwerk »Philebos« macht er es nochmals deutlich, daß ihn die mangelnde Vernunftkontrolle, die mit der Liebeslust verbunden ist, abstößt. Was die von der Liebe Ergriffenen als am schönsten an diesem Zustand zu bezeichnen pflegen, nämlich die rauschartige Bewußtseinsart, findet Platon lächerlich, ja sogar widerwärtig.[91] Er weist darauf hin, daß die Menschen ihre Liebesaktivitäten im Geheimen und möglichst in der Nacht durchführen, weil sie sich der Abhängigkeit von diesen Lüsten schämen. Platon hat in bezug auf die *Beschreibung* dieser Situation natürlich recht, allerdings könnte man fragen, ob es nicht eher die Aufgabe eines besonnenen Philosophen sein sollte, uneinsehbare Vorurteile aufzulösen, wie dies etwa Diogenes von Sinope vorgeschlagen hat. Platons wiederholtes Insistieren auf dem ephemeren Charakter der Sinnenlust erweckt den Eindruck der philosophischen

Kompensation, eines persönlichen Unvermögens. Man denkt und fühlt, daß sein permanentes Predigen, sich ausschließlich der Natur des Ewigen zuzuwenden, als Eingeständnis zu verstehen ist, daß er mit seiner eigenen irdischen Natur nicht zu Rande kommt. Warum erreicht Platon kein ausgewogenes Verhältnis zwischen körperlichen Bedürfnissen, die der Mensch sich ja nicht selber gegeben hat, und dessen Streben zum Abstrakten, Theoretischen und Ewigen? Das Mißtrauen in die Selbstregulierungsprozesse der Natur und die Furcht, daß der Mensch die Herrschaft über sich zu leicht verliert, sind bei Platon die Leitgedanken bei seiner abschätzigen Gewichtung der Lüste gewesen. Hier hat er zweifellos die naturwüchsige Grundausstattung des Menschen unterschätzt. Seine geringe Meinung von der Empirie ganz allgemein hat ihm wohl auch den Blick verstellt, den Menschen zum Gegenstand der Erfahrung zu machen, um dadurch bewußt herauszufinden, ob dieser tatsächlich immer davon bedroht ist, von seinen »Basisinstinkten« weggerissen zu werden. Nach heutigem Wissen ist Platon einer völlig unnötigen Alternative nachgelaufen. Das Streben nach Lustbefriedigung auf *allen* Sinnesebenen *ist* kompatibel mit dem Erkennen des wahrhaft Seienden – nur nicht zur gleichen Zeit!

Weltangst und Weltflucht

Platons Abwertung der Sinnlichkeit hat in der Folge auf verschlungenen Wegen die christlich-abendländische Lustfeindlichkeit nachhaltig geprägt. Im ersten und zweiten Jahrhundert n. Chr. etablierte sich eine religiöse Bewegung, die *Gnosis* (γνῶσις = Erkenntnis, γιγνώσκειν = erkennen), welche unter dem Einfluß platonischer und stoischer Elemente eine Erlösungslehre propagierte, die den Auserwählten durch Erkennen des Übersinnlichen das Heil versprach. Die Gnostiker betrachteten alles Irdische, eingeschlossen den menschlichen Körper und dessen Sexualfunktionen, als schlecht. Um die Weiterführung dieses schlechten menschlichen Daseins zu verhindern, empfahlen sie Enthaltsamkeit, oder wenn dies die schwachen Gläubigen nicht durchhalten konnten, Formen des Geschlechtsverkehrs, die keinen Nachwuchs erzeugen. Obwohl die Gnosis von der offiziellen Kirche als Häresie angesehen wurde, floß viel von ihrer weltverachtenden und weltflüchtigen Erlösungsmystik in die tatsächliche christliche Ethik ein. Über Hippolyt von Rom, Clemens von Alexandrien und Origenes drang dieser axiologische Dualismus in das Christentum ein. Verstärkt wurde diese jenseitsorientierte Tendenz durch eine weitere Strömung, nämlich den *Manichäismus*. Auch die Lehre des persischen Religionsstifters Mani arbeitete mit dem dualistisch-metaphysischen Prinzip, wonach eine dunkle, böse Welt einer lichten, guten Überwelt entgegengesetzt wird.[92] Nur den Eingeweihten öffnen sich die Tore zum Licht. Zugang zur lichten Überwelt erwirbt man sich durch »reines« Leben, d.h. durch Abstinenz. Der dem Irdischen verhaftete Geschlechtsverkehr – zumindest jener, der zur Fortpflanzung führt – vermehrt die Zahl der irdischen Lebewesen. Damit bedeutet Erlösung letztlich Auflösung alles Lebendigen, da Leben auf sexueller Vermehrung beruht. Die Verflechtung dieser philosophischen, religiösen und mystischen Strömungen hat in der Folge jene lustfeindliche Einstellung hervorgebracht, die bis auf den heutigen Tag zu Rätselraten und Kopfschütteln Anlaß gegeben hat.[93]

Wie kann man es je begreifen, daß ein denkendes Lebewesen, das mit so vielen Möglichkeiten zum Empfinden sinnlicher Freude ausgestattet ist, seinen Verstand derartig morbid einsetzt, um alle diese natürlichen Dispositionen zu negieren und zu unterdrücken mit dem Ziel, einer unsichtbaren, transzendenten Welt nachzujagen? Es erscheint heute kaum mehr verständlich, wie dieser Tausch zustande kommen konnte: die Aufgabe der sinnlichen Freuden in der *erfahrbaren* Realität zugunsten von möglichen Zuständen in einer *virtuellen* Hyperwelt, für deren Existenz niemals das geringste greifbare Indiz gefunden werden konnte.[94] Ist dieser mystische Wahn und in der Folge davon die christliche Sexualmoral ein Indiz dafür, daß der Mensch durch seine Hyperzerebralisierung doch als ein Irrläufer der Evolution anzusehen ist, als ein Wesen, das mit sich selbst nicht mehr umgehen kann, weil es seine eigene Basis, die Existenz seines Daseins, angreift?

Die Geschichte der christlichen Lustfeindlichkeit ist ausführlich dokumentiert[95] und sowohl von Religionsanhängern wie auch von Außenstehenden fast übereinstimmend bewertet worden.[96] Differenzen bestehen allenfalls darin, ob man die kanonische Heilige Schrift des Christentums selbst oder erst die späteren Exegeten – allen voran Augustinus – für diese Wendung verantwortlich machen muß. Pessimistische Töne zum Wert des Daseins hören wir allerdings schon im Alten Testament. Im Buch *Koholet* (Prediger) wird der Nichtigkeit, Vergänglichkeit und Eitelkeit alles irdischen Geschehens Ausdruck gegeben. Der Prediger mustert die weltlichen Dinge des Lebens durch und kommt zu dem Schluß, daß alles Wahn ist, auch Freude, Feste und Lachen sind eitler Schein: »Das Herz der Weisen ist im Trauerhaus, das Herz der Toren aber im Haus der Freude.«[97] Erst recht finden sich abweisende Worte für die Liebesbeziehung von Männern und Frauen, und die Angst wird sichtbar, vom Eros unentrinnbar gefesselt zu werden: »Und da fand ich nun bitterer als der Tod die Frau, da sie ein Fangnetz ist und ihr Herz eine Falle, Fesseln ihre Arme. Wer Gott gefällt, entkommt ihr, aber der Sünder wird gefangen durch sie.«[98] Nun wird ein Mann sehr häufig so durch eine Frau gefesselt, daß er sich nicht von ihr lösen kann, aber der Prediger hat kein Verständnis dafür, daß gerade dieses Gefangensein die angenehmsten Gefühle mit sich bringt, daß das passive unfreie Verweilen in den Armen einer Frau einfach schön sein kann. Der Prediger fürchtet nur, durch diese Fessel des Heils verlustig zu gehen. Diese Denkfigur, transzendenzorientierte Heilssuche und Verhaftung in irdischer Sinnenlust als sich einander ausschließende Alternativen anzusehen, zieht sich durch die christliche Moraltheologie hindurch. Außer bei einigen mystischen Autoren klingt nie die andere Möglichkeit an, nämlich auf dem Wege der sexuellen Erfahrung der Gottheit näherzukommen, wie dies in der Tradition des Tantra im asiatischen Kulturraum realisiert werden konnte, worauf wir zurückkommen werden.[99]

Ein psychologischer Erdrutsch

Da Jesu Aussagen zum Thema Lust und Liebe eher spärlich, wenig explizit und aussagekräftig sind, muß seine Sexualethik wohl einfach als unvollständig angesehen werden, es sei denn, man deutet das Fehlen einer Norm einfach im Sinne von Permissivität. Diese Lücke füllt allerdings dann der Apostel Paulus aus, dessen antihedonistische Normen an Deutlichkeit nichts zu wünschen übriglassen.[100] Die drastischen Vorschriften der paulinischen Ethik sind nach Georg Denzler direkt gegen die heidnische Promiskuität, aber auch gegen die Trink- und Eßfreude, kurz gegen den gesamten vorchristlichen Libertinismus gerichtet.[101] Ihre Schärfe muß also aus dem Kontrast von hellenistischen und christlichen Lebensstilen verstanden werden. Prinzipien von der Art: »Alle, die zu Jesus Christus gehören, haben das Fleisch und damit ihre Leidenschaften und Begierden gekreuzigt«[102], setzen einen Schnitt in der Bewertung menschlicher Handlungen, wie er dramatischer kaum gedacht werden kann. Die Degradierung der Lüste richtete sich allerdings in völlig asymmetrischer Weise auf die Sexualität. Die anderen Freuden des Lebens – Tanz, Musik, Theater, Bewegung, Sport – werden nur nebenbei erwähnt. Diese Fokussierung blieb lange Zeit bestehen.

Die Kirchenväter waren geradezu fixiert auf ein einziges Lustphänomen, nämlich den Geschlechtsverkehr. Im Gegensatz zu Aristipps Indifferenzprinzip, wonach die bevorzugte Lustart Sache der individuellen Vorliebe ist, hat die frühchristliche Ethik eine definitive Hierarchie der Lustformen angenommen und dem Eros den untersten Platz in der Werteskala zugewiesen. Den Höhepunkt in der Devaluierung des Sexuellen erreichte die Argumentation durch dessen Verbindung mit der Erbsünde bei Augustinus.[103] Er, der aus der Zeit vor seiner Konversion ausreichend Erfahrung mit der Sexualität mitbrachte, wußte genau, daß die Erregung des Mannes die notwendige Bedingung für den Geschlechtsverkehr darstellt. Demgemäß rekonstruierte er die Situation von Adam und Eva vor dem Sündenfall als die Möglichkeit, erregungsfrei und ohne erotische Attraktion zwischen den beiden die Fortpflanzung zu bewerkstelligen. Die Begierde (concupiscentia), die heute die Menschen brauchen, um sich vermehren zu können, war nach Augustinus von Gott als *Strafe* für die Auflehnung des ersten Menschenpaares gegen den Willen Gottes gedacht. Augustinus verbindet also das höchste Gut der kyrenaischen Ethik, die *Lust*, mit dem Makel der *Sünde* – in der Tat eine Umwertung des heidnischen Basiswertes, wie sie kaum dramatischer gedacht werden kann.

Wenn man heute Augustinus' Rekonstruktion der Ursituation mit gegenwärtigen hedonistischen Maßstäben bemißt, kommt man zu einer paradoxen Konsequenz: Nach unserer Wertung wäre die freudlose, erregungsfreie Betätigung der Geschlechtsorgane eine Antivorstellung, ein Zerrbild des sexuellen Geschehens, ein Zustand absoluter partnerschaftlicher Langeweile. Welche psychologische Motivation würde überhaupt ein Paar unter den Bedingungen der paradiesischen Ursituation zu einer Kontaktaufnahme bringen? Nur die Antizipation von Lust treibt doch die Partner zueinander. Aus moderner Perspektive wäre es jedenfalls gerade der Sündenfall gewesen, der der freudlosen Epoche der unerotischen Beziehung zum anderen Geschlecht ein Ende bereitet hat. Durch Evas schöpferischen Einfall, die göttliche Norm zu übertreten, wurde das sexuelle Vergnügen in den lustlosen Alltag der Urzeit gebracht. Ein moderner Hedonist müßte Eva dankbar sein, daß sie damals ebenso spontan wie kreativ die Sache in die Hand genommen hat. Die Kirchenväter jedoch sahen die heroische Tat von Eva genau umgekehrt; sie lasteten der Frau das gesamte Übel der Menschheit an, von der Vertreibung aus dem Paradies bis zur Sterblichkeit des Menschen. Letztlich war die Frau auch die initiale Ursache für alle späteren moralischen Vergehen der Menschen, zu deren Wiedergutmachung der Gottessohn sterben mußte.

Die patristische Deutung von der moralischen Rolle der Frau führte im frühen Mittelalter erst einmal zu deren Unterdrückung und Marginalisierung, aber im Verlaufe der Zeit wuchs hier die theologische Position, in der Frau die Wurzel aller moralischen Übel zu sehen, zum grauenvollen Verhängnis.[104] Der höhere Grad an sexuellem Potential, was man damals »ihre maßlose Begierlichkeit« nannte, wurde der Frau im 15. Jahrhundert als Prädisposition für Teufelspakte ausgelegt.[105] Die treibende Kraft für allen Hexenzauber war genau »die fleischliche Begierde, die bei Frauen unersättlich ist«.[106] (Vgl. Abb. 6) Aufgrund der Anschuldigung der Hexerei ermordete man in der Zeit von 1400 bis 1750 zwischen 500000 und 1 Million Frauen auf bestialische Weise.[107] Damit wurde gerade jener Zug des weiblichen Wesens, der vom hedonistischen Standpunkt aus der faszinierendste ist und das unendlich abwechslungsreiche, dauerhafte und spannende erotische Spiel ermöglicht, zu einem schicksalhaften Unheil der Frauen gewendet, wie es schlimmer kaum hätte kommen können. Wenn sich eine heutige Frau diese historischen Zusammenhänge überlegt, kann sie rechtens eigentlich kaum Christin sein. Wie kann sie einer Religion angehören, die ihr Geschlecht derart in ihrem innersten Wesen beleidigt hat; die genau das, was den Kern ihrer emotionalen Natur ausmacht, derartig diffamiert hat?[108]

Eva an Gott

Ich wußte
als erste
einer Münze
oben und unten
sind Kopf und Adler

Ich wußte als erste
Licht und Dunkelheit
sind beide
von Dir erschaffen

Ich wußte
als erste
zu gehorchen
und nicht zu gehorchen
ist ein und dasselbe

Ich berührte
als erste
den Baum
der Erkenntnis
ich biß als erste
in den leuchtenden Apfel
ja, das war ich

Ich begriff
als erste
unter Lachen
und Weinen
kann aus Deinem Antlitz
das Gesicht des Kindes
geschnitten werden

Ich begriff
als erste
herrlich ist es
gut im Laster
und verderbt in Reinheit
zu leben

Ich zerbrach
als erste das Goldgeschmeide
nur so
aus Spaß
Denn
es gefiel mir nicht
Marionette
Deiner Hand
zu sein, während er
der arme Adam war

Ich stiftete
die erste
Unruhe
auf Deiner Erde
jawohl, das war ich

Ich schuf
als erste
Himmel und Hölle
als ich die Wand
zwischen Scham und Blöße
mit dem Feigenblatt
errichtete

Ich war
die erste
die mit Spiel und Schmerz
Deine Puppe aus eigenem
Fleisch formen konnte
ich: la femme fatale

Mein Geliebter
mein Sklave
Ich war

die erste
die erfuhr
was es bedeutet
vom Himmel
verbannt zu sein

Ich erlebte es
als erste
wie ein Mensch zu leben
und das Leben zu lieben
mehr als den Himmel[109]

Kavita Sinha

Ist aber diese augustinische Traditionslinie der christlichen Auffassung von der sinnlichen Lust nicht vielleicht doch nur eine Seitenentwicklung, die trotz ihrer verheerenden Folgen nicht das Zentrum der theologischen Diskussion darstellt? Schließlich wird bis heute bei entscheidenden Fragen christlicher Metaphysik doch immer noch Thomas von Aquin als bedeutendste kirchliche Autorität befragt. Findet man bei ihm eine ausgewogenere Sichtweise? Von Thomas wird eine charakteristische Begebenheit aus seiner Jugend erzählt.[110] Seine Brüder waren offenbar ganz dagegen, daß er schon mit 19 Jahren in den Dominikanerorden eingetreten war, und sie versuchten ihn daraus zu befreien, indem sie ihm ein hübsches, aufreizend gekleidetes Mädchen in seine Zelle schickten. Doch Thomas widerstand der Versuchung durch die weiblichen Reize und jagte das Mädchen mit einem brennenden Holzscheit davon. Die Geschichte ist charakteristisch, weil Thomas in den sinnlichen Gelüsten nämlich in erster Linie einen Störfaktor der Vernunft sieht. Das oberste Gut des Menschen besteht im vernunftgemäßen Leben.[111] Je intensiver die Lust erlebt wird, was am stärksten natürlich beim Geschlechtsverkehr der Fall ist, desto mehr geht die Verstandeskontrolle verloren. Deshalb sind zumindest in dieser Hinsicht die sinnlichen Begierden als schlecht einzustufen. In bezug auf den ehelichen Koitus windet sich Thomas sehr: Einerseits meint er, daß in dem Zeitintervall der sexuellen Erregung der Heilige Geist abwesend ist, und andererseits will er die Lust in der Ehe nicht als Sünde schlechthin aburteilen. Dennoch kommt er nicht umhin, darauf hinzuweisen, daß auch die eheliche Lust »ihren Ursprung in einer gewissen sittlichen Schlechtigkeit hat, nämlich der Sünde des Stammvaters«.[112] Aber diese Bewertung betrifft nur die niederen körperlichen »Lüste«; die intellektuellen Freuden – vor allem dann, wenn sie sich auf das höchste Gut, nämlich Gott richten – sind selbstredend sittlich hochstehend. Von heute aus betrachtet, ist Thomas einfach ein Denkfehler hinsichtlich der Psychologie der Lust unterlaufen. Wenn es ihm wirklich um die Optimierung des Vernunftgebrauches gegangen wäre, wie er sagt,[113] dann hätte er ganz einfach für die Entlastung von körperlichem und seelischem Druck plädieren müssen. Denn Hunger, Durst und sexuelle Spannung hindern die Vernunft daran, ihre optimale Leistung zu entfalten. Jemand, der permanent an Essen, Trinken und Sexualität denkt, weil er auf drei Gebieten unterversorgt ist, kann sich nicht auf abstrakte Zusammenhänge konzentrieren. Nur der gesunde, entspannte, ausreichend ernährte Denker besitzt die Ausgeglichenheit und die psychische Entlastung, sich den Ideen zur Erforschung der Welt zu widmen. Die Geschichte der Askese zeigt, daß deren Anhänger einen Großteil ihrer Energie auf die Zügelung der Triebwelt verschwenden mußten, diese Energie ging jedenfalls für die Durchführung kreativer Tätigkeiten verloren.[114] So gesehen, wird man den Verdacht nicht los, daß es bei Thomas doch nicht um den optimalen Gebrauch der Vernunft allein geht, sondern hier apriorische Wertvorgaben involviert sind. An einer Stelle bringt Thomas einen Vergleich, der – entsprechend weitergedacht – zu einer positiven Wertung der Lust hätte führen können. Auch der Schlaf, so meint er, unterbricht ja die Vernunfttätigkeit gelegentlich, ohne daß dabei sittliche Bedenken auftauchen.[115] Wenn er diese Analogie durchgezogen hätte, wäre er zur Parallelisierung von Schlaf und Geschlechtsverkehr als naturnotwendigen, gesundheitsfördernden und damit letzten Endes auch der Vernunft zugute kommenden Aktivitäten gelangt. Jedoch die Lehre von der Erbsünde stand ihm hier als Hindernis im Wege. (Vgl. Abb. 7)

Wie immer auch Thomas eine mögliche sittliche Schlechtigkeit selbst bei der ehelichen Liebe bewertet hat, es kann kein Zweifel bestehen, daß er der Lust am Sexualleben höchstens den Status eines tolerierten Nebeneffektes zugesteht. Zentrales Ziel des – natürlich ehelichen – Geschlechtsverkehrs ist die Zeugung neuen Lebens. Alle Formen von Sexualität, die nicht auf die Produktion von Nachkommen ausgelegt sind, gelten als widernatürlich und sündhaft.[116] Thomas' »Fortpflanzungsdogma« hat nicht nur zum Ausschlußprinzip für alle sexuellen Varianten, die nicht der Prokreation dienlich sind, geführt, sondern auch zu einer expliziten Benachteiligung der Frau. Thomas hat es vermutlich nicht bewußt intendiert, aber de facto wird durch die einseitige Ausrichtung des Koitus auf die Zeugung die Frau in bezug auf den Lustgewinn unwiderleglich benachteiligt. Aufgrund der unterschiedlichen Anatomie der weiblichen und männlichen Sexualorgane ist die Fortpflanzung untrennbar mit dem Orgasmus des Mannes verbunden, aber für den Eintritt einer Schwangerschaft ist ein erlebter lustvoller Höhepunkt der Frau nicht erforderlich. Wenn die Frau nicht akzidentiell aufgrund hoher genitaler Sensibilität ihre Klimax erreicht oder der Mann sich nicht explizit um sie bemüht, kann das Fortpflanzungsziel auch für die Frau gänzlich lustfrei erreicht werden. Dies hat in der Vergangenheit in hohem Maße zur lieblosen Vernachlässigung der Bedürfnisse der Frau geführt. Das thomistische Verständnis von Sexualität bereitete den Weg für eine deutliche Unfairneß gegenüber der Frau. Egoistisch orientierte Männer haben in der Vergangenheit einiges dazu getan, daß die Frau unter diesem Lustdefizit leiden mußte. Sie haben sogar dafür gesorgt, daß Frauen vielfach die Lustlosigkeit internalisierten, weil man ihnen die Fortpflanzung als einziges Ziel einer Partnerschaft suggerierte.[117] Wenn man die kyrenaische Lebensvorstellung dagegenhält, wonach Lustgewinn, Liebeserfüllung und reziproke erotische Harmonie bei einem Paar oberstes Glücksziel darstellen und die Zeugung neuen Lebens nur als sekundäre Begleiterscheinung auftritt, ist viel eher der Grundstein für eine symmetrische sexuelle Befriedigung beider Geschlechter gegeben. So gesehen, kann man den Frauen nur empfehlen, aus aufgeklärtem Eigeninteresse heraus einer hedonistischen Ethik zu folgen.

Was wir im vorstehenden geschildert haben, sind die Prinzipien der Morallehre, wie sie von den Doktoren der Theologie theoretisch begründet wurden. Nur schwer abschätzen läßt sich, wie hoch die Akzeptanz der strengen Regeln in jenen Bereichen gewesen ist, die der Kontrolle unzugänglich waren, beispielsweise in geschlossenen Gruppen, zu denen Moralzensoren keinen Zutritt hatten. Eines der wenigen Dokumente aus dem Mittelalter, wo wir ein literarisches Zeugnis dafür festmachen können, daß die antiken Quellen zum Thema »Lustgewinn« nicht völlig versiegt sind, ist ein Ratgeber zur Sexualität, der sich im spanischen Raum unter arabischem Einfluß erhalten hat. Ein valencianischer Arzt, Arnau de Vilanova (1238-1311), hat, aus den Überlieferungen von Hippokrates und Galenus gespeist, einen Ratgeber zum Sexualverhalten verfaßt, in dem er unter medizinischen Details versteckte Anweisungen zur Verbesserung und Intensivierung des Koitus gibt.[118] Medizinhistoriker halten diese Abhandlung für ein Unikum, das der Aufmerksamkeit der Kritiker aufgrund seiner unscheinbaren Aufmachung entgangen ist.

Zu einer kulturhistorischen Kontroverse bezüglich der tatsächlichen sittlichen Praxis bzw. der von der öffentlichen Aufsicht tolerierten sexuellen Freizügigkeit hat das mittelalterliche Badewesen Anlaß gegeben, das im 12. Jahrhundert aufkam und von dem recht hedonistisch klingende Berichte überliefert sind.[119] Neuere historische Analysen haben jedoch klargelegt, daß es sich bei den mittelalterlichen Badestuben um keine repressionsfreien Enklaven gehandelt hat, in denen sich vorchristliche, unbefangene Promiskuität ausleben konnte, sondern eher um Sonderformen der Prostitution, die von Poggio Bracciolini zu einer epikureischen Idylle hochstilisiert worden sind.[120]

An keinem Ort hat sich die immense Spannung zwischen dem naturwüchsigen Luststreben des Menschen und den Hemmungsmechanismen eines moralisch-metaphysischen Überbaus deutlicher manifestiert als im »Garten der Lüste« von Hieronymus Bosch.[121] Dieses Gemälde des spätmittelalterlichen Malers ist als Triptychon konzipiert, das einen inneren Zeitpfeil besitzt. Der linke Flügel präsentiert die archaische Situation, in der Gottvater im Paradies das noch unschuldige Urpaar über dessen Pflichten belehrt. Allerdings kann dieser Teil des Bildes nicht verständlich machen, warum der gütige Schöpfer verführerische Apfelbäume in den paradiesischen Garten gepflanzt und die einzigen Lebewesen mit einer selbstzerstörerischen Neigung zum Apfelessen ausgestattet hat. Das in der Ausgangssituation involvierte Theodizeeproblem (θεός = Gott, δίκη = Gerechtigkeit) – das heißt die Frage, wie Gottes Güte und die Übel der Welt verbunden werden können – drängt sich dem heutigen Betrachter auf.

Der Mittelteil beherrscht das Gemälde. Man kann sich des Eindrucks nicht erwehren, daß Bosch eine gewisse Freude am Ausmalen lüsterner Details empfunden hat. Die Szene gleicht einem gut ausgestatteten Sexclub, in dem weder Badeseen noch lauschige Winkel fehlen, in denen sich die durchwegs nackten Männlein und Weiblein vielfältigen Genüssen hingeben. Man kann verstehen, daß einige Historiker die Darstellung mit adamitischer Lebenshaltung in Beziehung gesetzt haben.[122] Alle denkbaren Varianten der Paarung werden in offenkundig promisker Weise durchgespielt, und auch für Essen und Trinken ist reichlich gesorgt. Die Darstellung von Tieren und Pflanzen in dieser Szenerie ist voll von nur historisch zu entschlüsselnder Symbolik. So versinnbildlicht etwa die zentral angeordnete Eule mit ihrer Tagblindheit sowohl das Unverständnis gegenüber der christlichen Lehre als auch die Verfallenheit an die Wollust.[123] Das christliche Feindbild wird damit deutlich umrissen: Heidnisches Wissen über die Welt und hemmungslose Lust sind diejenigen Elemente, die den Menschen an das Diesseits fesseln und verhindern, die Augen auf das jenseitige Leben zu richten.[124]

Für diese weltliche Verfallenheit hat Bosch dann die Höllenstrafen im rechten Flügel seines Gemäldes drastisch ausgefaltet. Dort agieren alle jene Dämonen und Quälgeister, deren Vorstellung in den Menschen den Alptraum und das schlechte Gewissen wegen der moralischen Verfehlungen im weltlichen Leben auslösen sollen. Nirgendwo wird es deutlicher, daß die epikureische Entlarvung solcher Drohungen als Hirngespinste der christlichen Ideologie das zentrale Machtsteuer und Unterdrükkungsinstrument aus der Hand windet. So braucht es uns nicht wunderzunehmen, daß epikureischer Hedonismus als Erzfeind und Antagonist christlicher Lebensprozesse schlechthin angesehen werden mußte.

Kognitive und moralische Aufklärung

Die Ambivalenz der Tugenden

In der Tat vergingen ca. 1000 Jahre, ehe das Band zur epikureischen Tradition – erst einmal auf der theoretischen Ebene – wieder geknüpft werden konnte. Im Wiedererwachen des antiken Geistesgutes und in der Besinnung auf dessen Gehalte lag auch die Möglichkeit, auf hedonistische Moralvorstellungen zurückzugreifen und sie gegen das stoische, gemessene Tugendideal bzw. die platonische hierarchische Luststufenleiter, in der sinnliches Vergnügen ganz unten rangiert, zu verteidigen. Immer wieder wurde im Renaissance-Humanismus das Verhältnis der Tugenden zum Lustempfinden analysiert. Haben die Tugenden die Aufgabe, die angenehmen Empfindungen einzuschränken, oder nur, sie zu lenken? Sollen sie in die Zielvorstellungen eingreifen oder nur Wege ebnen, oder sind sie, modern gesprochen, Optimierungsinstrumente für die orientierungslos strebenden Sinne?

Die Einschätzungen zu diesen Fragen schwanken stark; die stoische Vorstellung, daß Tugenden evidente Selbstzwecke seien, gerät in der Renaissance unter skeptische Analyse. »Wo findet sich jemand, der behauptet, die Tugenden seien um ihrer selbst willen zu erstreben? Nicht einmal Gott muß man dienen ohne Aussicht auf Belohnung«[125], meint Lorenzo Valla. Er stellt damit die Motivationsfrage für tugendhaftes Verhalten in den Raum. Ohne irgendeinen – vielleicht verborgenen – Grund lebe doch niemand tugendhaft. Welches Surrogat der Lust erhält jemand, der einem Regelsystem zuliebe auf ein vergnügliches Erlebnis verzichtet? Valla vergleicht die Stoiker mit den Pharisäern, die den Gesetzen nicht um der Gerechtigkeit, sondern um des Ruhmes willen folgten. Damit macht er sich bereits eine moderne Denkfigur der Soziobiologie zu eigen, die das Phänomen des Altruismus im Kontext eines aufgeklärten Egoismus erklärt. Niemand kennt so ganz genau die subtilen Motivationen, aus denen die Menschen handeln. Deswegen ist es erst einmal sinnvoll, mit anspruchsvollen kausalen Deutungen vorsichtig umzugehen entsprechend dem Prinzip: Traue keinem erhabenen Motiv, wenn sich auch ein niedrigeres finden läßt.[126] Wendet man diesen Grundsatz auf die damalige Situation an, dann erlagen die Stoiker einer Selbsttäuschung, als sie annahmen, keine Lustoptimierung vorzunehmen, wenn sie nur der sittlichen Einsicht (φρόνησις) folgten. Verborgene Selbsttäuschungen, über die sich die Betroffenen ungern Rechenschaft geben, sorgen sehr oft für den falschen Schein der Tugend. Darüber hat später La Rochefoucauld seinen Spott ausgegossen: »Was wir für Tugenden halten, ist oft bloß eine bunte Reihe von Handlungen und Interessen, welche das Schicksal oder eigenes Geschick zu einem Ganzen verbunden hat, und nicht immer aus Tapferkeit und Keuschheit sind die Männer tapfer und die Weiber keusch.«[127] Die Motivationen hinter den sichtbaren Handlungen können vielfältig sein. Hinter der Tapferkeit kann das Streben nach Ansehen, Einfluß und ökonomischem Eigennutz stehen und hinter Keuschheit und Liebesverzicht der Wunsch nach Unterdrückung derjenigen, die zu dieser Entsagung nicht fähig sind. Tugendhaftes Verhalten vermag etwa durch Induktion eines schlechten Gewissens im Mitmenschen Machtausübung zu erreichen. So sind die Tugenden meist nicht so hochherzig, wie sie klingen, und nicht so harmlos, wie sie aussehen.

Die Entlarvung der wahren Motive hinter den Tugenden war später dann Gegenstand von Bernard de Mandevilles berühmter Bienenfabel, durch die er deutlich machen wollte, daß die entscheidenen Steuerfaktoren des Handelns Eigenliebe und Luststreben darstellen.[128] Um diese auf den eigenen Vorteil ausgerichteten Begierden auf das Gemeinwohl der Gesellschaft umzulenken, haben sich die Gesetzgeber einen raffinierten Trick ausgedacht. Indem sie die Empfänglichkeit der Menschen für Schmeicheleien ausnützen, haben sie ihnen eine *imaginäre Belohnung* für das Absehen von der Eigenliebe versprochen, den höheren tugendhaften Status als Wesen, die ihre Leidenschaften besiegen. Durch die Induktion erhabener Gefühle für die heldenhafte Opferung ihres Luststrebens haben die Erfinder der Tugenden die Individuen hinters Licht geführt. Es gelang ihnen, das, was ein Mensch ohne Rücksicht auf das Allgemeinwohl zu seiner Befriedigung unternimmt, als *Laster* zu deklarieren, andererseits die Handlungen, die dem Naturtrieb entgegen einen neuen Sieg über die Leidenschaften darstellen, als *Tugend* zu etablieren.

Um mit dem Nutzen zu beginnen: Gewiß nützt das am meisten, was die größten Wohltaten bewirkt. Und die größten, ja, alle Wohltaten und Werte unter der Sonne haben ihre Ursache, ihren Ursprung in Amor, weshalb er als äußerst nützlich angesehen werden muß. [...] Schaut um euch, ihr schönen Damen, betrachtet, wie fruchtbar die Welt ist und wie viele unterschiedliche Lebewesen sie bevölkern. Keines von ihnen wird geboren, das nicht von Amor als seinem ersten und heiligen Vater, seinem Urgrund und Ursprung abstammte. Fügte Amor nicht die getrennten Körper zusammen, würde niemand gezeugt und niemand geboren. Ja, wollte man zwei zeugungsfähige Lebewesen mit Gewalt zusammenführen, sie blieben tausend Jahre zusammen, ohne neues Leben zu zeugen, wenn Amor nicht eingriffe und ihre Herzen nicht in einem Wunsch vereinte.

Die männlichen Fische werden zur Paarungszeit im bewegten Wasser von den Weibchen verfolgt, geben ihnen nach und erhalten so, weil beide es wollen, ihre Art; die paarungswilligen Vögel balzen in den Lüften; die brünstigen Tiere suchen sich in ihren Schlupfwinkeln in den dichten Wäldern. Alle verewigen nach einem allgemein gültigen Gesetz ihr kurzes Leben durch die Liebe. [...] Hätten sich unsere Eltern nicht geliebt, säßen wir nicht hier – noch sonst irgendwo, und ich wäre nicht auf der Welt, um den unschuldigen Amor gegen die üblen Verleumdungen Perottinos zu verteidigen.[129]

Pietro Bembo · 1470-1547

Mit Macht bricht im Renaissance-Humanismus der Naturalismus wieder durch: Der Mensch ist ein Teil der Natur, sein Körper, seine Bedürfnisse, seine Empfindungen sind an die

Natur gebunden, davon kann und soll er nicht abstrahieren. Dies dokumentiert sich in einer massiven Ablehnung des Asketentums und des klösterlichen Lebens. Im Werk »De Voluptate« des italienischen Humanisten Lorenzo Valla kommt zum Ausdruck, daß der Lustgewinn das eigentliche Ziel der menschlichen Handlungen darstellt.[130] Auch die Gesetze, die das Sozialwesen regeln, dienen diesem Zweck, nämlich ein glückliches Leben zu führen. Die freien Künste sollen uns erfreuen, und die Tugend ist ein Mittel, um Abschätzungen über die Bilanz des Vergnügens anzustellen. Auch Epikur kommt nun wieder zu Ehren, natürlich nicht in seiner vollen materialistischen Dimension, aber doch hinsichtlich der Befürwortung des individualistischen Freiheitsspielraumes, der dem Menschen gemäß der Auffassung der Renaissance rechtmäßig zukommt. So läßt Pico della Mirandola in seinem »Gebet über die Würde des Menschen« Gott die Worte zu den Menschen sprechen: »Ich habe dich als Wesen zwischen Himmel und Erde geschaffen, weder sterblich noch unsterblich, so daß du wie ein freier und selbstbestimmender Künstler dein Selbst formen kannst.«[131]

Freiheit, Selbstbestimmung und Lebensbejahung kennzeichnen die innere Haltung des Renaissance-Menschen. Es nimmt nicht wunder, daß sich mit der Übernahme des antiken Geistesgutes liberalere Verhaltensmuster nach griechischen Vorbildern durchsetzen.

Körperliche Schönheit

Die Wandlung vom hochmittelalterlichen ätherischen Idealismus zur natürlichen Sinnlichkeit der Renaissance vollzieht sich in Italien auf dem Wege der Vergegenwärtigung des Schönen. Die Brücke zur Neuentdeckung eines weltlichen Lebensstils ist die Ästhetik und speziell die intime Schönheit des nackten, weiblichen Körpers.[132] Was Sandro Botticelli in seiner Geburt der Venus veranschaulicht, begründet Lorenzo Valla normativ theoretisch: weil alle Körperteile in den Sinnen offensichtlich diesen

Eindruck des Wohlgefallens hinterlassen, soll man auch keine ästhetische Komponente vom Genuß ausschließen. Valla findet es bedauerlich, daß die Sitte den Frauen es nicht erlaubt, ihre schönsten Körperteile ohne Hüllen zu zeigen.[133] Auch bei Agnolo Firenzuola bahnt die ästhetische Betrachtung den Weg zum genießerischen Leben. Weil es diese herrlichen, bewundernswerten Wesen wie Frauen gibt, sollte man sich ihnen widmen, die Freude daran ist Sinn und Zweck des Lebens – »Delectatio autem ultima rerum est omnium: neque quis ob aliquem finem delectatur, sed ipsa *delectatio est finis* [...].«[134] Firenzuola schwelgt feinsinnig in den einzelnen Momenten der Schönheit des weiblichen Körpers,[135] Pietro Bembo bestimmt die Liebe als die Sehnsucht nach der schönen Gestalt, der Harmonie der Dinge.[136] (Vgl. Abb. 9)

Celso: Ich will darauf hinaus, daß jeder von uns vermöge eines natürlichen Instinktes und Triebes ein Verlangen empfindet, mit seiner Hälfte sich wieder unauflöslich zu vereinigen, indem wir für immer zu ihr zurückkehren, daß es Kraft ist, die wir für schön halten und lieben, weil die wahre Liebe nach der einstimmigen Ansicht der ganzen platonischen Schule nichts anderes ist als die Sehnsucht nach der Schönheit. Lieben wir sie, so suchen wir sie notgedrungen, suchen wir sie, so finden wir sie natürlich auch am Ende. Wer kann etwas dem Auge des wahren Liebenden verbergen? Er findet, was wir betrachten, er betrachtet, was wir genießen, er genießt das, woran wir eine unbeschreibliche Lust empfinden; denn die Lust ist der Endzweck aller menschlichen Handlungen und ebenso jenes von den Philosophen so eifrig gesuchte höchste Gut, was sich nach meinem Dafürhalten, wenn wir von irdischen Dingen sprechen, nirgend anders findet als hier. Daher erscheint es ganz selbstverständlich, daß eine edle Frau und ein tapferer Mann, die von Liebesglut entzündet sind, jenem einzigen Lichte, das unseren Augen das Verständnis öffnet und uns unsere Hälfte zeigt, sich jeder Mühsal unterziehen und sich jeder Gefahr aussetzen, um sich selbst im anderen und den anderen in sich selbst wiederzufinden. Und daher müssen wir, um euch nicht länger im Ungewissen zu lassen, schließlich sagen, daß es der Frau zukommt, die Schönheit des Mannes zu bewundern, und dem Mann, die Schönheit der Frau. Wenn wir daher von der Schönheit im allgemeinen sprechen, so verstehen wir darunter sowohl die eurige wie die unsrige. Nichtsdestoweniger wohnt euch eine zartere und eigenartigere Schönheit inne, sie durchdringt euch tiefer und erstrahlt bei euch heller; euer ganzes Wesen ist viel sanfter und milder als das unsrige, und es ist ein wahrer Ausspruch vieler weiser Männer, daß ihr von der Natur so anmutig, so sanft, so milde, so liebenswürdig, so begehrenswert, so vortrefflich und so reizend geschaffen seid, damit ihr einen Ruhepunkt, eine Erholung, einen Hafen, eine Ergänzung und eine Zuflucht in dem Ansturme aller menschlichen Leiden gewährtet.[137]

Agnolo Firenzuola · 1493-1543

Dieser ästhetische Hedonismus besitzt eine emanzipatorische Disposition, er tendiert dazu, sich außerhalb der sozialen Schranken zu realisieren, ja er erfährt seine Vollendung in der illegitimen Beziehung. In dem Maße, in dem die Liebe als Selbstzweck anerkannt wird, etabliert sich auch eine neue, darauf gerichtete Art von Fertigkeit, die Kunst der Liebe. Die Künstlerin par excellence in diesem Bereich ist jene Frau, die ausschließlich und nicht abgelenkt durch praktische Alltagsprobleme ihre Talente zur Meisterschaft verfeinert hat, die Kurtisane. Mit der Anerkennung der kunstvollen Liebestechnik der auf Erotik und Sexualität spezialisierten »cortegiana« konnte der Anschluß an die antike Institution der ἑταίραι vollzogen werden. Damit war auch der Aufstieg der Meisterinnen der Liebe zu Ruhm und Ansehen an den Königshöfen und vor allem am päpstlichen Hof vorbereitet. Man mag es kurios finden, aber auf dem Wege der Perfektion der Erotik wurde der Frau zu einem politischen, kulturellen und geschmacklichen Einfluß verholfen, den sie sonst sicher nicht in diesen Zeiten hätte erlangen können. Der Einfluß der professionellen Liebeskünstlerin strahlte bis weit in den bürgerlichen Bereich hinein, wo die »ehrbare« Frau veranlaßt wurde, durch Übernahme von Wasch-, Wohn- und Bettkultur sowie der Verspiegelung des Schlafzimmers das Heim für den Ehegatten behaglicher zu gestalten, um ihn davon abzuhalten, allzuviel vom Familienetat mit den Venuspriesterinnen zu vergeuden.[138]

Äneas Silvius Piccolomini, der bald Papst werden sollte, schreibt an seinen Vater, daß er von einer Engländerin in Straßburg ein illegitimes Kind bekommen habe. »Die Wahrheit zu sagen, Du hast, als Du noch im Fleische warst, keinen Sohn aus Marmor und Erz gezeugt. Du weißt gar wohl, was für ein Hahn Du warst. Und was mich betrifft, bin ich kein Eunuch und zähle mich nicht unter die Kalten. [...] Ich sehe nicht ein, weshalb die Praktik der Liebe also verdammt sein soll, wo doch die sich nie irrende Natur den Geschöpfen diesen Appetit eingesenkt hat, um das Menschengeschlecht fortzusetzen.«

Andere Worte des neuen Geistes: Leone Battista Alberti stellt in seinem Traktate Uxoria diese Frage: »Soll der Gatte die Ausschweifung seines Weibes hinnehmen, oder soll er, um ihr zu entgehen, sich selber in Ausschweifung stürzen?« Und Lorenzo Valla: »Es ist ganz gleichgültig, ob sich die Frau mit ihrem Gatten vereint oder mit ihrem Liebhaber. Omnini nihil interest utrum cum marito coëat mulier an cum amatore.« Die so sprechen, sind keine Ausnahmen.[139]

Auch die Darstellungen und Schilderungen sexueller Geschehnisse erreichen in der Renaissance wieder die antike Offenheit. Charakteristisch sind hier die erotographischen[140] Texte von Pietro Aretino (1492-1556), der sämtliche Schilderungen und bildlichen Darstellungen von sexuellen Vorgängen mit deren naturwüchsiger Schönheit rechtfertigt.[141] In der griechisch-römischen Antike gilt, wie wir schon gesehen haben, das Prinzip »naturalia non sunt turbia«; demnach gibt es keinen Grund, diejenige Tätigkeit, die dem Menschen am meisten Freude macht, aus der Kunst und der Literatur auszusondern. »Ich lehne die falsche Meinung und ungute Verhaltensweise ab, die den Augen verbietet, sich das anzuschauen, was ihnen am meisten gefällt.«[142] Aretino wendet sich damit bewußt gegen die Verurteilung schriftlicher und bildlicher Darstellungen, weil sie die Sinne aufreizen. Er betont dagegen ganz offen die aphrodisierende Wirkung erotischer Darstellungen und preist das »Obszöne«, eben *weil* es den Trieb anfeuert.[143] (Vgl. Abb. 10)

Wie ich das Auge an eine Mauerritze lege, sehe ich, daß es unsere ehrwürdige Mutter Äbtissin ist, die die Wehklagen das Apostels Jeremias anstimmt.

Antonia: Wer, die Äbtissin?

Nanna: Die fromme Nonnenmutter und die Beschützerin des Klosters.

Antonia: Was hatte sie denn?

Nanna: Soweit ich das beurteilen kann, war sie vom Beichtiger ermordet worden.

Antonia: Wie denn das?

Nanna: Mitten im schönsten Zeitvertreib hatte er den Stöpsel aus der Flasche gezogen und wollte ihn in die Zibetbüchse stekken. Und da war das arme Weibchen ganz in Schweiß gekommen, ganz aufgelöst in Lust und ganz in Saft, und warf sich vor ihm auf die Knie und beschwor ihn bei den Wundenmalen, bei den Schmerzen, bei den Sieben Freuden, beim Paternoster von San Giuliano, bei den Pestilenzpsalmen, bei den Heiligen Drei Königen, beim Stern von Bethlehem und bei den Sancta Sanctorum. Und doch konnte sie diesen Nero, diesen Kamin, diesen Judas nicht dahin bringen, daß er den Lauch wieder in ihr Gärtchen pflanzte; im Gegenteil, mit einem Gesicht wie Marforio, ganz giftgeschwollen, zwang er sie mit Gebärden und Worten, sich umzudrehen und ihren Kopf auf einen kleinen Ofen zu stützen, und fauchend wie eine stumme Schlange, mit Schaum vor dem Mund wie der Orkus, pflanzte er ihr den Ast in den Hintergraben.

Antonia: Der verdammte Kerl!

Nanna: Und mit einer wahren Henkerslust, für die er tausendmal den Galgen verdient hätte, schob er ihn ’rein und zog ihn ’raus und lachte dabei über das Geräusch, das der Zapfen bei diesem ’rein und ’raus machte. Und das war ganz wie das Quitsch, Quatsch, das die Pilger mit ihren Füßen machen, wenn sie auf einen so kotigen Weg geraten sind, daß sie oft ihre Schuhe verlieren.

Antonia: Er möge dafür gevierteilt werden!

Nanna: Die untröstliche Äbtissin aber, mit dem Kopf auf dem Ofen, glich der Seele eines Sodomiters im Höllenrachen. Endlich erlaubte ihr der Pater, von ihrer Bitte gerührt, den Kopf wieder zu erheben, und ohne sie loszunageln, trug der Kerl von einem Mönch sie auf dem Pflock bis zu einem Schemel, und auf den stützte sich die Märtyrerin und begann sich nun mit solchem Eifer herumzuwerfen, daß im Vergleich mit ihr ein Orgelspieler unbeholfen erschienen wäre. Als hätte sie keine Knochen im Leibe, drehte sie sich ganz um sich selbst. Und als wollte sie die Lippen des Beichtigers trinken und seine Zunge essen, streckte sie ihre Zunge ganz weit hinaus, und sie war ganz und gar nicht von der einer Kuh zu unterscheiden. Und sie hielt seine Hand in den Rändern ihres Koffers, und er mußte sich winden, als würde er von Zangen gehalten.

Antonia: Ich bin baff, ich bin hin!

Nanna: Und indem der heilige Mann die Wassermasse aufhielt, die die Mühle in Gang bringen wollte, vollendete er seine Arbeit. Dann trocknete er den Schlauch mit einem parfümierten Taschentuch, und die gute Dame säuberte ihre Honigbüchse, und nach einer kleinen Weile umarmten sie einander, und der naschhafte Pater sage: »Mein Fasänchen, meine Pfauhenne, meine Taube, Seele aller Seelen, Herz aller Herzen, Leben aller Leben, schien es dir nicht recht, daß dein Narziß, dein Ganymed, dein Engel nicht auch einmal dein Hinterquartier beziehen könnte?« Und sie antwortete: »Schien es dir nicht recht, mein Gänserich, mein Schwan, mein Falk, Trost der Tröstungen, Freude der Freuden, Hoffnung der Hoffnungen, daß deine Nymphe, deine Magd, deine Komödie einmal deine Natur in ihrer Natur unterbringen könnte?« Und damit warf sie sich auf ihn und hinterließ ihm mit einem Biß die schwarzen Male ihrer Zähne auf den Lippen, so daß er einen schrecklichen Schrei ausstieß.

Antonia: Welche Lust![144]

Pietro Aretino · 1492-1556

Es ist auch nicht erstaunlich, daß sich wenig später – in der zweiten Hälfte des 16. Jahrhunderts – in Rom ein ausgeprägtes gesellschaftliches Leben mit allen libertinistischen Freiheiten und unter Einbeziehung des Kurtisanenwesens entwickelte. Die gebildeten und unterhaltsamen Freudenmädchen verschönten vor allem der römischen Geistlichkeit das Leben und schufen einen gesunden, purgierenden Ausgleich für ihren berufsbedingten Verzicht auf Ehe. Die Kurtisane galt gegen Ende des 16. Jahrhunderts als ehrbar und gesellschaftlich anerkannt.[145]

Es kann kein Zweifel bestehen, daß diese Toleranz und Liberalität in Sittenangelegenheiten auf epikureische Vorbilder zurückging.[146] Erst der puritanische Geist der Gegenreformation hat gegen Ende des 16. Jahrhunderts eine moralische Haltung geprägt, »in der der ungenierte genießerische, kulturell veredelte Umgang mit der Sexualität keinen Platz mehr fand«.[147] Der ungebremsten Lebensfreude des Renaissance-Humanismus war also kein sehr langes Leben beschieden. Dies kann man u.a. an dem Schicksal von manchen Büchern ablesen, die vom Wechsel des Zeitgeistes signifikant betroffen wurden. Charakteristisch dafür ist die extrem unterschiedliche Einschätzung der berühmten »Colloquia« des Erasmus von Rotterdam aus dem Jahre 1522. Diese »Zwiegespräche zum Zwecke der Erziehung für das Leben« hatten auch Fragen der Sexualität zum Gegenstand und enthielten teilweise sehr liberale Empfehlungen für den Umgang mit diesem Komplex – beispielsweise die Ansicht, daß eine freie Lebensgemeinschaft ohne Trauschein nicht weniger ehrbar sei als eine eheliche.[148] Diese und andere offene und freizügige Ratschläge des niederländischen Humanisten konnten im 16. Jahrhundert noch als Schulbuch verwendet werden, verloren dann aber mehr und mehr an Einfluß und wurden im 19. Jahrhundert als untragbar »jugendverderbend« verboten.[149] Hier macht sich eindrucksvoll die moralische Verengung durch den viktorianischen Zeitgeist bemerkbar, demgegenüber das 16. Jahrhundert noch als paradiesisch liberal einzustufen ist. Das Zeitalter des Mechanismus brachte nur sehr indirekt Liberalisierungstendenzen mit sich: Insofern Atomismus und Materialismus durch die hohe Erklärungskraft der im 17. Jahrhundert entdeckten Theorien gestärkt wurden, formierte sich ein intellektuelles Klima, das auch die Basis für moralische Befreiung lieferte. Eine mechanistisch und atomistisch begriffene Natur, in die auch der Mensch eingeschlossen ist, hat egalitäre Folgen und damit auch subversive Implikationen für die herkömmliche sittliche Ordnung. Der menschliche Körper, der männliche und weibliche in gleicher Weise, seine sexuellen Reaktionen und Interaktionen sind alle den gleichen Naturgesetzen unterworfen; das erotische Geschehen zwischen den Geschlechtern ist von den Grundregeln der Mechanik genauso bestimmt wie ein Pendel. Diese mechanistische Deutung der lusterzeugenden Vorgänge – so simplifizierend sie heute auch scheinen mag – hatte eine emanzipatorische Wirkung.

Die naturalistische, physiologische Sicht der Sexualität nahm dem Geschehen die geheimnisvolle Dimension. Deutlich kommt dies in dem 1748 anonym erschienenen erotischen Roman »Therèse philosophe« zum Ausdruck, dessen Devise lautete: »Sinnliches Vergnügen und Philosophie machen den vernünftigen Mann glücklich. Er widmet sich dem Vergnügen aus Neigung und liebt die Philosophie mit seinem Verstand.«[150] Der im mechanistischen Weltbild integrierte Rationalismus entzauberte nicht nur die unbelebte Natur, sondern bereitete auch den Boden für einen unbefangeneren Umgang mit den menschlichen Leidenschaften.

Sie ist die Erzieherin, welche Gott den Söhnen seiner Auserwählten sendet. Sie unterrichtet sie in dem gelehrten Raffinement des Luxus und der Wollust. Sie ist die Trösterin, die Gott seinen Auserwählten zuerteilt. Bei ihr vergessen sie ihre legitimen Frauen, die so langweilig sind wie ein Landregen im Herbst. Die treue Gattin und gute Hausfrau, welche von den Männern von Welt ebenso eifrig gepriesen wie allein zu Hause gelassen wird, isoliert den Mann von seinesgleichen und entwickelt in ihm die Eifersucht, diese antisoziale Leidenschaft, sie macht ihn zum Gefangenen des häuslichen Herdes, des Familienegoismus. Viel schöner ist dagegen die Rolle der Kurtisane: Wenn das Geld die Menschen trennt, so führt sie sie wieder zusammen. Leute, deren Interessen sich feindlich gegenüberstehen, fraternisieren in ihrem Boudoir; ein geheimer, unerklärlicher, aber tiefer und unwiderruflicher Pakt bindet sie, sie haben von ein und derselben Kurtisane gegessen und getrunken, sie haben vom selben Altar das Abendmahl genossen.[151]

Paul Lafargue · 1842-1911

Auf dem Wege zur Freiheit

In besonderer Weise haben sich dann die Philosophen der *Aufklärung* des Themas Lust angenommen, allerdings mit nicht zu übersehender Ambivalenz. Denn es war keineswegs so, daß in dem Maß, in dem die Bindung zur christlichen Weltanschauung nachließ, eine Abkehr von den tradierten Tugenden und eine Hinwendung zu einem hedonistischen Lebensstil erfolgte. Zu tief saßen die Ängste vor den ungehemmten Trieben auch bei den Freigeistern. So wurden denn zu damaliger Zeit zumeist bürgerliche Kompromißlösungen vorgeschlagen, die das geistige Ringen zwischen den Komponenten der Leidenschaft und dem Regulativ der Tugend spiegelten. Die meisten Aufklärungsphilosophen waren allerdings durchaus geneigt, die moralische Dimension des Menschen mit den Gefühlen der Lust und Unlust zu verbinden.

David Hume geht sogar so weit, die Tugenden selber als lustgesteuert anzusehen: »Wir bemerken, daß jede geistige Eigenschaft, die uns bei uns selbst oder bei anderen mit Befriedigung erfüllt, sich der Betrachtung oder Reflexion natürlicherweise als tugendhaft darstellt.«[152] Die gebotenen Tugenden und die verbotenen Untugenden sind somit nicht das Ergebnis einer eigenen intellektuellen Erkenntnisquelle, sondern das sublimierte, geistig verarbeitete Gefühl von Lust und Unlust. Welche Rolle schreibt Hume aber nun der Vernunft zu? Hier nimmt er eine Position vorweg, die in der modernen, analytischen Ethik wieder aufgegriffen wird. Die Vernunft soll Mittel und Wege finden, die Ziele der Leidenschaften optimal zu erreichen, sie soll sich aber nicht an der Wahl der Ziele selbst beteiligen. Hume hat dies in die berühmt gewordenen Worte gekleidet: »Die Vernunft ist die Sklavin der Leidenschaften, sie soll es sein und bleiben, sie kann nie eine andere Rolle beanspruchen, als den Leidenschaften zu dienen und ihnen zu gehorchen.«[153] Diese ethische Haltung kann in weitem Maße als epikureisch angesehen werden. Es geht gar nicht um ein vernunftgemäßes Regulativ unserer Wünsche; den *attraktiven* lustvollen Betätigungen muß nicht mit einem *repulsiven* Prinzip entgegengesteuert werden, sondern die Vernunft hat dafür zu sorgen, daß wir keine Fehler machen, die uns ungewollt in unglückliche Situationen manövrieren, welche mit Unlust verbunden sind. Im Gegenteil, die Vernunft kann zur Verfeinerung und Stimulierung, also zur Maximierung des Glücksempfindens eingesetzt werden.

Humes berühmtes Diktum hat bis in die Moderne entsetzte Kommentare ausgelöst, selbst unter rationalistischen Philosophen. Karl Popper kritisiert Humes Umkehrung des tradierten Verhältnisses von Vernunft und Leidenschaft heftig: »Die Bändigung unserer Leidenschaften durch die sehr begrenzte Vernünftigkeit, deren wir fähig sind, ist nach meiner Ansicht die einzige Hoffnung für die Menschheit.«[154] Die Angst vor den überbordenden Leidenschaften scheint eine manifeste philosophische Krankheit zu sein. Die umgekehrte Sorge, daß ein Zuwenig an triebhafter Aktivität die Gefahr der Langeweile und der spannungslosen Öde in sich birgt, hat Popper wohl nicht. Dies gründet vermutlich in seiner Vorliebe für die Erkenntnis. Viele Wissenschaftler haben aufgrund ihrer hohen Identifizierung mit dem Erkennen ein reduziertes Triebleben. »Das liegt«, wie Bertrand Russell meint, »daran, daß die höheren Sphären ihrer geistigen Persönlichkeit völlig von ihrer Arbeit absorbiert sind und so davor bewahrt bleiben, in Bezirke einzudringen, wo sie nichts zu schaffen haben.«[155] Er selber gehörte nicht zu jenen abgeklärten Philosophen, die die hedonischen Bezirke umgangen haben. Deshalb hat er dann auch – anders als Popper – Humes kühnen Gedanken der Vernunft als Optimierungsinstrument des Lustgeschehens wieder aufgegriffen und im Sinne einer hedonistischen Ethik ausgebaut.

Im 17. Jahrhundert waren die führenden Denker fast durchweg der Meinung, daß die lustspendenden Leidenschaften, wenn nicht unterdrückt, so doch unter rationale Kontrolle gebracht werden müssen. René Descartes meint aber immerhin, daß die gezähmten Gefühle als Motor der Aktivitäten des Lebens nützlich sein können.[156] Jean-Jacques Rousseau dreht die traditionelle Motivationsrichtung sogar um und behauptet: »Wir suchen Einsicht, weil wir genießen wollen.«[157] Er kann sich nicht vorstellen, wie jemand, der nicht von starken Begierden getrieben werde, zur Mühe des Denkens gebracht werden könne. Hier wird die persönliche Komponente auch des Philosophierens sichtbar. Bei vielen Philosophen besonders und Wissenschaftlern ganz allgemein waren sicher Selbsttäuschung, Selbstbetrug und willkürliches Verschließen vor ungewünschten Zügen des eigenen Wesens eine Strategie, um das tradierte Bild eines abgeklärten Weisen aufrechtzuerhalten. Vielleicht sind auch viele Philosophen aufgrund eines berufstypischen Selektionseffektes emotional so untersteuert, daß ihnen bei dem Thema »Leidenschaften« immer nur die Assoziation »Beherrschung« einfällt. Man darf immerhin nicht außer acht lassen, daß es vermutlich bestimmte kontemplative Charaktermerkmale eines Menschen sind, die ihn veranlassen, den Beruf eines Philosophen zu ergreifen. Wenn man diese in Rechnung stellt, wird man sich weniger wundern, daß solche Charaktere inaktive ethische Thesen verteidigen. Allerdings nicht so Rousseau, er gesteht uns in seinem persönlichen Lebensbericht: »Ich habe sehr heftige Leidenschaften, und während sie mich beherrschen, kommt meinem Ungestüm nichts gleich, ich kenne dann keine Schonung, keine Rücksicht, keine Furcht, keinen Anstand mehr – ich bin schamlos, frech, gewalttätig, unerschrocken – keine Scheu hält mich auf, keine Gefahr ängstigt mich, außer dem Gegenstande, der mich allein beschäftigt, ist das Weltall für mich nicht mehr.«[158] Genau vor dieser Situation haben sich wohl die meist emotionsscheuen Grübler gefürchtet. Das Vertrauen, daß sich dieser ekstatische Zustand auf natürliche Weise von selbst wieder legt, ohne Schaden zu hinterlassen, war nicht vorhanden. Auch viele liberale Aufklärer ängstigten sich vor der Versuchung, in den Libertinismus abzugleiten, der ihnen als ein Absturz in einen moralischen und psychischen Nihilismus erschien. Kennzeichnend für diese ambivalente Gespaltenheit steht auch die Gestalt Denis Diderots. Auf der einen Seite billigt er jedem Menschen ein natürliches Streben nach sinnlichem Vergnügen zu und qualifiziert dessen Kritiker als Kranke: »Die, welche irgendeine strenge Lehre verkünden, die uns das Empfindungsvermögen unserer Organe, die wir von der Natur bekommen haben, damit die Erhaltung der Art sowie die Selbsterhaltung auch ein Gegenstand des Vergnügens sei, zum Vorwurf machen wollen, sind Hypochonder, die man in Irrenhäuser einschließen sollte.«[159] Auf der anderen Seite verteidigt er die Tugenden und wendet sich scharf gegen Julien Offray de LaMettrie, als dieser mit der hedonistischen Lebensauffassung Ernst macht und einen Lebensstil befürwortet, bei dem ein schuld- und reueloser Gebrauch von dem »natürlichen Empfindungsvermögen unserer Organe« als ethisch unbedenklich gilt. Diese Position findet Diderot zu weitgehend, und er wirft sich auf einmal zum Tugendwächter auf. Er schlägt sogar vor, LaMettrie aus der Gemeinde der Philosophen auszuschließen, weil dieser als Lästerer der Tugend untragbar sei.[160] Auch Voltaire reiht sich in die Kritiker ein, obwohl es aus der Fülle seiner Arbeiten gar nicht so leicht ist, den Antagonismus festzumachen.[161] In seinem Theaterstück »Samson« entwirft er das ferne Ideal eines göttlichen Lebens. Götter können sich uneingeschränkt den Leidenschaften und der Liebe hingeben,[162] sie bedürfen der Weisheit der Tugend nicht. Die Sterblichen jedoch benötigen die Leitung und Erleuchtung der Wollust durch tugendliche Regeln, um Abirrungen auf dem Weg zum Glück zu vermeiden. Am nächsten muß Voltaire der göttlichen Erfahrung wohl bei einem Bordellbesuch in Brüssel gekommen sein, der ihn zu dem bemerkenswerten Satz inspiriert hat: »L'Amour est en ces lieux enfant de la nature partout ailleurs il est enfant de l'art.«[163] Zumeist wird also doch noch eine gewisse kunstvolle Leitung für das lustvolle Geschehen vernünftig sein. Jedoch sein Landsmann und Zeitgenosse geht einen Schritt weiter in der Einschätzung der Rolle der Vernunft bei der Suche nach dem Glück.

Die Kunst der Wollust

Julien Offray de LaMettrie war zweifellos der kompromißloseste und offenherzigste Verteidiger der Lebenslust unter den Philosophen. Um ihn richtig einzuordnen, muß man eine Grundstruktur dieser Wissenschaft berücksichtigen: In der Philosophiegeschichte gibt es *dominierende* Hauptströmungen, *untergeordnete* Seitenzweige und *unterdrückte* Denkrichtungen, die immer ein Schattendasein führten, weil sie die Landesreligion störten und überdies gesellschaftspolitisch subversiv wirkten. Zur letzten Gruppe gehörte LaMettrie, der von den tonangebenden Philosophen unbarmherzig bekämpft wurde, weil er in seiner Metaphysik einen ontologischen Materialismus vertrat, der sich vor allem in einer Maschinentheorie des Geistes ausdrückte,[164] und weil er in der Ethik den Hedonismus vollinhaltlich verteidigte.[165] Beide Standpunkte liefen zentralen Grundsätzen der abendländischen Philosophie zuwider. Den Menschen als Maschine aufzufassen widersprach der Autonomie des Geistes, und LaMettries Ethik setzte sich dem Dogma entgegen, daß die Vernunft die Aufgabe hätte, die Leidenschaften zu dämpfen. LaMettrie wurde deshalb von den konservativen Philosophen des dominierenden Hauptstromes *und* den aufklärerischen Zeitgenossen abgelehnt und systematisch diffamiert: Er sei kein ernstzunehmender Philosoph, sondern ein »Fall«, am ehesten ein »Unfall« der Philosophiegeschichte. Die »frommeren« Aufklärer, Diderot und Voltaire, stellten sich gegen ihn – nicht aus metaphysischen, sondern aus ethischen Gründen.[166] Aus moderner Sicht ist LaMettries theoretische Philosophie ein Vorläufer einer reduktionistischen Position, wie sie heute etwa von P. Churchland in der Wissenschaftstheorie vertreten wird.[167] Ebenso kann seine Maschinentheorie des Geistes als Vorwegnahme des Konzeptes der künstlichen Intelligenz aufgefaßt werden.

Im Kontext unseres Themas Hedonismus haben wir es nur mit seiner praktischen Philosophie zu tun, vor allem mit seiner These, daß es nichts Unschuldigeres gibt als die Lust. Man sollte aber immer im Hinterkopf behalten, daß LaMettries theoretische Philosophie die Argumentationsbasis für seine ethischen Thesen liefert: Wenn Menschen und Tiere Maschinen sind, die sich nur hinsichtlich ihres Komplexitätsgrades unterscheiden, dann fällt auch der normative Hiatus zwischen den »niederen« (= tierischen) Lüsten und den »höheren« (= menschlichen) Lustarten weg. Dadurch wird sowohl ein qualitativer als auch ein quantitativer Vergleich der Intensität sinnlichen Genießens und des Ausmaßes lustorientierter Aktivität von Mensch und Tier sinnvoll. Dazu entschlüsselt LaMettrie in Einklang mit seiner materialistischen Grundthese zunächst einmal Freude und Lust als neuronale Geschehnisse: »Sitz der Freude sind unsere Sinne, denn sie hängt vom Grad der Spannung und Erregung der Nerven ab. In der höchsten Freude sind die Nerven so stark angespannt, wie sie sein können, ohne Schmerz zu verursachen. [...]

Man darf also die Freude nur in den Sinnen suchen, und die angenehmsten geistigen Empfindungen sind nichts als sinnlich weniger spürbare Freuden.«[168] Damit werden die qualitative Gleichheit und der stetige Übergang von körperlicher und intellektueller Freude ausgedrückt. Die Genugtuung über die Lösung eines schwierigen mathematischen Problems, die Gefühle beim Anblick einer geliebten Person oder der kalte Schauer, der uns über den Rücken jagt, wenn Kundry im Parsifal ihren entsetzlichen Schrei ausstößt, sind nicht kategorial, sondern graduell verschieden. Die moderne Biochemie der Gefühle hat LaMettries Vermutung in dem Sinne bestätigt, daß jedenfalls alle Liebesgefühle – die sittlich erhabene Mutterliebe ebenso wie die erotische Zuneigung – dem gleichen chemischen Grundmuster folgen. Was im 18. Jahrhundert die philosophischen Zeitgenossen zu Entrüstungsstürmen veranlaßte, ist heute naturwissenschaftliches Faktum: »Die Unterscheidung, es gebe eine Liebe oberhalb und unterhalb der Gürtellinie, ist damit wohl passé«[169], heißt es in moderner journalistischer Diktion. Damit wird wieder einmal deutlich, wie wichtig auch im ethischen Bereich die Berücksichtigung faktischen Wissens ist; empirische Erkenntnis über das Funktionieren jener Strebungen, die durch Ethik reguliert werden sollen.

LaMettrie untermauert seine monistische Grundthese noch durch den Hinweis auf die Funktion des geistigen Vermögens der *Vorstellung*. Zunächst liefern die Sinne die notwendigen Bedingungen im primären Reiz. Die phantasievolle Vorstellung wirkt dann im Sinne eines Verstärkers – »Mikroskop« sagt LaMettrie –, um den Reiz zur vollen Lustempfindung auszubauen. Die Vorstellung als kreative Fähigkeit des Intellekts hilft dem Menschen, die Begierden weiterzuentwickeln, und erdenkt die passenden Mittel, sie zu befriedigen. Damit werden Reflexion, Imagination, Antizipation – lauter geistige Vermögen – in den Dienst des Ausbaus der Rohempfindungen genommen, um aus diesen den vollendeten sinnlichen Genuß zu schaffen.

Jeder Mann wird es reizend finden, wenn seine Dame in Momenten der Entspannung pikant wie ein Engel zu plaudern versteht, so daß Venus von neuem erwacht, und läge sie auch in tiefstem Schlafe.[170]

Pierre Brantôme · 1538-1614

Dieser kontratraditionelle Einsatz des Geistes stellt LaMettrie in eine Gedankenlinie von Hume bis Russell – fernab spiritualistischer Verklärung der Welt und jenseits von asketischen Hemmungen der natürlichen Strebungen. Der Geist hat seine genuine Aufgabe, die Empfindungswelt schöner zu machen, er soll uns helfen, zu einer reicheren Lebenswelt zu kommen. Der Geist steht im Dienste der Gefühle, er soll diese durch Bewußtmachen des freudvollen Tuns überhöhen, durch Reflexion verstärken und durch gedankliche Verarbeitung bereichern. LaMettrie hat sein Hauptwerk den »Anti-Seneca« genannt.[171] Damit ordnet er sich selbst philosophiehistorisch in die epikureische Strömung ein, obwohl er weiß, daß bei Epikur die Lust eine problematische Doppeldeutigkeit besitzt,[172] die man später gerne zur Abschwächung der Hedonismusthese im Sinne ausgeglichener Seelenruhe mißbraucht hat. Für LaMettrie ist jedenfalls die friedliche Ruhe des Gemütes, die Unempfindlichkeit gegenüber Affektionen, kein erstrebenswertes Ziel. Nicht die stoische Apathie, nicht die epikureische Ataraxie schwebt ihm als Glück vor. Die Freiheit von Furcht, die Abwesenheit eines Begehrens, die Seelenruhe, das ist nur *negatives* Glück. Das Ziel des Lebens muß *positiv* bestimmt werden: »Eine ausgezeichnete Konstitution von Leib und Seele, Schönheit, Wissen, Geist, Talent, Charme, Ehren, Wohlstand, Gesundheit, Vergnügungen, Ansehen – das ist das wirkliche und vollkommene Glück.«[173] Mit dieser positiven Charakterisierung des menschlichen τέλος liegt LaMettrie zweifelsohne dem kyrenaischen Ideal näher als Epikur. Man lebt am besten *mit* seinen angenehmen Empfindungen, nicht *gegen* sie. Unsere Abhängigkeit von den lustvollen Gefühlen können wir anerkennen, sie erniedrigt uns nicht. Indem wir ein gutes Verhältnis zu unseren körperlichen Empfindungen anstreben, steuern wir auf ein Erleben hin, das frei von unsinnigen Schuldgefühlen ist. Wenn man sich den durch Naturanlage disponierten Annehmlichkeiten hingibt und »wenn man zudem weiß, daß es läppisch ist, wegen erlebten Genusses Reue zu empfinden, dann wird man wirkliches, vernünftiges und befriedigendes Glück erleben, das nicht durch Schuldgefühle beeinträchtigt ist«.[174] Damit weist LaMettrie auf ein Problem hin, das bereits Aristipp beschäftigte, als er davon sprach, daß es Menschen gibt, die »wegen einer verkehrten Geistesverfassung eines Strebens nach Lust überhaupt nicht fähig sind«.[175] Obwohl es seltsam klingt und angesichts unserer natürlichen Ausstattung geradezu paradox erscheint, stehen sich Menschen bei der Erfüllung ihrer eigenen Wünsche und Hoffnungen aufgrund vorgefaßter oder gesellschaftlich induzierter Vorurteile häufig selbst im Wege. Die Kunstfertigkeit, die Fülle des Lebens genießen zu können, muß dann erst wieder mühsam erworben werden, wozu manche Menschen sogar therapeutischer Seelsorge bedürfen. Vielleicht genügt aber auch eine Lektüre von LaMettries »L'art de jouir«, um den Bedürftigen wieder auf den rechten Weg des Genießens zu leiten. Vermutlich wird es dem Leser dann deutlich werden, daß seine Seele keinen Schaden nimmt, wenn er das tut, was er tun möchte.

Lust und Gewalt

Bei keinem Autor zeigt sich die innere dialektische Spannung des Hedonismus deutlicher als bei jenem, der in bürgerlichen Kreisen nur im Flüsterton genannt wird: *D. A. F. Marquis de Sade.* Dieser Schriftsteller diente immer wieder als Alibi, um den drohenden Umschlag der Lustphilosophie in den Nihilismus zu demonstrieren, als ethischer Kinderschreck und Beweis, daß die nicht tugendgebändigten Triebkräfte ins anarchische Chaos führen müssen. Aber wohlgemerkt, nicht die Grausamkeit war in erster Linie das Schreckgespenst, damit hatten die traditionellen

Moralisten weniger Probleme; was sie fürchteten, war die Anarchie! Vor nichts hatte die bürgerliche Gesellschaft mehr Angst als vor einem individualistischen Relativismus, bei dem jedes Gesellschaftsmitglied sein eigenes authentisches Leben lebt, denn damit wurde die Struktur des sozialen Verbandes in Frage gestellt.

Die in de Sades Romanen überschießenden Phantasien wurden jedenfalls sehr rasch dazu mißbraucht, einen ganzen Lebensstil ad absurdum zu führen. Vordergründig scheint sich ein dialektischer Umschlag des hedonistischen Glücksstrebens zu ergeben, wenn man naiv die Erzählungen »Justine oder die Leiden der Tugend« oder »Juliette oder die Wonnen des Lasters« liest.[176] Der unvorbereitete Leser muß den Eindruck erhalten, daß das konsequente Verfolgen des Prinzips der Lustmaximierung automatisch zur grausamen Unterdrückung eines Teils der involvierten Personen führt und somit ein extremer Hedonismus immer in blanke Inhumanität umschlagen wird.

Für den katholischen Philosophen Arno Baruzzi z. B. erledigt sich jedenfalls nach diesem Muster die Idee einer atheistischen und libertinistischen Gesellschaft von selbst, eben weil sie zu einer Gestalt wie de Sade führt.[177] Aus der Perspektive christlicher Moralphilosophie hätte also eigentlich gar nichts Günstigeres geschehen können als jene Aufgipfelung des Libertinismus in de Sades Verteidigung des Lasters. Ein bloßer Hinweis auf die Selbstwiderlegung jeder lustorientierten Ethik durch deren absurde Folgen scheint dann auszureichen.

»Er [Sade] denkt damit die Idee der atheistischen Gesellschaft zu einem von seinen materialistischen Vorläufern ungeahnten Ende. Er macht [...] deutlich, daß Atheismus, Anarchie und Immoralität Hand in Hand gehen.«[178]

Wenn man weniger vorschnell an de Sade herangeht, wie kann man ihn mit philosophischem Gewinn lesen? Nun, sein Ausgangspunkt ist eine philosophische Position, die bis in die Gegenwart selbst von einigen Autoren der analytischen Philosophie immer wieder verteidigt wurde. Es handelt sich um einen konsequenten ethischen Naturalismus, bei dem das Gute mit dem von der menschlichen Natur Angestrebten begrifflich identifiziert wird.[179] Luststreben, so meint de Sade, ist im Kern der menschlichen Natur verankert. Aus diesem Grunde entspricht es uns als freien Wesen, die physischen Möglichkeiten unserer Dispositionen auszuleben. Enthaltsamkeit, Keuschheit und Begrenzungen des Vergnügens sind widernatürlich und deshalb unmoralisch. Diese Tugenden führen uns nur ins Unglück, weil sie sich den ureigensten Strebungen der Natur entgegenstellen. Glück besteht im freien Verfügen über die Sinnlichkeit. »Dein reizender, süßer Körper gehört nur Dir, nur Du allein hast das Verfügungsrecht über denselben, nicht Deine Eltern oder Verwandten oder sonst jemand auf der ganzen Welt«[180], dies ruft de Sade der Eugénie zu, der er den Rat gibt, sich ihren naturgegebenen Empfindungen hinzugeben. Es klingt an Horaz' »carpe diem« an, wenn er ihr rät: »Nütze gerade und hauptsächlich Deine Jugendzeit, die glücklichste Zeit Deines Lebens aus!«[181] Damit wird eine im Grunde pessimistische Sicht der conditio humana ausgedrückt: de Sade spricht von dem »unglückseligen Individuum, das man hienieden mit dem Namen: Mensch bezeichnet und dem es nur dann vergönnt ist, einige Rosen auf den dornigen Pfaden des Lebens zu pflücken, wenn er zugleich die Sphäre seine Leidenschaften, Gelüste und erotischen Phantasien soweit wie möglich ausdehnt und vergrößert«.[182] Die tradierten Tugenden und Moralvorstellungen müssen dafür natürlich überschritten werden, dazu hat de Sade seine »Philosophie im Privatzimmer« verfaßt, die eine Schule für den effektiven Umgang mit der genitalen Sexualität sein will. Eugénie soll es lernen, jenseits überkommener Sittenvorstellungen zu leben, nur auf solche Weise kann sie des Lebensglücks teilhaftig werden.

Die Tugenden haben höchstens noch die Funktion, daß das Überschreiten derselben einen zusätzlichen Anreiz schafft; sie erfüllen die Rolle von künstlichen Barrieren, deren Überwindung eine Steigerung der Erregung hervorrufen kann.

Selbst wenn man August dem Starken keine abgezählten siebenhundert Geliebten und dreihundertvierundfünfzig Kinder unterstellen will, wie es die Markgräfin von Bayreuth in ihren Erinnerungen tat, so war doch seine Lebens- und Liebesgier anscheinend unerschöpflich. Inzwischen war August über fünfzig Jahre alt und immer noch auf der Jagd nach erotischen Abenteuern. In zahlreichen europäischen Adels- und Bürgerhäusern hatte er für anerkannten oder ignorierten Nachwuchs gesorgt. Bei der kaum überschaubaren Zahl seiner kürzer oder länger dauernden Liebesverhältnisse war es nur eine Frage der Zeit, bis der hemmungslose König irgendwann einmal auch in den Armen einer eigenen Tochter liegen würde. Das geschah, als er sich in eine anziehende junge Dame namens Anna verliebte. Die lebhafte Anna war im Jahre 1707 als Tochter einer Schankwirtin geboren, der schönen Henriette Duval, bei der August manche durchzechte Nacht verbracht hatte. Als Kind hatte Anna ziemlich vernachlässigt in Warschau gelebt, bis einer ihrer Brüder, der Graf Rutowski (übrigens der Sohn von Augusts zeitweiser Favoritin Fatime), sie am Dresdner Hof einführte.

Es ist nicht sicher, ob der König von vornherein wußte, daß die attraktive Anna seine Tochter war. Er sah sie zuerst in der Uniform des großen Grenadierregiments von Potsdam und war von ihr sofort derart beeindruckt, daß er sie nicht mehr von seiner Seite ließ. Unter dem Namen einer »Gräfin von Orselska« wurde sie zu seiner letzten großen, kaum geheimzuhaltenden Liebe.

Anna sah ihrem Vater nicht nur sehr ähnlich, sondern sie hatte anscheinend auch viel von seinem ungestümen Temperament mitbekommen. Sie ritt wie ein Mann, trank und rauchte und galt als eine der »Löwinnen« des achtzehnten Jahrhunderts. Auch Friedrich der Große lernte die damals Einundzwanzigjährige kennen bei einem ausgedehnten Karnevalsfest am Königshof in Dresden, von dem er in wenigen Tagen erschöpfter war, »als wenn ich alle Tage zwei Hirsche tothetzte«, wie er nach Berlin schrieb. König August sei zwar außerordentlich gastfreundlich gewesen, aber das Leben am Dresdner Hof sei alles andere als christlich. Friedrichs Schwester, die Markgräfin von Bayreuth, notierte, daß die Gräfin Orselska sehr anziehend sei. »Übrigens«, fügte sie hinzu, »hat sie neben ihrem über fünfzig Jahre alten Vater alle ihre Brüder begünstigt, von denen es einen ganzen Schwarm gab.«[183]

Insofern haben die Tugenden auch für den Libertin ihre Funktion, aber es sind der Stachel der Negativität, die Freude, den rechten Weg zu verlassen, und die Genugtuung, Klippen beim Ansteuern des Zieles umschifft zu haben. Hier hat de Sade zweifelsohne eine bedeutsame psychologische Einsicht gefunden. Spüren wir nicht eigentlich bei illegitimen Handlungen etwas von diesem Kitzel des Verbotenen? Haben der Schmuggel, das Übertreten von Verkehrsregeln und der eheliche Seitensprung neben den *Vorteilen*, die solche Taten mit sich bringen, nicht auch einen *Anreiz*, eben weil sie Verstöße gegen das gesellschaftliche Regelsystem darstellen? Es liegt eine gewisse zynische Vernunft in der psychologischen Tatsache, daß Vorschriften, die eigentlich lustdämpfend wirken sollen, im Endeffekt das Gegenteil erreichen. Vermutlich werden bei solchen Übertretungen Autonomie und Dominanz gefühlt; man hat dabei den eigenen Willen gelebt.

Lebt aber das Glück des de Sadeschen Hedonismus *nur* von den Fesseln der Tugend, und würde es verkommen, wenn es keine Restriktionen mehr gäbe? Vermutlich nicht, denn gemäß dem naturalistischen Ansatz hängt der Pegel der Erregbarkeit von unserer Veranlagung ab; demnach wird die Erregung von Zwangsbedingungen vielleicht gesteigert, aber nicht erzeugt. Auch der freie Mensch in einer idealen gesellschaftlichen Situation würde seinen Strebungen nachgehen, selbst wenn der Reiz der Illegitimität fehlte, denn die Leidenschaft ist ein inneres Vermögen, das nicht durch äußere gesellschaftliche Faktoren hervorgerufen wird.

In der Wertung der einzelnen Lustformen denkt de Sade nicht völlig ohne hierarchische Abstufung, im Gegenteil, die Sexualität wird zur zentralen Erlebnissphäre, in der sich die Lust in kondensierter Form vorfindet. Alle anderen angenehmen Empfindungen sind abgeleitete und abgeschwächte Arten des sexuellen Erlebens. Der Geschlechtsakt ist nach de Sade die Leidenschaft, die alle anderen Lustformen unterordnet, diese aber zugleich zusammenfaßt. Damit widerspricht er Aristipp und formuliert eine Steuerungsthese, bei der er alle anderen Strebungen wie Machthunger, Wunsch nach Ansehen, Dominanztriebe, aber auch künstlerische und ästhetische Gefühle als durch genitale Sexualität dirigiert auffaßt. Für die Konstituierung einer Hierarchie der Lustformen ist nur die Heftigkeit der Erregung maßgebend, und die Amplitude der Leidenschaft bestimmt auch die Stärke des Glücks. Er folgt in dieser Einschätzung einfach seinem Erleben. Nicht alle werden ihm darin zustimmen wollen. Wenn man allerdings die Menschen in ihrem Verhalten beobachtet, in bezug auf den Erlebnisgrad ihrer Ekstase befragt und die meßbaren körperlichen Parameter einer objektiven Prüfung unterwirft, scheint kein Zweifel zu bestehen, daß kein Erleben die gesamte Person so ergreift, bis in die Wurzeln erschüttert und aufwühlt wie der Orgasmus der Sexualität. Bei keinem noch so intensiven Kunst-, Landschafts- oder Bewegungserlebnis wird so viel psychische Energie umgesetzt, daß das Erleben sich bis zum Kreislaufkollaps steigern kann, wofür die Franzosen den Ausdruck »la petite mort« eingeführt haben. Obwohl es konstitutionsbedingte Unterschiede im Erlebnisspielraum gibt, werden vermutlich wenige Menschen in bezug auf diese *Deskription* des Phänomens protestieren wollen.

Anders beurteilt wird dagegen de Sades *normative* Maxime, daß der Mensch es sich nicht nehmen lassen sollte, durch Einsatz seiner Imagination sowie aller Arten von lustfördernden Reizmitteln ohne Rücksicht auf eine mögliche Schädigung seines Lustobjekts die Erlebnisstärke bis an die physiologischen Grenzen auszudehnen. De Sade wird nicht müde, die bürgerlichen Abqualifizierungen dieser Erfahrungen zurückzuweisen, die Perversion liegt aus seiner Sicht in der Beschränkung von Erlebnisformen. Die Problematik der Maxime von de Sade besteht, wie wir schon früher bemerkt haben, nicht im extremen Charakter seiner sexuellen Praktiken, sondern in der moralischen Entkopplung der Lust von deren Ursachen. Liegt in dieser de Sadeschen Abkopplungsthese der unvermeidliche dialektische Umschlag des Hedonismus in den Nihilismus verborgen? Wäre dies der Fall, würde es eine Widerlegung jeder lustzentrierten Ethik bedeuten, da diese sich als indifferent gegenüber dem Abgleiten in die Vernichtung des zum Lustgewinn herangezogenen Individuums erwiese. Hedonistische Ethik könnte keinen Widerstand gegenüber der Schädigung des Lustobjekts leisten. Dies gilt jedoch nur, wenn man die *Gegenseitigkeit* vergißt, also letzten Endes die symmetrische Situation, in der sich Lustobjekt und Lustsubjekt befinden. De Sade glaubt, ohne reziproke Rücksichtnahme auszukommen, er betrachtet das Gegenseitigkeitsprinzip als bürgerlichen Unsinn,[184] vertraut auf die Macht des Stärkeren und ist davon überzeugt, daß *er* immer zu der Gruppe der Starken gehören wird. Dieses Vertrauen ist aber durch nichts gerechtfertigt, de Sade kann es niemals ausschließen, daß sich in der Gruppe der unterjochten Lustobjekte der Widerstand formiert, ihn selbst als Gegenstand behandelt und unter Umständen vernichtet. Gerade vom Naturalismus aus läßt sich eine Apriori-Einteilung einer Gesellschaft in Subjekte und Objekte des Begehrens und des Genusses nicht rechtfertigen. Somit kann de Sade mit seinem Verzicht auf Reziprozität die Selbstvernichtung nicht ausschließen.

Man kann die Logik der Situation auch unter dem *Zeitaspekt* sehen. Die absolute punktuelle Gewichtung des Lustmaximums läßt außer acht, daß die Rückwirkung auf das momentan erregte Subjekt, welche mit Zeitverzug eintritt, das Empfinden selbst zum Erliegen bringen kann. Die mit retardierter Wirkung eintretenden Rückkopplungen können den Lustsuchenden vernichten und damit seinem Optimierungsstreben ein Ende setzen. Da de Sade aufgrund seines naturalistischen Ansatzes keine Auszeichnung einer Klasse von Menschen vornehmen kann, gilt das

Rückkopplungsargument ohne Beschränkung der Allgemeinheit. Jede Klasseneinteilung der empfindenden Subjekte in passive, Leiden erduldende und aktive, lustoptimierende ist nur im Rahmen einer apriorischen Prinzipienethik möglich und damit inkonsistent mit de Sades Naturalismus. Es gibt keine naturwüchsige Schichtung einer Population nach der aktiv/passiv-Distinktion. Somit kommen wir zu dem Resultat, daß der konsequente Hedonist weder seine Lustobjekte tötet noch irreversibel schädigt, da dies seinem Langzeitegoismus widerspricht. Und: der aufgeklärte Hedonist, der die Zeitentwicklung seiner Handlungen überschaut, wird nur solche Lustoptimierungen vornehmen, die nicht ihn selbst als empfindendes Subjekt ausschalten. Normativ gesehen ist somit de Sades Lustmodell inkohärent und nicht die logische Konsequenz eines jeden materialistischen Hedonismus. Unsere nicht moralisierende Zurückweisung des de Sadeschen Lustabsolutismus stützt sich damit auf ein spieltheoretisches Argument: Die Inkaufnahme der Vernichtung der Lustobjekte ist keine stabile Strategie für eine Individualethik, sie kollabiert aus systemtheoretischen Gründen, weil die Selbstanwendung vergessen wurde. Wenn man sich auf Natur berufen wollte, könnte man dies höchstens in dem Sinne tun, daß man das evolutionsbiologisch wohlbekannte Grundprinzip des reziproken Altruismus »Der wahre Egoist kooperiert« auf die hedonistische Situation übertrüge.[185] Kooperation bedeutet im vorliegenden Kontext gemeinschaftliches Ansteuern des beiderseitigen Lustoptimums, wie es eigentlich jedem gut eingespielten Liebespaar intuitiv geläufig ist. (Vgl. Abb. 11)

Wenn diese formale Überlegung korrekt ist, dann wird sich der Leser fragen, wie man denn nun die unzähligen gewaltsamen Perversionen[186] und exotischen sexuellen Praktiken, die de Sade in seinen Romanen schildert, deuten soll. Soll man sie gar nicht beachten oder als Pathologien beiseite schieben? Ein angemessenes Verständnis erscheint uns unter *sozialkritischem* Gesichtspunkt möglich. Seine Phantasien der Grausamkeit sollten als Symbole der Auflehnung gegen gesellschaftliche Repressionen, nicht aber im Sinne einer anzustrebenden realistischen Sozialutopie gelesen werden. Die gesellschaftlichen Normen sind nach de Sade Verpflichtungen, die auf Konventionen beruhen, die aber die menschliche Natur in ihrer Ursprünglichkeit starken Zwängen aussetzt – zum großen Teil entbehrlich, zum Zusammenleben nicht erforderlich. Sie sind, wie er sagt, Betrug an der Natur des Menschen. Der durch Machtausübung von der herrschenden Schicht geforderte Konformismus vernichtet die menschliche Individualität. »Die ideale gesellschaftliche Ordnung ist in de Sades Augen eine Art von der Vernunft bestimmte Anarchie«[187], so charakterisiert Simone de Beauvoir in ihrem maßgebenden Essay sein Fernziel. In einer aufgeklärten Gesellschaft würden die Eigenarten jedes Menschen ohne Anpassungs- oder Konformitätsdruck respektiert. Aber wohin mit den teuflischen sexuellen Gewalttaten, die de Sade so eindrucksvoll schildert; wie finden diese in der projektierten Gesellschaftsform ihren Platz? Auch hier hat Simone de Beauvoir eine gültige Antwort gegeben: »Man muß sie in ihrer Irrealität belassen.«[188] Wenn man für die Erotik als Ort ihres Geschehens das Imaginäre wählt, die Einbildungskraft, die phantastischen möglichen Welten, dann ist man dem Konflikt mit der tatsächlichen sozialen Realität enthoben. »Sades Erotik gipfelt nicht im Mord, sondern in der Literatur.«[189] Wenn man also den Literaten von dem Philosophen trennt, kann man von den Schriften des Marquis durchaus einen vernünftigen Gebrauch machen.

De Sades moralische Umwälzungen in einem aufgeklärten Staat stellen jedenfalls überlegungsfähige Utopien dar. Es sollte zu denken geben, daß de Sade bei seinen realistisch gemeinten Empfehlungen völlig anders argumentiert als bei seinen Phantasien.[190] Seine angezielte Gesellschaftsform schließt viele Freiheiten ein. Es gibt keine Pflichten mehr gegenüber dem *höchsten Wesen*. Achtung gegenüber einer metaphysischen Illusion liefert keinen Sinn, Vorstellungsobjekte von Menschen verdienen eine solche Rücksichtnahme nicht. Deshalb kann es in der zukünftigen Gesellschaft keine Blasphemiegesetze geben. Bei den Pflichten gegenüber einem Mitmenschen kann sich die Sittenlehre keinesfalls auf das Prinzip stützen, seinen Nächsten zu lieben wie sich selbst. Dies widerspricht jeglichem natürlichen Instinkt. Vielmehr ist eine Abstufung der Hilfsbereitschaft zu Mitmenschen, Brüdern und Freunden vernunftgemäß. Die Gesetze sollen *sanft* und *gering* an der Zahl sein, sie sollen sich außerdem nach den charakterlichen Möglichkeiten der Menschen richten; man kann keinen Blinden zwingen, Farben zu unterscheiden! Jedenfalls muß die Todesstrafe abgeschafft werden! *Sittlichkeitsverbrechen* müssen geahndet werden, aber nur in dem Maße, daß die republikanische Staatsform – die liberale Demokratie – nicht gefährdet erscheint. Die Triebsphäre sollte weitgehend von schamhaften Hemmungen befreit sein – hier denkt de Sade letztlich kynisch –, Nacktheit beispielsweise bedarf keiner Regelung. Für die Prostitution schlägt er vor, auf staatlichem Wege Ordnung und Sicherheit in dieses Gewerbe zu bringen, damit jeder Bürger und jede Bürgerin ohne Bedenken sich dieser Institution bedienen kann, wenn er oder sie es wünscht.[191] De Sades Gesellschaftsmodell der gewöhnlichen heterosexuellen Wechselwirkung ist – wie zu erwarten – die *Promiskuität*. Seine zentrale Legitimation für diese Form der Geschlechterbeziehung ist die Freiheit. »An einem freien Wesen kann nie ein Akt der Besitzergreifung ausgeübt werden, es ist ebenso ungerecht, eine Frau ausschließlich zu besitzen und wie eine Sklavin zu halten.«[192] Insgesamt will de Sade den Frauen durchgehend gleiche Rechte einräumen wie den Männern. Dies betrifft die Prostitution, wo er öffentliche Häuser für weibliche Kunden eingerichtet sehen möchte – entsprechend dem Recht der Frauen auf eine ihrem höheren Triebpotential angemessene Befriedigung. Geradezu emphatisch preist de Sade die in der Republik zu realisierenden Freiheiten der Frau: »Soll denn der göttlichste Teil der Menschheit von dem anderen in Ketten gelegt werden?«[193] Das Wissen um die höhere Emotionalität und größere sexuelle Leistungskraft der Frau motiviert ihn dann auch, alle eheartigen Institutionen abzulehnen; ein Ehebruch ist in seinem Sozialmodell nicht einmal definiert. Die Homosexualität rechtfertigt de Sade sowohl dadurch, daß diese erotische Orientierung von der Natur offensichtlich erzeugt wird, wie auch dadurch, daß sie offensichtlich keinen Schaden stiftet. Dieses letzte Argument hat später Jeremy Bentham aufgegriffen und utilitaristisch vertieft, wie wir noch sehen werden.

Selbst wenn in vielen Bereichen de Sade keine nutzenethisch verteidigungsfähigen Vorschläge gemacht hat, so kann man doch diejenigen seiner Denkansätze weiter diskutieren, die den rationalen Minimalbedingungen menschlichen Verhaltens wie etwa der Gegenseitigkeit genügen. Heuristische Impulse können doch auch dann wertvoll sein, wenn sie von der »Antifigur philosophischen Denkens schlechthin« ausgehen, oder nicht? Nun könnte man meinen, daß in den zwei Jahrhunderten, die seit de Sades Eintreten für freie Lustentfaltung vergangen sind, sich alles im Sinne des Marquis gewandelt hat. Ereignisse wie das folgende lassen Zweifel an diesem Optimismus aufkommen.[194] Im November 1997 wollte sich eine Gruppe von hedonisch gesinnten Frauen und Männern aus mehreren Ländern unseres Kontinents in der Salzburger Bar »Carmen« treffen, um dort den Gedanken der europäischen Vereinigung auf ihre Weise zu realisieren. Die Kunde von dem erotischen Europatreffen kam Salzburgs Vizebürgermeister Heinz Schaden zu Ohren; er schloß sich mit dem Salzburger Erzbischof Georg Eder kurz und sandte als Ergebnis dieses Kurzschlusses eine Truppe von schwerbewaffneten Polizisten in die genannte Bar, die dem heiteren Intimleben der hedonistischen Europäer ein dramatisches Ende bereiteten. Mit Hinweis auf den Paragraphen über »Die Gefährdung der öffentlichen Sittlichkeit« wurde durch die staatlich-kirchliche Säuberungsaktion die geschlossene Gesellschaft gesprengt. Der Kommentar erübrigt sich; das Vorkommnis zeigt, wie mächtig die Schatten der Vergangenheit sind, die über dem Bürger schweben, der seinen Leidenschaften folgen möchte. In einem säkulären Staat darf es, wie von de Sade gefordert, keine Sittlichkeits-Paragraphen geben. Niemand darf dort gezwungen werden, wo er keinen Schaden stiftet. Das mittlere sittliche Verhalten darf *dann* nicht zur Norm erhoben werden, wenn die Devianz von diesem Durchschnitt folgenlos für den Rest der Bürgerschaft bleibt. Nach heutigem konsequenten rechtsethischen Liberalismus gibt es keine moralabhängigen Schädigungen Dritter, die nur dadurch zustande kommen, daß diese von Taten *erfahren*, die nach ihrer Ansicht moralisch anstößig sind.[195]

Utopien des Zusammenlebens

Aufgrund des Ungenügens und der Frustration, die das überkommene Gesellschaftssystem auch im 18. Jahrhundert hinsichtlich der Realisierung des naturwüchsigen Lustpotentials zu bieten hat, haben sich diverse Utopien des Zusammenlebens entwickelt – darunter auch solche, in denen den Leidenschaften ein maximaler Freiraum gewährt wird.

Bereits in der Renaissance-Zeit hat François de Rabelais eine utopische Gesellschaft, die in der Abtei Thélème lebt, entworfen.[196] Dort schließt sich eine Gruppe von genußfreudigen, freizügigen Bewohnern zusammen, die nach der Maxime »Tue was du willst« lebt. Das harmonische Zusammenleben dieser epikureischen Gemeinschaft ist durch die edle Grundeinstellung der Mitglieder gesichert, die ihr eigenes individuelles Glück mit dem aller anderen zu verbinden wissen.

Die Vorstellung eines kleinen clubartigen Zusammenschlusses von gleichdenkenden toleranten Lebensgenießern hat immer wieder die Phantasie von Utopisten beflügelt. Die Unzufriedenheit mit dem restriktiven bürgerlichen Familienmodell rief Ende des 18. Jahrhunderts viele ideale Konstruktionen von fernen Insel-Paradiesen hervor, auf denen ein zwangloses, freies Ausleben unterdrückter Wünsche möglich ist. Auch Diderot hat eine solche paradiesische Insel-Gemeinschaft beschrieben, in der unter sehr idealisierten Randbedingungen Güter-, aber auch Frauengemeinschaft realisiert ist,[197] wodurch die eifersüchtige Bewachung der Partner sowie die dramatischen Verwicklungen auf Grund von Besitzstreitigkeiten mit anderen Mitgliedern der Gemeinschaft entfallen. Diese hedonistischen Utopien, sprachlich gefaßt als Idyllen auf Südsee-Inseln, sind immer als Projektionen von unerfüllten Wünschen, als Fluchtreaktionen vor den rigiden gesellschaftlichen Restriktionen des Zeitalters zu verstehen. Was man realiter nicht haben kann, spielt man in der Vorstellung durch.

Dieses lustige Schauspiel ist das unserer Tempel und der Vorgänge dort. Die Fortpflanzung der Art ist ein Gegenstand, auf den Politik und Religion hier ihre Aufmerksamkeit lenken; und die Art und Weise, in der man das tut, ist der eurigen durchaus nicht unwürdig. Wir haben hier Hahnreie. So nennt man doch in eurer Sprache die Männer, deren Frauen sich von andern liebkosen lassen? Wir haben hier auf der Insel ebensoviel und mehr Hahnreie als anderswo, obwohl wir mit unendlicher Sorgfalt darauf bedacht sind, daß die Ehen harmonisch sind.« – »Sie besitzen also«, antwortete ich, »das Geheimnis, das man bei uns nicht kennt oder wenigstens vernachlässigt, die Ehegatten gut auszuwählen?« – »Sie sind nicht ganz im Bilde«, fuhr Cyclophilos fort. »Unsere Insulaner sind so gestaltet, daß alle Ehen glücklich sein müßten, wenn man die herkömmlichen Gesetze buchstäblich anwendete.« – »Ich verstehe Sie nicht recht«, antwortete ich, »denn nichts entspricht in unserer Welt besser den Gesetzen als eine Ehe; und nichts ist oft dem Glück und der Vernunft entgegengesetzter.« – »Na, dann will ich das erklären«, meinte Cyclophilos. »Sie sind doch schon über vierzehn Tage auf der Insel! Wissen Sie denn noch nicht, daß hier die männlichen und weiblichen Kleinode von verschiedener Gestalt sind? Was haben Sie denn mit Ihrer Zeit angefangen? Diese Kleinode sind für alle Ewigkeit dazu bestimmt, sich ineinander einzufügen; ein weibliches Kleinod in Form einer Schraubenmutter ist für ein männliches Kleinod in Gestalt einer Schraube bestimmt. Verstehen Sie jetzt?« – »Jetzt verstehe ich«, antwortete ich; »diese Entsprechung der Gestalt kann bis zu einem gewissen Grade nützlich sein; aber ich glaube nicht, daß sie zur Sicherung der ehelichen Treue ausreichend ist.« – »Was wünschen Sie denn noch?« – »Ich wünschte, daß in einem Lande, wo geometrische Gesetze alles beherrschen, auch Rücksicht auf die verschiedenen Wärmeverhältnisse der Eheleute genommen würde. Sie können doch nicht verlangen, daß eine Brünette von achtzehn Jahren einem sechzigjährigen kalten Greise unbedingt die Treue hält? Das kann nicht sein, und hätte der Greis auch ein männliches Kleinod in der Gestalt einer Schraube ohne Ende...« – »Sie sind scharfsinnig«, sagte mir Cyclophilos. »Auch daran haben wir gedacht...« – »Wie denn?« – »Durch sorgfältige Beobachtungen an Hahnreien, deren Hahnreischaft einwandfrei festgestellt war, haben wir...« – »Und wohin sind Sie durch diese Beobachtungen gelangt?« – »Dahin, den nötigen Ausgleich zwischen der Wärme beider Ehegatten zu bestimmen...« – »Und nach dieser Feststellung?« – »Nach dieser Feststellung wurden Thermometer hergestellt für Frauen und Männer. Ihre Form ist nicht gleich: die Basis der Frauenthermometer ähnelt einem männlichen Kleinod von ungefähr acht Zoll Länge zu anderthalb Zoll Durchmesser. Die Thermometer für Männer gleichen oben einem Fläschchen, das in der Hohlwölbung genau dieselben Ausmaße hat. Hier sind sie«, sagte Cyclophilos und führte mich in den Tempel. »Hier haben Sie diese Maschinen, deren Wirkung Sie gleich beobachten können: denn ich sehe am Auflauf des Volkes und an der Gegenwart der Priester, daß die heiligen Versuche beginnen sollen.« Nur mit Mühe konnten wir uns durch die Menge winden und ins Heiligtum gelangen. Dort standen lediglich zwei Damastbetten ohne Vorhänge, daneben schweigend Priester und Priesterinnen; sie hielten die Thermometer, deren Obhut ihnen ebenso anvertraut war wie den Vestalinnen das heilige Feuer. Oboen und Schalmeien ertönten, und unter diesen Klängen näherten sich in Begleitung ihrer Eltern zwei Liebespaare. Sie waren nackt; und ich sah, daß eines der Mädchen ein kreisrundes und ihr Liebhaber ein zylindrisches Kleinod hatte. »Das ist kein Wunder«, sagte ich zu Cyclophilos. »Sehen Sie sich aber einmal die beiden andern an«, antwortete er mir. Ich sah zu ihnen hinüber. Der junge Mann hatte ein parallelepipedisches Kleinod, das Mädchen ein quadratisches. »Achten Sie auf die heilige Handlung«, fügte Cyclophilos hinzu. Zwei Priester legten eines der Mädchen auf den Altar, ein dritter führte ihr das heilige Thermometer ein, und der Oberpriester las sorgfältig den Wärmegrad ab, den die Flüssigkeit binnen sechs Minuten erreichte. Gleichzeitig hatten zwei Priesterinnen den jungen Mann auf das andere Bett ausgestreckt, und eine dritte hatte ihm das Thermometer angelegt. Auch hier beobachtete der Oberpriester die in der vorgeschriebenen Zeit erreichte Höhe der Flüssigkeit, sprach die Gültigkeit der Heirat aus und schickte die beiden zur Vermählung ins elterliche Haus. Das quadratische weibliche und das parallelepipedische männliche Kleinod wurden mit derselben Strenge geprüft und mit derselben Genauigkeit den Messungen unterworfen. Aufmerksam verfolgte der Oberpriester das Steigen der Flüssigkeit, als er jedoch bei dem Burschen einige Grade weniger ablas als bei dem Mädchen gemäß dem durch den Ritus festgelegten Verhältnis – denn es gab Grenzen dabei –, stieg er auf die Kanzel und verkündete, daß die Parteien zu einer Ehe nicht geschaffen seien. So war ihnen unter Androhung der von den Kirchen und bürgerlichen Gesetzen gegen Blutschänder vorgesehenen Strafe die Vereinigung strengstens verboten. Auf dieser Insel war die Blutschande also keine völlig sinnlose Sache. Es gab auch eine wirkliche Sünde wider die Natur, nämlich die Annäherung zweier Kleinode verschiedenen Geschlechtes, deren Gestalten sich nicht einbeschreiben oder umschreiben ließen.[198]

Denis Diderot · 1713-1784

Der wohl bekannteste Gesellschaftsutopist des frühen 19. Jahrhunderts war *Charles Fourier* (1772-1837). Ganz kontratraditionell lokalisiert Fourier den Wesenskern des Menschen nicht in der Vernunft, sondern in den Leidenschaften. Diese machen sich nach tradierten Auffassungen vor allem dort negativ bemerkbar, wo der Mensch sich gegen Tugend, Sitte und Anstand erhebt, wo er sich störrisch gegen ihre Bändigung durch die Vernunftkategorien wehrt. Die zielgerichteten natürlichen Impulse nennt Fourier *Attraktionen*. Das gesellschaftliche System soll sich seiner Ansicht nach durch das Zusammenwirken aller Attraktionen in einer nicht repressiven Weise organisieren. In diesem System, das hier in seiner komplexen Struktur nicht vorgestellt werden kann,[199] findet sich auch ein hedonistisches Sexualmodell, das sämtliche bürgerlichen Ideale auf den Kopf stellt. In diesem Modell wird die freie, nicht exklusive Liebe zum moralischen Gebot erhoben. Fourier motiviert sein polygames Gruppenmodell aus einer psychologischen Kritik an der herkömmlichen, monogamen Struktur der Ehe. Viele Gründe sprechen seiner Meinung nach gegen eine solche Form der Partnerschaft: Eine Zufallsbegegnung kann nicht zu einer lebenslangen Konstituierung des Glücks führen, die Eintönigkeit stumpft die Sinne der Partner ab, die Verbindungen mit den Mitgliedern der anderen Familie werden oft zu nervtötenden Verpflichtungen, am Lebensende bleibt ein Partner verlassen zurück, und die Unfruchtbarkeit eines Eheteils erzeugt enorme Spannungen. »Man ist versucht, zu glauben, diese Ordnung (d. i. die monogame Ehe) sei das Werk eines dritten Geschlechts, das die beiden anderen zu diesen Unannehmlichkeiten verurteilen wollte. Konnte es (dazu) etwas Tauglicheres ersinnen, als den isolierten Haushalt und die unauflösliche Ehe, um Liebesbeziehungen und Genuß mit Langeweile, Käuflichkeit und Treulosigkeit zu belasten?«[200] Fourier lastet es den Philosophen an, daß sie dem zivilisierten Bürger eingeredet haben, daß die Freiheit in der Liebe und die Unbekümmertheit in der Lebensgestaltung als Laster anzusehen sind. Um diese antihedonistische Werteskala umzukehren, entwickelt er sein polygames Gesellschaftsmodell, in dem die Maximierung der Beziehungen als Tugend und die sexuelle Absonderung als Laster gelten. Freundschaften mit vielen Mitmenschen schenken diesen allen Freude, wohingegen sexueller Alleinbesitz von Personen diese der Gemeinschaft entzieht. Um eine geeignete Basis für sein hedonistisches Gesellschaftsmodell zu schaffen, schlägt er die Gründung einer progressiven Haushaltsform vor, bei der etwa hundert Personen in einem Phalanstère – einem großräumigen Gebäudekomplex – zusammenleben. Damit sollen die emotionale Abwechslung im Leben sowie auch die bessere soziale Auslastung von Fähigkeiten einzelner Mitglieder der Gruppe gewährleistet sein. Liebe und Reproduktion werden nach einem übersehbaren Schema geregelt, so daß die Elternschaftsbeziehungen gewahrt bleiben. Auch den Frauen, die zu Fouriers Zeit fast völlig rechtlos waren, kommt die zukünftige Gesellschaftsstruktur zugute. Ihnen soll nicht nur die gleiche Wahlmöglichkeit in Liebesdingen gegeben werden, sondern gegenüber den Männern die völlige Gleichstellung in jeder Beziehung. Fourier formuliert die für damalige Zeit bahnbrechende These, *daß der soziale Fortschritt nur durch die Erweiterung der Privilegien der Frau und deren völlige Befreiung garantiert sein wird.*[201]

Die stark rationalistische utopische Konstruktion Charles Fouriers wurde zumeist als naiv und undurchführbar belächelt. Sie spiegelt aber den latenten Widerspruch in der Gesellschaft, den Gegensatz von traditioneller Abwertung und Restriktion der natürlichen Strebungen und von der Wirkmächtigkeit der verborgenen Leidenschaften. Selbstredend war das 19. Jahrhundert der denkbar ungünstigste Boden für hedonistische Sozialutopien, so daß Fourier bald in Vergessenheit geriet.

Vom Hedonismus zum Utilitarismus

Die Zahl der modernen Philosophen, die irgendeine Form der Lust in den Mittelpunkt ihrer Ethik gestellt haben, ist klein.[202] Unter ihnen sticht ein Autor hervor, der dies mit völliger Konsequenz durchführte, nämlich Jeremy Bentham. Die Basis seines Moralsystems ist sehr einfach: »Nature has placed mankind under the governance of two souvereign masters, *pain* and *pleasure.*«[203] Diese Tatsache konstatiert Bentham ebenso wie auch

Kant, aber nicht, um sie dann wie dieser beiseite zu schieben, sondern um sie zur Grundlage eines normativen Systems zu machen. Das Kriterium für den *Wert* einer Handlung ist an den *Folgen* der Handlung zu beurteilen, je nachdem, ob sie Glück oder Unglück bringen – aber nicht nur bezogen auf einen einzigen Menschen, sondern auf eine möglichst große Zahl von Personen. Jenes Verhalten soll also angestrebt werden, das allen involvierten, d.h. kausal betroffenen Menschen die maximale Freude schenkt. Auf den ersten Blick könnte man denken, daß der Bezug auf viele Personen zum Konflikt mit den eigenen Interessen führt. Denn de facto handeln wir doch gemäß der Maxime, möglichst viel Lust für uns selbst zu gewinnen (psychologischer Hedonismus), *sollen* uns nun aber für das maximale Glück aller einsetzen. Entscheidend kommt jedoch in Benthams Modell zum Tragen, daß Glück keine Substanz ist, für die ein Erhaltungssatz gilt, d.h. es ist nicht der Fall, daß die Verteilung von Glück an eine andere Person mir selber weniger zurückläßt; im Gegenteil, eine Handlung, die in einem Mitmenschen glückliche Gefühle auslöst, fällt auf mich in positiver Form zurück, weil er nun seinerseits mit verstärkter Intention, mich glücklich zu machen, agieren wird. Es existiert also eine *Koinzidenz* meiner eigenen Glücksoptimierung mit der anderer Menschen. Bentham nennt diese Verbindungskräfte zwischen den Handlungen verschiedener Menschen etwas mißverständlich *Sanktionen*, es handelt sich aber um Rückkopplungen. Die Einsicht in diese Verbindungen macht dem einzelnen deutlich, daß sein Glück an das des Nachbarn gebunden ist und nicht unabhängig davon gedacht werden kann. Es liegt demnach in unserem eigenen wohlverstandenen Interesse, auch die Wünsche des Nächsten zu berücksichtigen. Die eigenen Wünsche müssen nun einer komperativen Abschätzung unterworfen werden. Dazu ist ein hedonistischer Überschlag notwendig, um jedem einzelnen seine Präferenzen bewußt zu machen; erst dann kann er darangehen, diese in Handlungen umzusetzen. Handeln in Einklang mit dem Prinzip des *größten Glücks* kommt einer fortwährenden Bilanzierung von Lust und

Unlust gleich, einem Nutzen-Kalkül. Nützlichkeit klingt im Deutschen kalt und nüchtern, aber sie drückt die Tendenz des Lebewesens aus, Lust anzustreben und sich vor Unlust zu bewahren, somit die Gesamtsumme seines Wohlbefindens zu erhöhen.

Das Nützlichkeitsprinzip als Basis der utilitaristischen Ethik kann nicht nochmals von einem grundlegenderen Satz abgeleitet werden, es hat den Charakter eines Axioms, das man nur von den Konsequenzen her evaluieren kann. Tugenden werden nicht von der Vernunft gerechtfertigt, sondern nur insofern, als ihre Befolgung einen positiven Beitrag zur Lustbilanz liefert. Bentham gibt keine Gewichtung zwischen geistiger und sinnlicher Lust vor, beide sind Komponenten, die zum Wohlergehen beitragen. Moralisch verwerflich ist eine Handlung nur, wenn sie konkret erfahrbare Unlust hervorbringt.

Die Kritiker stießen sich bei Benthams Ansatz an der unterschiedslosen quantitativen Lustbilanzierung, weil in diesen Kalkül nicht die traditionelle Gewichtung von höheren geistigen und niedrigeren sinnlichen Lustarten einging. Selbst aufgeklärte Autoren wie John Stewart Mill drückten ihre Sorge darüber aus, daß das Vergnügen kaum als ein edles Ziel allen Wünschens und Strebens gelten kann.[204] Hier artikuliert sich unüberhörbar die Sorge um den Spitzenplatz in der Hierarchie der Lebewesen auf der Erde. Die Idee einer drohenden entwürdigenden Einordnung in die Tierwelt wirft in der vordarwinschen Ära ihre Schatten voraus. Die psychoanalytische Kränkung des Menschen, wonach es zentral die sinnlichen Triebe sind, die unbemerkt das Handeln lenken, steht am Horizont. Benthams radikaler Ansatz, der alle idealistischen Wertstufen obsolet erscheinen läßt, hat sich, wie später am empirischen Material gezeigt werden konnte,[205] völlig bewährt. Nur Unehrlichkeit, Ignoranz und Verdrängung der eigenen Motive führte zu der idealistischen Selbsttäuschung, daß die Menschen am liebsten den geistigen Freuden folgen und den »instinctos basicos« die sekundäre Rolle zuweisen.

Eine der überraschendsten und bedeutsamsten Anwendungen seines auf die Folgen ausgerichteten Nützlichkeitskalküls hat Bentham auf ein Thema vorgenommen, das zu seiner Zeit völlig tabuisiert war – die Homosexualität.[206] Man kann an diesem Beispiel studieren, worauf es beim Utilitarismus ankommt: Soziale Handlungen sind von sich aus moralisch neutral, sie erhalten ihre Wertigkeit durch ihre Folgen. Sind diese Konsequenzen glücksfördernd und lustvoll, gelten die Handlungen als moralisch positiv; wenn sie Leiden erzeugen, sind die Tätigkeiten unmoralisch. Deshalb konnte auch Bentham mit unbefangener Neutralität sich der ethischen Diskussion sexueller Handlungen nähern, die nach traditionellem Verständnis verabscheuungswürdig waren und für deren Begehen zu seiner Zeit in England die Todesstrafe verhängt wurde. Bentham nimmt nach dem Utilitarismusverfahren eine Durchmusterung sämtlicher bekannten Konsequenzen homosexuellen Geschlechtsverkehrs vor. Er sucht nach möglichem Schaden sowohl für das Individuum als auch für die Gesellschaft, er überlegt sich physiologische Nachteile ebenso wie demographische Verluste oder auch Partnerverluste für den heterosexuellen Teil der Bevölkerung und kommt zu dem uneingeschränkten Urteil: »I have been tormenting myself for years to find if possible a sufficient ground for treating them [the homosexuals] with the severity with which they are treated at this time of day by all European nations: but upon the principle of utility I can find none.«[207] Dieses Beispiel ist lehrreich, denn es demonstriert den humanen Charakter einer auf dem Lust- oder Glücksprinzip aufgebauten Ethik. Entgegen der damals gängigen prinzipienethischen Verdammung, die in den Bibelstellen Lev 18,22 und Lev 21,3 gründet oder in idealistischen Thesen über ein »widernatürliches Verbrechen des Fleisches« (crimen carnis contra naturam), wie Kant es nennt,[208] führt die Analyse der empirischen Folgen homosexuellen Verhaltens zu einer Befreiung für alle, die sich dieser sexuellen Orientierung zugehörig fühlen. Der rationalistische Hedonismus brachte somit die Toleranz gegenüber sexueller Andersartigkeit mit sich.

Moderne moralphilosophische Überlegungen zum Thema devianten Sexualverhaltens verwenden – ganz im utilitaristischen Sinne – als Abgrenzungskriterium von moralischen und unmoralischen Handlungen ausschließlich die *Reziprozität*. Ein reifes sexuelles Verhältnis beruht auf gegenseitigem Austausch von Emotionen und auf Befriedigung der Wünsche des anderen. Wo diese Bedingungen erfüllt sind, kann von Abartigkeit nicht mehr die Rede sein.[209]

Die Metaphysik des Willens und der Macht

In der philosophiegeschichtlichen Entwicklung verliert der Hedonismus im 19. Jahrhundert mehr und mehr an Reputation. Seine Assoziation mit ethischem Relativismus und metaphysischem Materialismus machen ihn zum Gefahrenmoment für den Bestand bürgerlicher Ordnung und Landesreligion.

Allein Arthur Schopenhauer entwickelt Mitte des Jahrhunderts noch einen Ansatz zur Verteidigung eines gewissen Libertinismus, der allerdings unter heutiger Perspektive daran krankt, daß er auf äußerste Ungleichheit in der Behandlung der beiden Geschlechter ausgelegt ist.[210] In der Sexualmoral hält er – übrigens im Gegensatz zu Kant – die Monogamie für unnatürlich, befürwortet das Konkubinat oder andere Formen des polygamen Zusammenlebens. Ohne Illusionen konstatiert er, daß alle Versuche der Gesellschaft, den Menschen die monogame Ordnung aufzuzwingen, gescheitert sind. »Ueber Polygamie ist gar nicht zu streiten, sondern sie ist als eine überall vorhandene Thatsache zu nehmen, deren bloße Regulirung die Aufgabe ist. Wo giebt es dann wirklich Monogamisten? Wir Alle leben, wenigstens eine Zeit lang, meistens aber immer, in Polygamie.«[211] Weil also beim Manne dieses natürliche Bedürfnis vorhanden ist, soll man ihm auch zugestehen, sich mit mehreren Frauen zu verbinden. Allerdings obliegen ihm dann auch die Sorge und die übrigen Verpflichtungen für diese größere Familie. Anders als die libertinistischen Utopien von Diderot und Fourier ist Schopenhauers Ansatz von kränkenden Vorurteilen gegenüber den Frauen belegt, die vermutlich in seiner Biographie gründen.

In ebenso gespannter und wenig egalitärer Weise spricht Friedrich Nietzsche über die Geschlechtlichkeit. Der einschlägige Abschnitt aus dem »Zarathustra« ist voll von offenen und verdeckten Aggressionen gegenüber dem weiblichen Wesen. Sowohl Schopenhauer als auch Nietzsche kann man sicher als kontratraditionelle egoistische Libertinisten bezeichnen, die gegen die bestehenden bürgerlichen Beschränkungen opponierten, jedoch nicht aus freudvollen spielerischen, hedonistischen Motiven. War der erste ein verbitterter Misogyn (μισόγυνος: Frauenhasser), so war der zweite besessen von der Idee der Erzeugung des Übermenschen: »Ein Spielzeug sei das Weib, rein und fein, dem Edelsteine gleich, bestrahlt von den Tugenden einer Welt, welche noch nicht da ist. Der Strahl eines Sternes glänze in eurer Liebe! Eure Hoffnung heiße: ›möge ich den Übermenschen gebären‹.«[212] Beide Motivationen liefern keinen guten Ausgangspunkt zur Etablierung einer auf Lust als Selbstzweck ausgerichteten Lebensphilosophie. Wenn man den Liebespartner nicht als gleichwertiges Wesen anerkennt, wird man auch in polygamen und promisken Beziehungen wenig Freude finden. Der Weg dahin ist erst recht blockiert, wenn eine lustfremde metaphysische Idee die Sicht verstellt. Die echten hedonistischen Philosophen waren immer auch Verehrer des weiblichen Wesens; sie feierten nicht nur den Frauenkörper in ästhetischen Kategorien, sondern sie lobten auch die feminine Art und die andersartige Weitsicht der Frau. Dazu konnten sich die beiden Metaphysiker des Willens und der Macht nicht durchringen.

Hedonismus in der analytischen Philosophie

Erst zu Beginn des 20. Jahrhunderts knüpft ein analytischer Denker wieder an die Tradition der Lebensphilosophie mit genuin hedonistischer Orientierung an, *Bertrand Russell*. Er schließt an die früher erwähnte Humesche Tradition an und sieht den Kern der Ethik in den *von der Vernunft geleiteten Leidenschaften*. Wünsche und Gefühle geben die Ziele vor, die Vernunft agiert, indem sie die optimalen Wege zur Verwirklichung der Ziele sucht. Der begriffliche Gegensatz von gut und schlecht gründet nach Russell in der Tatsache, daß wir *Wünsche* haben.[213] Ohne die Sensibilität für Freude und Schmerz könnten wir die Gewichtung bestimmter Einwirkungen auf uns gar nicht vornehmen. Wir werten einen Eindruck als *gut*, wenn damit ein Wunsch befriedigt wird, wir gewichten ein Erlebnis als *besser* als ein anderes, wenn dadurch eine stärkere Wunschbefriedigung erreicht wird. Russell folgt damit im wesentlichen einer hedonistischen Definition des Guten und der utilitaristischen Tradition in dem Sinne, daß sich alle allgemein anerkannten sittlichen Regeln aus dem Grundsatz ableiten lassen, daß wir immer die größtmögliche Lust anstreben sollen. Aber in dieser sehr abstrakten Form läßt das hedonistische Prinzip noch keine Anwendungsmöglichkeiten auf die konkrete Lebensgestaltung erkennen. Russell ist einer der wenigen analytischen Philosophen, die sich nicht nur mit metaethischen Begründungsproblemen befaßt haben, sondern auch mit der praktischen Umsetzung ethischer Haltungen im täglichen Leben.[214] Er weist darauf hin, daß es vielfach falsche Einstellungen sind, die beim Menschen, obwohl er sich in keiner extremen Notsituation befindet, keine echte Lebensfreude aufkommen lassen. So kann etwa eine übertriebene Fokussierung der Aufmerksamkeit auf das eigene Ich die Fähigkeit des Genießens der äußeren Welt blockieren: sei es von religiöser Erziehung her als *Sündenbewußtsein*, sei es durch eine psychische Fixierung als *Narzißmus* oder als eine Überschätzung der eigenen Bedeutung als *Größenwahn*. Hier können nur eine Hinwendung zur Welt und das Bewußtmachen ihrer wunderbaren Vielfalt von dieser fehlgeleiteten Ich-Zentrierung wegführen. Wie man dies im einzelnen durchführt, ist sicher personengebunden, oft bedarf es therapeutischer Feinfühligkeit, um Blockaden der Lebensfreude zu lösen.

Auch Russell wiederholt noch einmal mit anderen Worten, was die antiken Hedonisten, allen voran Horaz, geraten haben, nämlich die Bedeutung des Augenblicks nicht von der fernen Zukunft oder von der Ewigkeit her zu bemessen: »Die Gewohnheit, in die Zukunft zu blicken mit dem Gedanken, daß die Bedeutung der Gegenwart einzig in dem beschlossen liegt, was sie hervorbringen wird, ist durchaus von Übel.«[215] Als Bezugspunkt der Sinnhaftigkeit die unendliche Zukunft zu wählen ist eine reine Illusion. Der Wert der Unendlichkeit wird überdies psychologisch immer falsch eingeschätzt: »[...] wenn ich ewig lebte, würden sicherlich die Freuden des Lebens schließlich ihren Reiz verlieren.«[216] Die Extrapolation unseres Erlebens auf unbegrenzte Zeiträume überschreitet unsere Vorstellungskraft; nur weil Lebenszeit ein so karg bemessenes Gut ist, fühlen wir uns so sicher, daß ein ewiges Fortführen des Erlebnisstromes nicht zu enormer Öde und Langeweile ausarten würde. Aber dieses Gefühl basiert auf der trügerischen Spekulation, daß das, was im Endlichen Wohlbefinden bedeutet, auf das Unendliche übertragen werden dürfe. Am überzeugendsten dokumentiert sich vielleicht der *Wert eines zeitlich begrenzten Erfahrungsmomentes* im Liebeserlebnis. Auf dem Höhepunkt scheint die Zeit einen Augenblick stillzustehen, und obwohl auch dieser Moment endet, möchte wohl kaum jemand diese Erfahrung von der Zukunft her, wenn sie nicht mehr vorhanden sein wird, entwerten. Vermutlich liegt das Spezifikum dieses Vorganges in dem kurzzeitigen Spitzenerlebnis und läßt sich auf größere Zeiträume gar nicht sinnvoll übertragen.

Russell hat wie kaum ein anderer Gegenwartsphilosoph darauf hingewiesen, daß gerade unsere hochorganisierte zivilisatorische Lebensform einen starken Verlust der Fähigkeit mit sich gebracht hat, spontan und augenblicksbezogen zu leben. Zur Planung und Organisation unseres Lebensablaufes müssen wir große Zeiträume überblicken, deshalb versetzen wir uns gedanklich in die ferne Zunkunft, um vom fernen Ziel her den vor uns liegenden Tag zu planen. Aber diese Einstellung bedingt, mit einer ständigen Hypothek auf die Zukunft zu leben. Jeder Augenblick ist besetzt mit der Haltung der Antizipation *späterer* Erfüllung. Wir verbringen unser Leben in der Warteschleife der Hoffnung, daß die erfüllte Gegenwart kommen wird, und versäumen dabei das Leben. Damit verfallen wir in eine Haltung der *Uneigentlichkeit*, da jeder Zeitpunkt nur genützt wird, um einen anderen, späteren zu planen. Eigentliches Leben kann aber nicht im Warten bestehen, der gegenwärtige Augenblick muß mit Erleben gefüllt werden. *Authentisches* Leben bedeutet somit das spontane Ergreifen einer sich bietenden Chance, *ohne* diese mit Rücksicht auf zukünftige Möglichkeiten vorbeigehen zu lassen. Wie oft finden wir uns in einer Wartesituation vor, in einer Bahnhofshalle, in einem Restaurant, in der Warteschlange eines Geschäftes, und begegnen einem Mitmenschen, der unsere Aufmerksamkeit erregt. Programmierte Eile, psychische Introvertiertheit und soziale Hemmungen hindern jedoch zumeist eine glückbringende Nutzung des Zufalls.

Die Proletarier haben sich in den Kopf gesetzt, die Kapitalisten zu zehn Stunden Gruben- oder Fabrikarbeit anhalten zu wollen – das ist der große Fehler, die Ursache der sozialen Gegensätze und der Bürgerkriege. Nicht auferlegen, verbieten muß man die Arbeit.[217]

Paul Lafargue · 1842-1911

Schuld an unserer absurden Zeitbewirtschaftung ist zweifellos auch die im protestantischen Puritanismus wurzelnde Arbeitsethik, die nicht mit Arbeit erfüllte Zeit als Vergeudung und damit als Sünde ansieht.[218] Das Arbeitsleben ist dabei nichts anderes als eine säkularisierte Form der Askese, die vom Kloster in die Welt übertragen wurde. Russell wird nicht müde, den Glauben an den überragenden Wert der Arbeit zu kritisieren[219]: »Die Moral der Arbeit ist eine Sklavenmoral, und in dieser neuzeitlichen Welt bedarf es keiner Sklaverei mehr.«[220] Mit der Reduktion von Arbeit bzw. deren gleichmäßiger Verteilung auf mehrere Menschen bleibt auch wesentlich mehr Zeit für Freizeit und Muße und damit auch für eine gegenwartsbezogene Zeitbewirtschaftung übrig. Nicht mehr rastlosen Fleiß, permanent auf zukünftige Akkumulation von Gütern angelegten Arbeitseifer, nicht die Tugend der professionellen Tüchtigkeit und damit verbunden den materiellen Aufstieg preist Russell, sondern im Sinne epikureischen Lebensstils Glück und Freude am Genuß und an erfüllter Freizeit. Natürlich muß man ausreichend arbeiten, um die Mußezeit finanzieren zu können, aber nicht bis zur Erschöpfung. Auch die Qualität der Mußetätigkeit wird sich bessern, wenn nicht mehr bis zur Leistungsgrenze gearbeitet werden muß. »Wenn die Menschen nicht mehr müde in ihre Freizeit hineingehen, dann wird es sie auch bald nicht mehr nach passiver und geistloser Unterhaltung verlangen.«[221] Hier wird deutlich, daß eine epikureische Lebenshaltung durchaus politisch wirksam wird, ja daß sie in die Sozialstruktur eingreifen und unter Umständen ein völlig neues Lebensmodell für die Gemeinschaft entwerfen kann.

Bertrand Russell war es auch, der für das Niederreißen aller traditionellen Barrieren zum Lebensgenuß plädierte. Dies betrifft in erster Linie die Sexualethik, in der er mit sehr progressiven Vorschlägen hervortrat. Schon sein Werk über Ehe und Moral von 1929, in dem Russell freie Liebe, Geschlechtsverkehr außerhalb der Ehe und die Toleranz gegenüber abweichendem Sexualverhalten verteidigt,[222] trug ihm die Verachtung und den Abscheu traditionalistischer Kreise ein. In seiner Stellungnahme von 1936 zum gleichen Komplex weist er auf die irrationalen Wurzeln der restriktiven monogamen Sexualmoral hin.[223] Auf die menschliche Natur können sich nach Russell die Verteidiger der restriktiven Sexualethik nicht berufen; nur mangelnde Gelegenheit, Aberglaube und der Druck der öffentlichen Meinung zwingen Männer und Frauen in dieses enge Verhaltensschema, das nur abstrakten Prinzipien dient, aber nicht ihrem Glück. Russell erkennt als Basiskonflikt aller Partnerschaften die Spannung zwischen *Polygamie* und *Eifersucht*, wobei die letztere vor allem im Besitzdenken gründet. Da eine grundlegende Umstrukturierung der Gesellschaft im Sinne von Gruppenpartnerschaften – wie wir sie in der Sozialutopie von Charles Fourier kennengelernt haben – in absehbarer Zeit nicht durchführbar erscheint, muß seiner Meinung nach irgendein Kompromiß zwischen völliger Promiskuität und lebenslanger Monogamie gefunden werden. In »Ehe und Moral« hat Russell die sogenannte »offene Ehe« als die beste Vermittlungslösung vorgeschlagen.[224] Zwei Komponenten bilden die Basis des bürgerlichen Sexualkodex: *Sittsamkeit*, wodurch das Obszöne tabuisiert wird, und *Eifersucht*, welche als rationalisierter Zorn in moralische Entrüstung übergeht.[225] Russells Vorschlag besteht darin, das moralische Regelsystem zur Förderung des menschlichen Glücks so zu verändern, daß Mann und Frau in gleicher Weise alle sexuellen Freiheiten zugestanden werden und daß keine doppelte Moral eines der beiden Geschlechter im Handlungsspielraum einengt. Er war davon überzeugt, daß nur eine sachliche Betrachtung sexueller Wünsche zur Demystifikation dieses sensiblen Bereiches führt. Das Wissen um die emotionale Situation des anderen ist Voraussetzung für Duldsamkeit. Russells Plädoyer für Toleranz, Güte und Verständnis der Motive des Partners strahlt eine besondere Warmherzigkeit und Menschlichkeit aus, wie man sie kaum bei einem nüchternen, rationalistischen Philosophen vermuten würde. Einiges, was Russell in den 20er und 30er Jahren als glücksmehrende Maßnahme im Zusammenleben der Menschen vorgeschlagen hat, ist inzwischen offiziell realisiert worden, aber es ist ein weiter Weg von der legalen Anerkennung einer Deregulierung bis zur allgemeinen gesellschaftlichen Toleranz und zuletzt bis zur tatsächlichen Aneignung des offiziell tolerierten Verhaltens durch das Individuum.

Ordnung, Triebfreiheit und Devianz

Von einer philosophisch völlig anderen Seite her hat *Herbert Marcuse* ein Modell entworfen, das auf Harmonisierung von Triebfreiheit und gesellschaftlicher Ordnung abzielt.[226] Sein Entwurf spricht von einer reifen Zivilisation, in der die Triebe von der repressiven Wirkung der Vernunft befreit agieren können. Dabei denkt er nicht an eine rein libidogesteuerte Anarchie, sondern an eine neue Kulturform, in der eine Triebordnung herrscht, die ohne destruktiv unterdrückend zu sein, konstruktiv zivilisationsfördernd agiert.

In diesem Gesellschaftsmodell ist ähnlich wie bei Russells Vorschlag ein anderes Verhältnis zur Arbeit vonnöten, und zwar eines, das nicht mehr ausschließlich dem Leistungsideal verpflichtet ist. »Der Körper, der nicht mehr ganztägig als Arbeitsinstrument zur Verfügung stehen müßte, würde resexualisiert«, er würde »ein Instrument der Lust«.[227] Sexualität könnte sich in gewandelten Institutionen frei entfalten, es käme zu keinen Ausbrüchen und zerstörerischen Formen unterdrückter Libido, das Vernichtungspotential gehemmter Triebenergie würde entschärft sein. Aus dieser Sicht muß die Sexualität auch von ihrer Verhaftung an das rein genitale Geschehen gelöst werden, woran sie durch das Fortpflanzungsdogma gebunden worden ist, und zu einer den ganzen Körper umfassenden Erotik umgestaltet werden. Diese Transformation bedeutet eine nichtrepressive Sublimierung des Triebpotentials, ein Einsatz libidinöser Energie für Kulturschaffen ohne Unterdrückung. Die Ausnützung der nicht unterdrückten Libido für die Kultivierung der Umwelt kann nach Marcuse nur im sozialen Verbund erfolgen, und zwar in einer Gemeinschaft, in der die Arbeit auf die Befriedigung der Bedürfnisse des einzelnen ausgerichtet ist. Dort müßte Sexualität weder umgelenkt noch in ihren Zielen gehemmt werden, sondern würde kulturschaffende Kraft entfalten. Die nicht unterdrückende Läuterung und Verfeinerung der Triebimpulse würde sich in der *Freude an der Arbeit* äußern. Arbeit hätte viel mehr Spielcharakter, sie würde sich eher kategorisch auf der Ebene der Aktivierung erogener Zonen wiederfinden, ähnlich dem Liebesspiel. Der von Herrschaftsinteressen induzierte Andienungscharakter der Arbeit für die Bewältigung des Daseins würde sich wandeln derart, daß eine emotionale Bindung mit dem geschaffenen Werk vorherrschte. So wie es Charles Fourier in seiner Utopie antizipiert hatte, möchte auch Marcuse Arbeit in Lust verwandelt sehen. Unsere heutige Arbeitswelt ist nach dem Leistungsprinzip und nicht nach dem Lustprinzip orientiert, der einzelne befriedigt durch den Arbeitsakt nicht seine libidinösen Bedürfnisse, sondern er übt eine ihm von außen auferlegte Funktion aus,[228] dem Vergnügen folgt er – wenn er noch Kraft hat – nach Feierabend.

Diese hedonistisch motivierten Sozialmodelle treffen sich akzidentell mit den Überlegungen moderner Arbeitstheoretiker, die eine neue Einstellung zur Arbeit fordern und deren Rolle als einziges Identifikationszentrum in Zweifel ziehen.[229] Sie fordern eine Rücknahme der absoluten Wertigkeit von Leistung, Einkommen, Wohlstand zugunsten emotionaler Befriedigung in der Partnerschaft und sozialer Aktivitäten in ihrer Umgebung. Doch die Prägungen durch die vergangenen Generationen sind nicht leicht zu löschen. Das Bewußtsein des Mannes ist noch fest in der neolithischen Vorstellung befangen, daß er ausziehen muß, um im Kampf den Bären zu erlegen und ihn seiner nahrungssuchenden Familie mit stolz geschwellter Brust zu Füßen zu legen. Ihn axiologisch umzupolen auf Häuslichkeit, Fürsorge und karitative Liebe für die Sippe wird nicht leicht sein; vermutlich müßte man ihm zumindest einen Ausgleich in einer Risikosportart genehmigen, damit er dort seine steinzeitliche Kampfeslust abarbeiten kann.

Soviel scheint jedoch klar zu sein, die Übernahme hedonistischer Verhaltensmaximen würde in der Gesellschaft zu Formen des Zusammenlebens führen, die von Milde, Humanität und Verständnis für den anderen getragen sind und sich wesentlich von jenen gespannten, wettbewerbsorientierten, besitzzentrierten Arten des Miteinanderlebens unterscheiden, die wir bis heute in der sozialen Realität vorfinden.

In der Philosophie der Gegenwart ist die hedonistische Ethik fast ausschließlich im angelsächsischen Bereich vertreten. Eine Erklärung dafür, warum im deutschen Kulturraum diese Geisteshaltung so wenig Anklang gefunden hat, hat Herbert Marcuse in Hegels Einfluß gesehen. Für einen Idealisten ist es undenkbar, daß das Glück des Menschen in der »gemeinen« empirischen Welt liegen soll. »Daß das Höchste des menschlichen Daseins durch die schlechte empirische Realität [sic!] vorgeschrieben und durch sie befleckt« werde, darin liegt nach Hegel die Versündigung des Eudämonismus gegen die geschichtliche Vernunft.[230] Während die englischen Empiristen von Hume bis Russell keine Schwierigkeiten hatten, das Glück auf der kontingenten Natur des Menschen aufzubauen, fehlt dem idealistischen Prinzipiendenker die Verankerung des Zieles menschlicher Handlungen in der Notwendigkeit der Vernunft. Marcuse lokalisiert zweifelsohne korrekt die Grundintention des Hedonismus als antiautoritär, unideologisch und ordnungsfeindlich, wenn er konstatiert: »Der Hedonismus ist unbrauchbar zur Ideologie, und er läßt sich in keiner Weise zur Rechtfertigung einer Ordnung verwenden, die mit Unterdrückung der Freiheit und mit der Opferung des Individuums verbunden ist.«[231] Gerade darin liegt seine Stärke, daß er die Individuen aufrüttelt, sich jeder »heroischen Domestizierung« zu widersetzen, ihr Glück gegen die Übergriffe der Allgemeinheit zu verteidigen. Die geschichtliche Funktion des Hedonismus ist der Protest des Individuums gegen die Vergewaltigung durch das Kollektiv. Insofern Moral als Ausdruck des allgemeinen Interesses angesehen werden kann, ist der hedonistische Protest immer *amoralisch*. Die Rache des Kollektivs äußert sich in der Disziplinierung abweichenden Verhaltens. Der Rekurs auf subjektives glückliches Erleben gilt nicht als zulässiges Element der Verteidigung, denn »das Glück des Individuums ist bestenfalls ein wertloser Zufall des Lebens«.[232]

Diese im Ursprung idealistische gesellschaftliche Logik wird praktisch, wenn Bürger deviantes Verhalten an den Tag legen. *Abweichendes Verhalten* stand von jeher in begrifflicher Nähe zur Straftat bzw. zum Verbrechen, wobei nach gängiger Definition die Abweichung in der »Verletzung von Erwartungen der quantitativ größten Zahl der Mitglieder einer Gesellschaft« besteht.[233] Durch eine passende Gruppierung von Verhaltensmustern kann man jede beliebige Art der Diskriminierung von Bürgern erzeugen, die sich fern vom sogenannten *Ritualismus*, dem kleinbürgerlichen Spießertum bewegen. Wenn man etwa Drogenkonsum, Sektierertum und die von den christlichen Kirchen abgelehnten Formen der Sexualität, z. B. Prostitution, zusammenfaßt, kann man Minoritäten sehr leicht als Außenseiter der Gesellschaft diffamieren,[234] denn abweichendes Benehmen ist moralisch klarerweise negativ besetzt. Deviantes Verhalten unterliegt also der gesellschaftlichen Ächtung, und durch Prägung entsprechender Begrifflichkeit kann man eine Bestrafung von Moralwidrigkeiten erreichen, obwohl nicht im mindesten eine gesellschaftsschädigende Konsequenz nachweisbar ist.[235] Mit einem Terminus der Synergetik (d. h. der Lehre vom Zusammenwirken) kann man davon sprechen, daß das Individuum durch das Moralsystem der Gesellschaft *versklavt* wird. Die Erwartungen der Majorität üben eine Kraft auf das sich deviant verhaltende Subjekt aus und zwingen es in die »Normalität« zurück. Wie auf der Autobahn der schnelle Fahrer durch den dichten Verkehrsstrom auf die mittlere Geschwindigkeit gedrängt wird, so sorgt die soziale Kontrolle der Mitbürger für einen psychischen Druck in Richtung auf standardisiertes Normalverhalten. Wirkliche tolerante Pluralität im Sozialverhalten scheint schwierig erlernbar zu sein und ist wohl nur in kleinen intellektuellen Gruppen realisierbar. In bezug auf die hedonistische Maxime scheint das synergetische Versklavungsprinzip sehr gut zu funktionieren. Der individualistisch orientierte Lustoptimierer wird von dem bürgerlichen Kollektiv auf sittliche »Richtgeschwindigkeit« normiert. Die zahlenmäßig starke Gruppe von

Bürgern gemäßigter Lust-Appetenz unterwerfen den deviant agierenden Hedonisten durch Kontrollmaßnahmen, durch sittliche Vorhaltungen, durch ablenkende Manöver, durch Predigten mit sittlichem Ernst und moralisierendem Pathos und zwingen ihn so auf den Kurs von Lustverzicht. Läßt er sich nicht von seinem Individualismus abbringen, wird er als Außenseiter, Sonderling oder Eigenbrötler geächtet und vom sozialen Verbund abgekoppelt. Es gibt allerdings standfeste Hedoniker, die sich auch mit ruiniertem gesellschaftlichen Ruf noch wohl fühlen und auf ihrer Linie bleiben, allerdings können sie dies zumeist nur deshalb, weil sie ökonomisch unabhängig sind und das Wohlwollen des Hauptstromes der Gesellschaft nicht brauchen. In ihnen manifestiert sich jedenfalls die Revolte des Individuums gegen das Übermaß der Gleichschaltung und Homogenisierung durch die Gesellschaft. Der Antagonismus ist unaufhebbar, man muß sich entscheiden, wofür man kämpfen will.

Hedonismus und Tiefenpsychologie

Auch im Rahmen einer lebensphilosophisch orientierten Abhandlung zur Lust müssen die Einsichten berücksichtigt werden, die von der Tiefenpsychologie erzielt worden sind. Sigmund Freud hat in gewissem Sinne die Ausgangsbasis des Hedonismus, wie sie von Aristipp gefaßt wurde, bestätigt, aber neu lokalisiert. Freud wurde indirekt durch klinische Befunde über seelische Pathologien wie Hysterie, Zwangsneurosen zur Vermutung geführt, daß alle diese krankhaften Zustände eine gemeinsame Wurzel haben: verborgene sexuelle Wünsche sind von tradierter Sexualmoral verdrängt worden. Die bewußt agierende Vernunft hat die Tugendprinzipien zwar internalisiert, aber im Unbewußten bleiben die versteckten Gelüste bestehen. Aus diesem Spannungszustand zwischen oberbewußter Moral und unterbewußten verbotenen Wünschen resultieren die erwähnten neurotischen und hysterischen Phänomene. Bedeutsam war ferner

Freuds Einsicht, daß das Luststreben nicht mit der Pubertät beginnt, sondern weit in die Kindheit zurückreicht, wodurch klar wurde, daß Sexualität eine über die Fortpflanzung weit hinausgehende emotionale Bedeutung haben muß. Diese Entdeckung widersprach damit dem traditionellen christlichen Grundsatz, daß die Lustkomponente des Sexualaktes nur im Dienste der Vermehrung steht. Die Erkenntnis der autonomen Rolle der sexuellen Gefühle wurde übrigens später durch die Untersuchungen der Soziobiologie gestützt. Freud entwarf dann eine umfassende Theorie des menschlichen Handelns, wonach dieses durch eine zentrale Energiequelle gesteuert wird – nämlich die Libido, die Begierde. Die Libido ist eine von Freud postulierte theoretische Entität, eine psychische Energie, die als Spezialfall jene Wollust umfaßt, die den Koitus so reizvoll macht und die aus evolutionärer Sicht als »Belohnung« fungiert, wenn wir uns fortpflanzen.

Von den großen Problemen ist noch nichts entschieden. Alles wogt und dämmert, eine intellektuelle Hölle, eine Schicht hinter der anderen; im dunkelsten Kern die Umrisse von LUZIFER-AMOR sichtbar.[236]

Die Hypothese von dem amorphen libidinösen Impuls, der in unserer Tiefe waltet und der sich in vielen Gestalten auch gegen den bewußten Zensor immer wieder Bahn bricht, hat die Zeitgenossen sehr betroffen gemacht. Die Rationalisten wollten es nicht glauben, daß der Mensch nicht »Herr im eigenen Haus« ist. Freud hat es selber als das entscheidende Hindernis identifiziert, das die Akzeptanz der Psychoanalyse aufgehalten hat.[237] Anonymen Mächten aus der Tiefe des Bewußtseins ausgeliefert zu sein verträgt sich nicht mit dem überkommenen Rationalitätsverständnis des Menschen. Aber die Neurosen lassen sich nicht leugnen, sie entstehen nach Freud, wenn das Individuum zuwenig Gelegenheit hat, die Libido durch Befriedigung abzuführen, bzw., was wesentlich gravierender ist, Neurosen machen sich breit, wenn das ethische Aufsichtsorgan seines Ichs die Triebererfüllung hemmt. Dann entstehen innere affektive Spannungen zwischen Lustwünschen und rationaler Zensur. Jeder versteht, was Freud meint, wenn er sagt: »Es tauchen plötzlich Gedanken auf, von denen man nicht weiß, woher sie kommen; man kann auch nichts dazu tun, sie zu vertreiben.«[238] Die Vertreibung führt in die Krankheit; die Aufdeckung der sexuellen Impulse, die Anerkennung und Rückholung in die Rechtmäßigkeit bringt die Heilung. Indirekt und vielleicht nicht intendiert hat Freud damit eine Stütze für den Hedonismus geliefert; eine vernünftige Ethik muß auch berücksichtigen, ob die Forderungen, die sie an das Individuum stellt, dieses nicht überfordern oder gar in die Krankheit treiben. Jedenfalls stellt Freuds Entdeckung der Wurzel der Neurosen ein gewichtiges Argument dar, eine lustfreundliche Sexualmoral zu konzipieren.

Die unmittelbare Fortführung der Grundidee von der Zentralität und Steuerfunktion der sexuellen Tiefendimension des Menschen geschah durch Wilhelm Reich.[239] Er betonte im besonderen, daß die Fähigkeit, einen vollständigen und ungehemmten Orgasmus zu erfahren, eine fundamentale Bedingung für die Gesundheit eines erwachsenen Menschen darstellt. Seelische Erkrankungen gehen nach Reich auf Störungen der genitalen Funktion, auf orgastische Impotenz zurück.[240] Der Sexualstau wird in erster Linie durch Kulturfaktoren bewirkt: die sexualverdrängende Familienerziehung in der Kindheit, die Askeseforderung für Jugendliche in der Pubertät und die emotionale Zwangswirtschaft der Monogamie im Erwachsenenalter. Auch wenn die Wirksamkeit dieser gesellschaftlichen Determinanten in den letzten Jahrzehnten etwas nachgelassen hat, bleiben gerade für die jugendliche Sexualität seine Forderungen unvermindert gültig: »Die Sicherung des sexuellen Lebensglücks der reifenden Jugend ist ein Zentralpunkt der Neurosenprophylaxe«.[241] Es kann keine glückbringende Strategie sein, den Jugendlichen dann, wenn er in der Entwicklungsphase höchster sexueller Leistungskraft ist, in die Warteschleife zu schicken und ihn mit Blick auf ökonomische Unselbständigkeit und kulturelle Unfertigkeit auf späteres lustvolles Erleben zu vertrösten.

In einer Hinsicht, nämlich in bezug auf die Kulturtheorie, setzt sich Reich entschieden von Freuds pessimistischer Auffassung ab. Freud glaubte in seiner späteren Zeit an die Notwendigkeit, die Erziehung des Jugendlichen zum Kulturwesen durch Verbote, Strafen erzwingen zu müssen, durch Maßnahmen also, von denen klar war, daß sie Verdrängungen hervorrufen mußten. »Somit darf man nicht vergessen, auch den Kultureinfluß unter die Bedingungen der Neurose aufzunehmen [...]. Die Sehnsucht nach einem starken ungehemmten ›Ich‹ ist im tiefsten Sinn kulturfeindlich.«[242] Wenn Kulturschaffen aber nur unter den Bedingungen der *Sexualversagung* gedeihen könnte, wäre der Mensch eine zutiefst tragische Existenz und das hedonistische Lebensideal in der Nähe von Barbarei angesiedelt. Demgegenüber verteidigt Reich eine positive, auf Kompatibilität von Kultur und Triebleben angelegte Lebenshaltung, eine Einstellung, in der volle Sexualfähigkeit, allgemeine Lebensbejahung und gesellschaftliche Fürsorge vereinbare Leitideen darstellen. Zur Erreichung dieses Zieles schlägt Reich eine grundsätzliche Neuorientierung der Sexualpolitik vor. Wenn man weiß, »daß der sexuell vollwertige Mensch auch kulturell der produktivere ist«[243], muß man an der »seelischen Kastration« der überkommenen Sexualpädagogik etwas ändern. Da gesellschaftliche Strukturen dem individuellen Lebensglück im Weg stehen, muß bei ihnen angesetzt werden, um die neurotischen Spannungen zu beseitigen. Reichs These, daß Sexualverdrängung sozioökonomische und nicht biologische Ursachen besitzt, hat sich mittlerweile durch neuere Forschungen bestätigt.[244] Die Spezies Mensch besitzt eine hohe Plastizität in ihrem kulturellen Repertoire, und der Realisierung freudvollerer Lebensformen steht grundsätzlich kein somatisches Hindernis im Wege.

In seinen späteren Jahren hat sich Reich um eine physiologische Fundierung seiner Orgasmuslehre bemüht, die ihn letztlich aber wieder auf vitalistische Kategorien zurückführte. Er glaubte eine besondere Energieform gefunden zu haben, die sich in der Beckengegend während des Orgasmus manifestiert und die er mit dem Ausdruck »Orgon« belegte. Seine Beschreibungen dieser Energieart sprechen von einer blauen Strahlung, die aber nicht nur beim Sexualakt abgegeben werde, sondern allgemein die entscheidende Lebenskraft sei. Mit seiner Charakterisierung der Orgonstrahlung rückt er diese in die Nähe von okkultistischen Begriffen wie dem Astrallicht.

In der Folge ergaben sich über Reichs Schüler Verbindungen von Orgontheorie mit den sexualmagischen Lehren des einflußreichen Aleister Crowley. Damit erhielt die vordem rein naturalistische psychoanalytische Lehre eine transzendente Ausrichtung nicht nur auf irdisches Glück, sondern auch auf eine Verbindung mit der Gottheit. Es handelte sich nicht mehr nur um Befreiung von gesellschaftlichen Zwängen, sondern der Orgasmus sollte die Grenzen der irdischen Existenz überwinden. Crowleys Grundregel »Tu was Du willst, sei das ganze Gesetz«[245] klingt zwar an Rabelais' hedonistisches Prinzip der Abtei Thelème an, ist aber sicher umfassender gemeint. Hier erhält die hedonistische Grundmaxime eine spirituelle, metaphysische Orientierung.

War es Epikurs Kerngedanke, eine Anweisung zum glücklichen *diesseitigen* Leben zu finden, so verbinden esoterische Denker in Anlehnung an fernöstliche Vorbilder das ekstatische Lusterleben mit einem *transzendenten* Ziel. In der taoistischen Philosophie wie auch im buddhistischen linkshändigen Tantra hat Sexualität eine metaphysische Dimension. (Vgl. Abb. 12)

Selbst wenn der Nachvollzug der kosmischen Spiritualität des Sexus für abendländische rationalistisch und empirisch orientierte Gemüter schwieriger ist, so muß doch anerkannt werden, daß dieser religiöse Umgang mit der Geschlechtlichkeit eine freudvolle Lebensgestaltung befürwortet. Ob nun Epikurs Glückstherapeutik letztlich doch in eine Heilstechnologie zum Erreichen eines transzendenten Ziels mündet oder nicht, funktional betrachtet, kommt es auf dasselbe hinaus. Wenn sich an das gute *diesseitige* Leben noch ein weiteres freudvolles *jenseitiges* anschlösse, in dem das Glück sich vollendete, welcher Hedonist würde da widersprechen?

Naturale Fundamente

Die psychologische Basis des Lustempfindens

Es kann kein Zweifel darüber bestehen, daß die psychischen Zustände von Freude und Schmerz, von Lust und Unlust nicht von jeher in der Welt des Lebendigen existierten, sondern sich mit der somatischen stammesgeschichtlichen Entwicklung und Differenzierung der Körperfunktionen herausbildeten. Ehe wir aber einen Blick auf die Naturgeschichte dieser Klasse von Empfindungen werfen, wollen wir versuchen, die Klassifikation dieser Emotionen, wie sie von psychologischer Seite vorgenommen wird, etwas näher zu betrachten.

Schon bei unserem geschichtlichen Durchblick hatten wir immer zwischen dem *psychologischen Hedonismus* und seiner normativen Entsprechung, dem *ethischen Hedonismus*, unterschieden. Die *deskriptive psychologische* These besagt einfach, daß Menschen – und mit ihnen alle höheren Lebewesen – die Lust als Selbstzweck spontan anstreben. Die *präskriptive normative* These baut darauf auf und erklärt das Ziel »Lust« auch als wünschenswert bzw. Wert in sich selbst.

In der Psychologie faßt man Freude und Schmerz als extreme Zustände eines eindimensionalen stetigen Parameters auf.[246] Man kann diese emotionalen Befindlichkeiten auf einer Geraden anordnen und den neutralen Zustand als Nullpunkt wählen. Diese Zuordnung erlaubt auch eine summative Abschätzung von negativen und positiven Empfindungen, die mit bestimmten Handlungen oder Restriktionen verbunden sind. Von der psychologischen Begrifflichkeit her ist es wichtig, mit Freude und Lust nicht nur bestimmte, körperlich lokalisierte Empfindungen zu verbinden, sondern auch alle jene emotionalen Befindlichkeiten, denen kein fester Ort im Körper zugeordnet werden kann. Der Lustbegriff kann somit global an einem Phänomen, z. B. an einer sportlichen Tätigkeit wie dem Skifahren, festgemacht werden; wir werden später über die Freude am Bewegungsvorgang sprechen. Ebenso zählt zur Lust die *Befriedigung*, die man erfährt, wenn man das Ziel, z.B. den Gipfel beim Bergsteigen, erreicht hat. Auch das *Vergnügen*, an einer angeregten Gesellschaft teilzunehmen, in guter *Stimmung* zu sein, gute *Laune* zu besitzen, *Zufriedenheit* auszustrahlen sind lustvolle Zustände, die nicht einem Punkt im Körper zugeordnet werden können. Bei *globalen Lustzuständen* lassen sich manche Fragen wie beispielsweise nach dem zeitlichen Verlauf der Schwankungsstärke kaum stellen. Es sind ausgebreitete emotive Empfindungen, die den ganzen Menschen involvieren. Auf der anderen Seite stehen die *lokalisierbaren*, emotionalen *Zustände* – allen voran der sexuelle Höhepunkt, der beim Mann eindeutig auf den Penis und bei der Frau zwar nicht ganz so deutlich, aber doch wesentlich auf Klitoris und Vagina und bei manchen Frauen auf die Gräfenberg-Zone (G-Punkt) fokussiert ist. Ebenso gehören zu den lokalen Lustformen die Geschmacks- und Geruchsempfindungen, die auf die entsprechenden Sinnesorgane konzentriert sind; nicht zu Unrecht spricht man zum Beispiel beim Genuß guter Weine von einem Gaumenkitzel in hörbarer Anlehnung an andere Wonnen. Auch der Wohlgeruch eines Parfums oder der natürliche Körperduft werden lokal rezipiert.

Beide Typen von Gefühlen lassen sich nun jeweils auf einer kontinuierlichen Skala anordnen. Einerseits gibt es die *globale* Vergnügen-Mißvergnügen-Dimension, sie wird an ihren Extremen von Euphorie und Deprimiertheit begrenzt. Andererseits kennen wir die *lokalisierte* Lust-Unlust-Dimension, sie umfaßt eine Spannweite, die vom Orgasmus bis zum heftigen Schmerz reicht.

Auf beiden Achsen existiert eine mittlere Stelle, ein Zustand, an dem wir in einer neutralen emotionalen Verfassung ohne starke Erregung des einen oder des anderen Vorzeichens sind. In dieser Position befinden wir uns die meiste Zeit: bei der Arbeit, beim sachlichen Gespräch oder beim Wandern. Dauert die ausgeglichene emotionale Neutralität zu lange, ohne daß ein Vergnügen sich anbietet, entsteht *Langeweile*. Aus ihr kann sich ein Spannungszustand entwickeln, der uns letztlich veranlaßt, etwas zu unternehmen, das den Gemütszustand in den positiven Bereich der Lustskala verschiebt. Haben wir zu lange an einer Bushaltestelle gewartet, kann es sein, daß uns der Geduldsfaden reißt und wir in die nächste Taverne eilen, um uns mit einem Glas Wein den Gaumen zu erfreuen.

Gilbert Ryle hat darauf hingewiesen, daß das Vergnügen, das uns eine Sache bereitet, nicht identisch ist mit der zugrundeliegenden Empfindung.[247] Es hängt vom Kontext ab, ob ein Sinnesreiz positiv oder negativ bewertet wird. Die Kontextualität dieser Gewichtung ist gut an der Einordnung des Schmerzes zu sehen: Wenn ein Anhänger masochistischer Sexualpraktiken sich in einer Alltagssituation aus Ungeschicklichkeit an einem kantigen Gegenstand stößt, wird er sich, wie jeder andere, ärgern. Wenn jedoch in der richtigen erotischen Szenerie ihm seine Partnerin einen Schlag gleicher Intensität versetzt, wird er diesen als lustvoll erleben. Manche Empfindungen werden fast immer als angenehm bewertet, zum Beispiel ein warmer Hautkontakt, andere fast durchwegs als unangenehm wie ein Stromstoß. Aber allein die Tatsache, daß die gleiche Empfindung kontextual unterschiedlich gewichtet werden kann, weist darauf hin, daß Lust nicht einfach identisch mit einer Empfindung ist. Andernfalls müßte man vermuten, daß eine Empfindung, wenn sie entsprechend stark ist, ein Bewußtsein so beherrschen würde, daß sein Inhaber sich auf nichts anderes mehr konzentrieren kann. Dies ist aber nicht der Fall. Gerade das Vergnügen, das wir etwa aus dem Violinspiel beziehen, verstärkt und verbessert die Konzentration. Wenn uns die Melodieführung eines Violinkonzertes besonders ergreift, üben wir die Passage häufiger und intensiver. Psychologisch gesehen handelt es sich also bei Unlust und Lust um die *Bewertung einer Empfindung*. Es ist eine *binäre* Gewichtung, die letztlich jedem Bewußtseinszustand zugeordnet werden kann. Diese Qualität einer Empfindung ist phänomenologisch elementar. Sie ist irreduzibel, spontan und suggestiv in dem Sinne, daß jeder einzelne einen privilegierten Zugang zu diesem Bewußtseinszustand hat. Es hat keinen Sinn, jemandem, der bei einem für andere Personen extrem schrill klingenden modernen Musikstück Lust signalisiert, diese bestreiten zu wollen. Ebensowenig kann man, um an das obige Beispiel anzuschließen, einem Masochisten seine positive Bewertung eines Schmerzzustandes wegargumentieren. Viele nutzlose Debatten haben sich unter Mißachtung dieser Tatsache entsponnen, immer mit der Intention, die persönliche Gewichtung eines anderen, die man nicht teilt, als objektiv moralisch verwerflich hinzustellen. Aber warum haben eigentlich die Menschen dieses Vermögen, Sinnesreize zu gewichten?

Der physiologische Unterbau des Erlebens

Im Verständnis dieser fundamentalen Qualität des Bewußtseins, die eine Bewertung bzw. Gewichtung einer Empfindung gestattet, kommt man nicht recht weiter, wenn man nicht zusätzlich die physiologische Beschreibungsebene heranzieht. Die Idee, daß man zum Verstehen der Gefühle den Aufbau des Trägers der Gefühle, den Körper, betrachten muß, geht auf Alkmaion von Kroton zurück. Im Anschluß an Alkmaions Überzeugung von der engen Beziehung zwischen Hirnfunktion und psychischer Leistung[248] formulierte Hippokrates die These, daß sich die emotionalen Einstellungen auf die unterschiedliche Konzentration von vier Säften zurückführen lassen. Viel Blut macht nach Hippokrates den Sanguiniker aus, der mutig, optimistisch und leidenschaftlich der Welt entgegentritt. Viel Schleim ergibt einen Phlegmatiker, der kühl und teilnahmslos agiert. Zuviel schwarze Galle macht den Menschen zum Melancholiker, und zuviel gelbe Galle erzeugt einen jähzornigen Choleriker. Aber wo ist denn nun der Ort dieser Emotionen?

Lange Zeit hat man sich Gedanken gemacht über die körperliche Lokalisierung der Gefühle.[249] Aristoteles siedelte die Gefühle im Herzen an.[250] Die Mediziner hingegen, unter ihnen auch Hippokrates, meinten, daß das Gehirn der Sitz der Emotionen sei. Es bedurfte aber noch langer detaillierter Einzeluntersuchungen, ehe man diese grobe Lokalisierung weiter einengen konnte. Als Kandidat ergab sich letzten Endes ein Aggregat von Hirnarealen, das man das Limbische System nannte (Limbus = Saum), weil es an der Grenze zwischen dem Vorderhirn und den einfacher strukturierten hinteren Bereichen des Gehirns angesiedelt ist.[251]

Auch wenn heute nicht mehr so ganz eindeutig vom Limbischen System als dem Sitz der Gefühle gesprochen wird, so war es doch ein großer Fortschritt im Verständnis des Entstehens von Emotionen, als Paul McLean dieses Gehirnareal phylogenetisch einordnen konnte.[252] Denn wie alle Körperteile besitzt auch das Gehirn eine stammesgeschichtliche Entwicklung. McLean hat die Phylogenese des Gehirns als dreistufige Entwicklung rekonstruiert. Eine Hierarchie von drei Gehirnteilen, die wegen ihrer Wechselbeziehung dreieiniges (triune) Gehirn genannt werden, hat sich nach und nach aufgebaut. Der älteste Teil bildete sich bereits bei unseren reptilartigen Vorfahren, also vor ca. 250 Millionen Jahren. In diesem Reptil oder R-Komplex sind die instinktiven Kommunikationsformen verankert, die die Identität in der Gruppe, das Territorialverhalten, die Formen der Partnerwerbung und die Gehorsamsbezeugung bestimmen. Noch heute setzen die großen Säugetiere inklusive der Menschen mit ihrem R-Komplex die sozialen Zeichen, wenn sie auf sich aufmerksam machen wollen, wenn sie mühsam errungene Objekte und Gebiete verteidigen, wenn sie sich dem ersehnten Sexualpartner nähern und wenn sie zur Vermeidung von Sanktionen die demütige Geste der Unterwerfung einnehmen.

Gleichartiges Verhalten ist wichtig für die Erkennung von Artgenossen. Aufgrund ihrer reptilartigen Vergangenheit halten die Menschen an Traditionen und Ritualen fest und setzen immer wieder die alten Tricks ein, um andere, zu deren Nachteil, irrezuführen. Trotz hoher Lernfähigkeit in vielen Bereichen verhalten sich die Menschen in den elementaren Kommunikationssituationen sehr ähnlich wie die meisten Tiere. Dies konnte speziell für das Herausforderungsverhalten gezeigt werden, bei dem sich z.B. eine strukturelle Gleichheit zwischen dem Imponiergehabe von Gorillas und den im Paradeschritt stolzierenden Soldaten aufweisen läßt.[253]

Auch der Wille zur Macht, der sich beim Menschen in dem Trieb, Mitmenschen zu unterdrücken, und in der Neigung, Ordnung und Disziplin in der Gesellschaft zu etablieren und zu befestigen, äußert, hat biologische Wurzeln. So geschieht die Kennzeichnung des Territoriums sowohl bei Pavianstämmen wie auch bei menschlichen Populationen gerne durch einen aufgerichteten Phallus, dem eine magische Macht des Beschützens zugeschrieben wird.[254] Das Verlangen der Menschen nach dem Schutz erworbenen Territoriums, verbunden mit den häufigen Drohungen von Eigentümern mit Besitzstörungsklage gegen Eindringlinge, geht auf unser stammesgeschichtliches Eidechsenerbe zurück. Reptilien haben nach der Theorie McLeans noch keine Gefühle, sondern ein Sortiment von fest programmierten Verhaltensmustern.

In der sich anschließend an den R-Komplex entwickelnden Gehirnschicht, dem *Limbischen System*, erwies es sich als Überlebensvorteil, ein Bewertungssystem für die unwillkürlichen Reaktionen auf Reize zu besitzen. Es entstand ein neuronales Geflecht, das eine Bewertung und eine Gewichtung von Sinneseindrücken ermöglichte. Dieser Gehirnteil ist die Zusammenfassung verschiedener Funktionseinheiten, denen man alle Typen von Gefühlen zuordnen kann. Mit der Entstehung der Gefühle, mit der Möglichkeit lustvoller und lustloser Reaktionsweisen kamen Zustimmung und Ablehnung in die Bewußtseinswelt. Das Limbische System erlaubte eine qualitative Einschätzung der Empfindungen nach den Kategorien von Lust und Unlust. Durch Elektrostimulationen konnte man die emotionalen Qualitäten von bestimmten Teilen des Limbischen Systems entschlüsseln: Das Septum hat offenbar mit Freude, der Thalamus mit Schmerz zu tun. Bei Reizung anderer Bereiche kommt es zu Gefühlen wie Angst, Einsamkeit, Verzweiflung. Der Mandelkern (Amygdala) wiederum enthält Neuronen in großer Dichte, die Freude vermitteln. Aber auch Aggressionen scheinen hier verankert zu sein. Eine operative Entfernung des Mandelkernes verwandelt ein Säugetier in ein sanftes, zutrauliches Wesen. Ein Tumor am Hypothalamus, einem zentralen Verbindungsglied im komplexen Schaltkreis des Gehirns, kann unglaubliche Ausbrüche von Wut und Aggression bewirken.

Mit der Entstehung des Limbischen Systems bei den phylogenetisch älteren Säugetieren bildete sich auch die Basis für Verantwortlichkeit und Gewissen aus, Voraussetzung für die Entwicklung ethischer Kategorien. Störungen in diesem Gehirnteil, zum Beispiel die limbische Epilepsie, lösen chaotische Gefühlszustände aus, die jede Realitätskontrolle und jede Bewertung von Handlungen und deren Folgen außer Kraft setzen. Lebewesen, die von dieser Krankheit befallen sind, verhalten sich, wie MacLean sagt, wie »körperlose Gespenster«. Sie können nicht mehr die Folgen von Handlungen übersehen, weil das Bewertungssystem versagt.

Die jüngste Entwicklungsstufe des Gehirns ist der *Neocortex*, der bei höheren Säugetieren eine immer komplexere Struktur angenommen hat und die physiologische Voraussetzung für das Sprachvermögen, die abstrakte Reflexion und die denkerische Aufarbeitung der Strebungen des Limbischen Systems darstellt. Damit konnte sich beim Menschen die emotionale Gewichtung in artikulierte Ethik verwandeln. Dank der Tätigkeit des Neocortex war es auch möglich, Strategien zur Steigerung und Verfeinerung der Emotionen auszuarbeiten. In diesen Bereich gehört die Welt der Phantasie, die Ereignisabläufe schafft, welche einen logisch möglichen, also hypothetischen Status besitzen. Bei höheren Säugetieren wissen wir nicht, ob sie generell phantasieren. Aber Menschen leben offensichtlich in intensiver Weise in Vorstellungswelten. Phantasmen haben eine wichtige psychologische Funktion. Sie helfen bei der Entlastung vom Druck ethischer Normen. Denn die Welt der Möglichkeiten ist frei und offen für spielerische Variation. So ist z. B. gut belegt, daß Männer wie Frauen – allerdings mit verschiedenen Inhalten – sich selbst in völlig neutralen Situationen ausgiebig erotischen Phantasien hingeben und dabei hypothetisch solche sexuellen Handlungsabläufe durchspielen, die den anerzogenen ethischen Normen deutlich zuwiderlaufen.[255]

Die Chemie der Gefühle

Zu den philosophisch bedeutsamen Konsequenzen der neurobiologischen Erkenntnisse zählt, daß die emotionalen und die rationalen Areale des Gehirns sich stets in starker Interaktion befinden. Damit wird der Begriff einer »reinen Vernunft« als theoretische Abstraktion relativiert. Vernunftentscheidungen sind wegen der Kopplungen von Neocortex und Limbischem System immer emotional »kontaminiert«: Einerseits werden die »vernunftgemäßen« Entscheidungen von den emotiven Zentren gelenkt, andererseits vermag die Vernunft eine Art Selbstinduktion von Gefühlen einzuleiten, indem sie Reflexionsschleifen über Empfindungen aufbaut, die nach und nach zu immer stärkerem Erleben führen können. Dies wird besonders beim sexuellen Geschehen deutlich, wenn zum Beispiel ein Paar, das sich gerade in Liebe hingibt, seine Handlungen nochmals sprachlich artikuliert. Die Rückkopplungsschleife der verbalen Formulierung des sexuellen Geschehens wirkt als verstärkende Stimulanz für dessen Ablauf.

Jedenfalls kann kein Zweifel darüber bestehen, daß ein als freudvoll eingestuftes emotionales Erlebnis einer feinen Abstimmung der drei historisch gewachsenen Schichten des Gehirns bedarf. Diese Komplexität bedingt einerseits, daß wir mit einer gewissen vernunftbedingten Störanfälligkeit unseres Gefühlslebens rechnen müssen, aber auf der anderen Seite auch zu ungeahnten Höhen in der Erlebniswelt aufsteigen können. Unsere hohe Zerebralisierung bedingt also Vor- und Nachteile, mit denen wir leben müssen.

Eine große Bedeutung im neuronalen Geschehen der Emotionen kommt den chemischen *Botenstoffen* zu, die Stimmung, Erlebnisbereitschaft und Wertorientierung steuern, ohne daß dies auf der bewußten Ebene wahrgenommen wird. Neurotransmitter wie Dopamin und Noradrenalin bestimmen durch ihre Konzentrationen im Gehirn die Disposition zum lustvollen Erleben. Ein Defizit im Serotoninspiegel kann Angst und depressive Zustände auslösen, die sich lähmend auf das soziale Verhalten auswirken. Das Wissen über die Rolle der neuroaktiven Substanzen ist in jüngster Zeit enorm gewachsen. Es deutet vieles darauf hin, daß die Handlungsspielräume und die Spannweite der Gefühle eines individuellen Menschen durch dessen aktuale Hormonkonzentrationen begrenzt werden.

Die »Chemie der Gefühle« hat nochmals die traditionelle Reduktionismusdebatte auf den Plan gerufen. Skeptiker fragen: Kann es denn sein, daß die subjektiv als erhaben und vergeistigt empfundenen Gefühle wie die Liebe zu einem Menschen letztlich auf chemischen Reaktionen beruhen, zum Beispiel auf Prozesse im olfaktorischen Zentrum des Gehirns zurückgeführt werden können? Obwohl sicher erst in den Anfängen, haben gerade die Untersuchungen der menschlichen Pheromone – jener Lockstoffe, die die zwischenmenschliche Anziehung letztendlich bewirken – bereits Erstaunliches gezeigt: Experimente mit Androstenon und Androstenol führen zu der Vermutung, daß es sich dabei um jene männlichen Pheromone handelt, die Frauen anziehen, indem sie deren emotionale Einstellung verändern.[256] Ebenso hat man sogenannte Kopuline identifiziert, Substanzen, die Männer bereit machen, sich um eine Frau zu bemühen, und zwar dadurch, daß durch diese Stoffe der Testosteronspiegel des Mannes angehoben wird. Was für viele Tierarten bereits nachgewiesen ist, scheint auch für den Menschen zuzutreffen: sein Verhalten wird unbemerkt auf chemischem Wege gelenkt.

Die spannende Frage besteht nun darin, wie die individuelle Auszeichnung von sexueller Anziehung bzw. Abstoßung erfolgt. Was ist chemisch gesehen an dem einzelnen Lebewesen so attraktiv, daß es mich speziell zu diesem Exemplar hinzieht? Da Zuneigung offensichtlich individuengebunden ist, muß eine vollständige biochemische Erklärung dieser Emotion in den chemischen Eigenheiten einer Person verankert sein.

Ein überraschendes Resultat zum Problem der persönlichen Attraktivität hat jüngst eine Forschergruppe der ETH Zürich erzielt. Claus Wedekind und Mitarbeiter konnten zeigen,[257] daß Sympathie und Partnerwahl mit der Parasitenresistenz der prospektiven Kinder eines Paares zusammenhängt. Für alle Lebewesen ist es wichtig, daß sie schnell und zuverlässig auf einen Wechsel der Umweltbedingungen reagieren. Zu diesen gehören auch die sich mit den Tieren entwickelnden Schmarotzerorganismen. Bei Tier und Mensch ist für die Parasitenabwehr der Haupthistokompabilitätskomplex (MHC) zuständig, dessen Gene die Proteine kodieren, die die immunologische Individualität des Menschen bestimmen. Wedekind und seine Gruppe lieferten starke Indizien dafür, daß der MHC den Körpergeruch und die Vorliebe für bestimmte Geruchstypen bei den einzelnen Menschen beeinflußt. Sie konnten auch nachweisen, daß die Bewertung der Gerüche durch Frauen von deren hormonaler Situation abhängt, sich also zum Beispiel verändert, wenn sie hormonelle Kontrazeptiva nehmen. Unter den Primaten sind die Menschen besonders reichlich mit dufterzeugenden Drüsen ausgestattet.[258] Und so verwundert es nicht, daß unsere Gefühle und Reaktionen auf die Zusammensetzung der von den Drüsen abgesonderten Duftstoffe eingestellt sind. Die Metaphorik der Alltagssprache, in der man Sympathie oder Antipathie durch den Ausdruck »jemanden nicht riechen können« wiedergibt, findet hier seine biochemische Erklärung.

Entschlüsselungen von Alltagsphänomenen mit Hilfe naturalistischer Erklärungsschemata stoßen notorisch auf die Abwehr idealistisch orientierter Denker. Diese vermuten fehlerhafte Kategorienvermengungen, Verwechslungen von Seinsebenen und dergleichen mehr. Wenn man sich jedoch nicht hartnäckig auf einen dogmatischen Phänomenalismus versteift, wonach die Erfahrungsebene niemals auf einer tieferliegenden Schicht hinterfragt werden kann, kommt man nicht umhin zuzugestehen, daß manche unserer primären Eindrücke von Vorgängen in uns und in der Welt offensichtlich Illusionen sind. So wie es sich bewahrheitet hat, daß ein Blitz eben keine autonome Entität sui generis ist, sondern eine elektromagnetische Entladung, so wie es klar ist, daß Wärme, wie immer sie sich auch subjektiv anfühlt, molekulare Bewegung ist, so könnte es auch sein, daß sich Lust und Schmerz auf der fundamentalen Beschreibungsebene als biochemischer Prozeß verstehen lassen.[259] Solche Entschlüsselungen nehmen den Erlebnissen nichts von ihrer Realität und Intensität, enthüllen diese ontologisch jedoch als andersartige Entität. Weniger akademisch ausgedrückt: auch für einen kompromißlosen Reduktionisten verliert eine lustvolle Erfahrung nichts an Erlebnisstärke und an Erlebniswert.

Seit den Anfängen der Erforschung der Wirkung der Sexualhormone wurden solche Untersuchungen immer durch das philosophische Problem der Verantwortlichkeit des Menschen begleitet: je tiefer man die Regelungsaktivität der Hormone durchschaute, um so mehr fragte man sich, wieviel Freiheitsspielraum denn für die bewußte Vernunftsteuerung überhaupt noch übrig bleibt. Können rationale ethische Erwägungen überhaupt etwas bewirken, wenn beispielsweise die entsprechenden Konzentrationen von Testosteron, Östrogen und Progesteron zu lustvoller Aktivität ermuntern? Werden die im Neocortex gespeicherten moralischen Grundsätze bei »brenzligen Entscheidungen« überhaupt noch »angeklickt«, um den Computerjargon zu verwenden? Kommt es zu einer rationalen Konfliktlösung, oder läuft das unabwendbare Geschehen einfach so ab, wie es die Hormone diktieren? In dieser Situation sind zwei gegenläufige Argumentationsrichtungen möglich: Die starke Abhängigkeit des Luststrebens von Hormonkonzentrationen *entlastet* erst einmal, weil man weiß, daß es eben physiologische Mächte gibt, denen man nicht widerstehen kann – und dies deshalb auch gar nicht versuchen sollte. Andererseits regt sich in empfindlichen Gemütern die Sorge vor der Dominanz durch die biochemische Tiefenstruktur und die Angst vor dem Verlust der Selbstbestimmung. Man möchte nicht Sklave seiner biochemischen Maschinerie sein. In dieser Haltung spielt die idealistische Konzeption des Menschen, bei der ein spirituelles Ich die dunklen Mächte seines Körpers beherrscht, eine wesentliche Rolle. Wie wir oben bei der Behandlung des MHC-Komplex ausgeführt haben, läßt sich die Fiktion einer extrasomatischen mentalen Schicht der Realität heute nicht mehr aufrechterhalten, obwohl sogar manche Neurobiologen Skrupel haben, dem »unromantischen Reduktionismus« nachzugeben, und die »höheren Funktionen der Liebe« gerne von deren physiologischen Steuerung abkoppeln möchten.[260] Eine Antwort auf die Frage, wie eine nichtsomatisch verankerte emotionale Reaktion aussehen könnte, bleiben die nostalgischen Antireduktionisten meist schuldig. Was moralische Verantwortung anbetrifft, so kann diese auch im Kontext eines biochemischen Determinismus wahrgenommen werden. Man ist frei zu tun, was man möchte, wenn man nicht unter Zwang steht – auch wenn die eigenen Motive somatische Ursachen haben.[261] Moralische Verantwortung setzt Freiheit, aber nicht Akausalität voraus.

Eine charakteristische Reduktionismusdebatte entspann sich um das Peptidhormon Oxytocin, als sich herausstellte, daß dieses von den neuroendogenen Zellen des Hypothalamus erzeugte Hormon ($C_{43}H_{66}N_{12}O_{12}S_2$) mit dem Molekulargewicht 1007,23 offensichtlich eine zentrale Steuerfunktion beim Entstehen des menschlichen Orgasmus besitzt.[262] Sensible Gemüter empfanden es als kränkend, wenn das intensivste Erlebnis, dessen sie fähig sind, einem chemischen Prozeß entspricht. Ist Beleidigtsein wirklich eine adäquate Reaktion auf diese naturwissenschaftliche Entdeckung? Bedeutete es wirklich eine Herabsetzung für ein Lust empfindendes Paar, wenn beide erführen, daß ihre Erregung physiologisch als Oxytocin-Hoch beschreibbar wäre? Man kann es aber auch anders sehen. Wenn sich eine strenge Korrespondenz von Oxytocin-Maximum und Klimax

1. Zwei Paare tauschen Zärtlichkeiten: Liebeswerben
Detail. Kalpis, 510-500 v. Chr.
Musées Royaux d'Art et d'Histoire, Brüssel

2. Liebesakt
Trinkschale. Innenbild, um 470 v. Chr.
Museo Nazionale, Tarquinia

3. Liebesvorspiel
Trinkschale, Außenbild, um 500 v. Chr.
The John Paul Getty Museum, Malibu

4. Liebespaar vor dem Kuß inmitten eines Gelages. Glockenkrater, Kampanisch Museo Nazionale, Neapel

5. Mänade und Satyr
in begehrlicher Umarmung. Wandmalerei
Casa delgi Epigrammi, Pompeji

6. Hexen beim Einsalben
Federzeichnung von Hans Baldung Grien, 1514
Albertina, Wien

7. Der Sündenfall
Holzschnitt von Hans Baldung Grien, 1511
Staatliche Museen Preußischer Kulturbesitz,
Kupferstichkabinett, Berlin

8. *Hieronymus Bosch, Der Garten der Lüste. 1503*
Mitteltteil. Prado, Madrid

9. Domenico Robusti, gen. Tintoretto, Musizierende Frauen, nach 1515
Staatliche Kunstsammlungen, Dresden

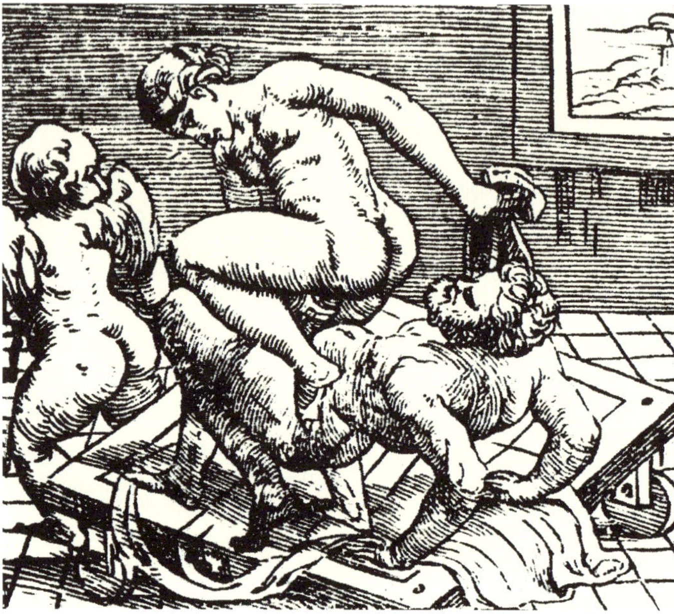

10. Giulio Romano/Pietro Aretino, I Modi. 1524
XIV. Stellung

11. Carlo, L'Inquisiteur Moderne. 1930

12. *Ananga-Ranga des Kalyana Malla, 16. Jahrhundert*
Die orgiastische Akrobatik des Tantra

13. *Egon Schiele, Sapphisches Paar.* 1911

14. Aristoteles und Phyllis
Holzschnitt von Hans Baldung Grien, 1513
Staatliche Museen Preußischer Kulturbesitz,
Kupferstichkabinett, Berlin

15. Caravaggio, Bacchus, um 1595
Uffizien, Florenz/Scala

16. William Bouguereau, Der erste Kuß. 1873

etablieren ließe, müßten doch alle Paare, die ihr Sexualleben optimieren wollen, froh über die Möglichkeit sein, die Libido über dieses neuentdeckte Aphrodisiakum steigern zu können. Dies war offensichtlich bei jener australischen Hausfrau der Fall, der man ein Spray mit dieser Substanz verabreicht hat und die daraufhin flugs ihren Mann ins Bett verführte und mit ihm den stärksten Höhepunkt ihres Lebens erlebte.[263]

Die jahrhundertelange Suche nach liebessteigernden Mitteln zeigt überdies an, daß bereits in der Vergangenheit die unausgesprochene Überzeugung vorhanden war, daß Emotionen auf chemischem Wege beeinflußt werden können. Von einem dualistischen Standpunkt aus, bei dem seelisches Erleben nicht als neuronale Funktion begriffen wird, bliebe es unverständlich, wie ein Liebestrank überhaupt Einstellungen und emotionale Reaktionen verändern könnte. Sollte sich Oxytocin wirklich als das universale Liebeshormon herausstellen, tritt in bezug auf Steuerung und Stimulation natürlich eine neue moralische Verantwortlichkeit auf den Plan: Wann und bei wem darf dieses Hormon eingesetzt werden? Denkbar wären Situationen, in denen eine einseitige Zuneigung in dem Wunsch auf zweiseitige Appetenz durch eine versteckte Gabe dieses Stoffes heimlich symmetrisch ergänzt wird. Am Horizont taucht das Delikt einer chemischen sexuellen Vergewaltigung auf, wenn durch ein Nasenspray eine emotionale Einstellung manipuliert werden kann. Aber vermutlich wird diese ethische Frage nicht unmittelbar virulent, weil andere kontextuelle Faktoren zwischen einem Paar stimmen müssen, ehe dieses Hormon zur Stimulierung der Kopulationsbereitschaft eingesetzt werden kann. Wenn man den Mißbrauch ausschaltet, ist aber im Prinzip kein Einwand dagegen zu erkennen, das Wissen um die endokrinologischen Zusammenhänge zur Verstärkung und Bereicherung des Gefühlslebens anzuwenden. Überdies scheint Oxytocin bei depressiven Patienten sogar den sehr häufig zu beobachtenden Libidoverlust auszugleichen. Wir haben ja auch in anderen Situationen keine Bedenken, unsere *geistige* Leistungsfähigkeit durch Koffein zu verbessern oder Streß und Nervosität durch Alkohol auszugleichen. So läßt sich kaum etwas dagegen einwenden, wenn wir das Lustpotential etwas anheben, sofern es von den Nebenwirkungen der verwendeten Substanz her unbedenklich ist. Dies gilt um so mehr, als ein aktiveres Sexualleben anders als ein hyperaktives Arbeitsleben keineswegs als gesundheitsgefährdend gelten kann.

Nicht nur beim sexuellen Erleben ist man heute den biochemischen Steuergrößen der Emotionen auf der Spur. Auch bei anderen lustvollen Tätigkeiten zeichnen sich neurobiologische Erklärungen ab. Euphorie und Hochstimmung stellen sich nicht nur ein, wenn man die warme Haut seines Lebenspartners spürt, sondern treten für einige Menschen auch bei prima vista sehr kalten, abweisenden Objekten wie einem Fels oder einem eisgepanzerten Berg auf. Bei starker körperlicher Belastung, etwa dem Klettern auf einem ausgesetzten Grad oder in einer steilen Eiswand, produziert die Hypophyse in erhöhtem Maße sogenannte Endorphine und Enkephaline-Gehirnpeptide, die in die Gruppe der Opiate gehören, zu denen auch Morphium und Kokain zählen. Die Rezeptoren für Opiate wie das Endorphin befinden sich in bestimmten Arealen des Limbischen Systems, etwa im Septum und in der Amygdala. Wird bei intensiver sportlicher Tätigkeit nun vermehrt Endorphin durch die Hirnanhangdrüse produziert, empfindet dies zum Beispiel der Kletterer als euphorische Stimmung, die sogar mit einer gewissen Wahrnehmungstrübung einhergehen kann, nicht unähnlich einem Morphiumrausch. In seltenen Fällen kann aus einer damit verbundenen »Overconfidence«, wie die Psychologen das übergroße Selbstvertrauen nennen, eine Fehleinschätzung von Gefahren resultieren. Aber im allgemeinen macht das Stimmungshoch klarsichtig, entschlossen und schnell in den Reaktionen.[264] Sportler ebenso wie sexuell aktive Menschen können aber in eine – allerdings harmlose – psychische Abhängigkeit geraten, die den permanenten Bedarf an lustvoller Betätigung hervorruft. Jemand, der intensiv alpines Training absolviert, benötigt diese Tätigkeit dann letztlich ständig, weil sein Gehirn auf einen hohen Umsatz von stimmungsaufhellenden Neurotransmittern eingestellt ist. Wird der Alpinist, aber auch jeder, der eine andere mit hohem Energieumsatz verbundene Sportart betreibt, an der Ausübung seiner Aktivität gehindert, wird er reizbar, zerstreut und schläft schlecht. Es sind die gleichen Entzugssymptome, die auch derjenige zeigt, der nach langer Zeit intensiven Geschlechtsverkehrs seinen Sexualpartner verloren hat. In der Sexualwissenschaft hat man längst die Verbindung zwischen Sport und Erotik erkannt. *Muskelerotik* ist jener Oberbegriff, der die freudvolle Betätigung der Gehwerkzeuge und die lustvollen Koitalbewegungen umfaßt: »Niemand triebe Sport, wenn die Betätigung der Muskeln nicht Lust bereitete, wenn Sport also *keine* erotische Tätigkeit wäre.«[265]

Von der biochemischen Beschreibungsebene her läßt sich nun verstehen, wie die Erlebniswelten sowohl sexueller Abenteuer als auch riskanter Formen des Sportes auf eine gemeinsame Wurzel im biologischen Substrat zurückgehen. Auch das unter Umständen auftretende Suchtverhalten und die Symptome des Entzuges bei fehlender Betätigung der einschlägigen Muskeln werden verständlich. Die damit verbundene Abhängigkeit vom permanenten Genuß ist solange als problemlos zu betrachten, wie ausreichend Betätigungsmöglichkeiten zur Befriedigung zur Verfügung stehen. Die Frage, ob eine Überaktivität in beiden Bereichen als pathologisch zu gelten habe und deshalb der Lustwunsch durch irgendwelche Normen zu beschränken sei, muß differenziert beantwortet werden. Entscheidend ist in jedem Fall, daß eine echte Befriedigung des Wunsches eintritt und die Ruhephase beim Sport bzw. die Refraktärphase bei der Sexualität für berufliche Aktivitäten sinnvoll genutzt werden kann. Dies ist schon deswegen notwendig, da ja der Durchschnittsbürger weder mit Sport noch mit Liebe seinen Lebensunterhalt verdient. Nur wenn nach der sportlichen Betätigung keine friedvolle Ausgeglichenheit zu konstatieren ist bzw. nach der orgiastischen Entladung der sexuellen Spannung keine seelische Ruhe eintritt, muß man vermuten, daß beide Tätigkeiten Surrogatfunktion haben. Dann sind bei der Suche nach dem Abenteuer irgendwelche Fluchtreaktionen vor dem Alltag im Spiel, deren sich der Akteur nicht bewußt ist. Das Ziel der Aktivität sollte ausgeglichene Zufriedenheit und heitere Seelenruhe nach dem Sturm sein. Bei einem durchwegs hektischen Abenteurerleben, in dem niemals Zeit für Kreativität, Muße und Kontemplation vorhanden ist, drängt sich der Verdacht eines organischen Psychosyndroms auf, das diese Unruhe hervorruft.

Jedenfalls ist es ebenso unbedenklich, wenn ein Alpinist nach einer gelungenen sportlichen Aktion auf einem Bergesgipfel nach neuen Zielen sucht, ebenso wie es völlig normal ist, wenn sich ein Paar nach einem befriedigenden Sexualakt darüber Gedanken macht, welche Variante man beim nächsten Mal ausprobieren könnte. Der Forscherdrang zu neuen Ufern und die selbstverstärkende Tendenz aller lustvollen Tätigkeiten liegen in der Logik der Erlebnissituation generell begründet. Darin treffen sich die körperlichen Strebungen übrigens auch mit dem intellektuellen Vermögen. Denn jede Erkenntnis generiert neue Problemhorizonte und erweiterte Fragestellungen. Erkenntnis ist, wie Popper sagt, »unending quest«.[266] In keinem Bereich gibt es einen vernünftigen Grund, den Wunsch nach Steigerung des Erlebens zu bremsen, es sei denn, beispielsweise die klettertechnische Akrobatik oder die Kunstfertigkeit in der Liebe erreichen gesundheitsgefährdende Züge. Die meisten Menschen sind jedoch viel zu träge und zu ängstlich und gelangen niemals in diese gefährlichen Aktivitätsbereiche. Auf den Zusammenhang von Sucht und Lust werden wir noch in einem späteren Abschnitt zurückkommen.

In gewissen Grenzen ist die Gefahr spannungsbildende Notwendigkeit und Anreiz für jedes sportliche Geschehen. Der Berg in seinem puren Vorhandensein und seinem abweisenden Äußeren stellt für einen aktiven Menschen eine Herausforderung dar, der Berg liefert einen Maßstab für seine Kraft. Alpinismus ist, wie Hans Lenk es formuliert,[267] gekennzeichnet einmal durch »demonstrativen Heroismus«; man kann dabei sich selber und natürlich auch der kleinen Gemeinde von Kennern zeigen, in welchem Maße man Risiken bewältigt. Aber er ist noch mehr, er ist ein zutiefst individualistisches Lebensideal: »Bergsteigen ist Eigenhandeln, Eigenaktivität, selbstverantwortliches Handeln schlechthin – auch mit sozialer Verantwortung in der Seilschaft.«[268] Insofern Eigenleistung gefordert ist – auch in Kooperation mit der Kleingruppe –, hat diese Art der Freude einen höchst individuellen Charakter: Im Grenzfall des Alleingängers kommen noch die Einsamkeit und die totale Angewiesenheit auf die eigenen Fähigkeiten hinzu – Fehler sind lebensbedrohend, ruhiges, konzentriertes, überlegtes Handeln ist lebenserhaltende Erfordernis. Aber die Freude ist riesig, wenn ein anspruchsvolles Unternehmen gelingt, die Genugtuung groß, wenn die Einschätzungen von Lawinengefahr, Steinschlag und Eisfall sich bewährt haben. Dann frohlockt der Sieger nicht nur aus Stolz über den objektiven Erfolg, sondern auch aus innerer Befriedigung, sein ureigenstes Glück gelebt zu haben. Aber auch der schönste Gipfelsieg bedeutet kein Ende des Begehrens, keine motivationslose Erstarrung. »Und immer wieder lockt der Berg«, in dieser quasierotischen Losung drückt sich der Hedonismus der alpinen Leidenschaft aus. So haben viele Autoren von Bergbeschreibungen die Parallele zwischen der Eroberung eines »holden Weibes« und eines »abweisenden, spröden« Gipfels gezogen: »Jeder leidenschaftliche Alpinist weiß aus eigener Erfahrung, daß uns ein großer Berg genauso packen und betroffen machen kann wie eine schöne Frau. Und die Art, wie wir uns einem Berg manches Mal entgegenstellen, ist kaum zu unterscheiden von der Sehnsucht nach einer Geliebten«, meint Ulrich Aufmuth in seiner psychologischen Analyse des Bergsteigens.[269] In dieser Äquivalenz gründet allerdings auch die Möglichkeit einer Surrogatfunktion, weil die für viele triebstarke Jugendliche als angstbeladen empfundene Sexualität durch eine als »sauber« erachtete Alternative auf ein anderes Triebobjekt umgelenkt werden kann.

»Mächtige Ströme abgebogener Sexualität bilden gerade in jungen Jahren einen Hauptbrennstoff für die reine Flamme der

Bergleidenschaft.«[270] Dieser asketische Aspekt des Alpinismus weist auf den sozialen Befund hin, daß gerade in den Alpenländern – besonders in der Nachkriegszeit – eine repressive Situation hinsichtlich sexueller Wunscherfüllung vorherrschend war. Mag die Lage auch heute entspannter sein, der Berg wird sicher immer noch einen Teil vor allem jugendlicher erotischer Impulse binden und sozialverträglich sublimieren. Vom hedonistischen Standpunkt aus wäre es allerdings wünschenswert, wenn solche Umlenkmanöver, die doch nur einen Ausdruck von Uneigentlichkeit darstellen, nicht mehr notwendig wären und Jugendliche beiden Leidenschaften nachgehen könnten, zumal die Bewegung und das Training den Körper stählt und auch für die Liebe aufgeschlossen macht.

Schlankheit gefällt wegen des besseren Anschlusses im Beischlaf und der Mannigfaltigkeit der Bewegung.[271]

G. Ch. Lichtenberg · 1742-1799

Evolutionäre Determinanten des Luststrebens

Die Berufung auf die innere Natur des Menschen zur Ablehnung oder zur Rechtfertigung des tatsächlichen Luststrebens hat etwas ungemein Verwirrendes an sich: Im Neuen Testament wird die fleischliche Begierde als sündhafter Zug der menschlichen Natur, als zuchtlose Auflehnung gegen Gott gewertet. In den begehrlichen Wünschen des Menschen werde dessen Gefallenheit und Verworfenheit sichtbar.[272] Der Marquis de Sade begründet genau entgegengesetzt gerade aus der sinnlichen menschlichen Natur die Freiheit zu allen Lusterfüllungen ohne jede Einschränkung.[273] In beiden Fällen liegt ein Rekurs auf Faktizität vor, um Wertungen zu stützen.

In diesem tiefgehenden Zwist um die Rolle der faktischen Natur des Menschen bei der Regelung seiner Wünsche hat jüngst eine neue empirische Disziplin an Bedeutung gewonnen, die Soziobiologie' die die Prinzipien der biologischen Evolutionstheorie auf soziales Verhalten anwendet. Ursprünglich befaßte sich dieser Zweig der Evolutionstheorie nur mit dem Sozialverhalten von Tieren, in erster Linie von Insektenpopulationen, und erst 1975 tat Edward O. Wilson den bedeutsamen Schritt zur Humansoziobiologie. In seinem Hauptwerk findet sich auch eine neue Sichtweise der somatischen Basis unseres Handelns.[274] Ethik ist traditionell eine apriorische philosophische Lehre vom richtigen moralischen Verhalten, in der kein Rekurs auf die natürliche Organisation jenes Lebewesens, welches das Objekt dieser Regelung bildet, genommen wurde. Dies wirkt sich gerade in der Naturalismusproblematik aus. Wir haben es schon erwähnt: der naturalistische Fehlschluß ist nicht das, für das er oft gehalten wird – nämlich eine formallogische falsche Ableitung –, sondern höchstens eine semantisch abweichende Rekonstruktion der Wertprädikate »gut« und »böse«. In der Redeweise von der Sein–Sollen-Barriere, die jede Verbindung von deskriptiver und präskriptiver Ebene verbietet, wurde das Faktum unterdrückt oder vergessen, daß es immer bestimmte Gehirnzentren sind, die moralische Wertungen vornehmen. Die moralischen Gewichtungen, die wir Handlungen und Verhaltensweisen zuordnen, sind keine unkörperlichen platonischen Wesenheiten, sondern Zustände in einem Gehirn, das eine lange Stammesgeschichte hinter sich hat. Während dieser langen Entwicklung wurde dieses Gehirn nicht nur hinsichtlich intellektueller Fähigkeiten programmiert, sondern auch mit moralischen Dispositionen ausgestattet.

Die Resultate der Humansoziobiologie weisen darauf hin, daß unsere ethischen Regeln eine materielle Basis in den emotiven Zentren des Gehirns besitzen. Aufgrund dieser faktischen Situation scheint es nicht verfehlt zu sein, eine naturalistische Ethik im Sinne angewandter Evolutionsbiologie zu entwerfen.[275] Wenn jemand gegen diesen Ansatz protestieren möchte, dann kann er dies nur insofern, daß er behauptet, daß dabei die Bedeutung der moralischen Schlüsselterme nicht material adäquat rekonstruiert werde. Aber darin besteht ja gerade die »offene Frage«, weil man durchaus auch der Meinung sein kann, daß alle anderen, nicht-naturalistischen Explikationen semantisch dubios sind. Letzten Endes entscheidet die Leistungsfähigkeit einer Theorie mit den darin enthaltenen Schlüsseltermen über deren Wert. Wenn sie uns einem Verständnis menschlichen Sozialverhaltens näher bringt, dann kann ihre Erklärungskraft nicht geleugnet werden. Hier weist die Soziobiologie bereits bedeutende Erfolge auf, vor allem in der Aufklärung der biologischen Funktion altruistischen Verhaltens. Moralisches Handeln hat in jedem Fall mit Kooperation zu tun. Jeder Mensch hat ein natürliches Interesse am Eigennutz, muß sich aber dabei häufig mit dem Streben seines Nachbarn nach den gleichen Vorteilen auseinandersetzen. Die genetischen Gemeinsamkeiten sind vorrangig; außerhalb der Familienbande wird auf Rückgabe geachtet. Verwandtenbegünstigung und Gegenseitigkeit spielen deshalb eine wichtige Rolle bei jenem Verhalten, das gemeiniglich *altruistisch* genannt wird.

So kann ein Handeln, das vordergründig zum eigenen genetischen Nachteil gereicht, aber einem anderen erhebliche Vorteile bringt, als langzeitlich egoistischer Ansatz entschlüsselt werden. Die Kooperationslogik hinter einer solchen Strategie muß nicht bewußt reflektiert werden. Ganz im Gegenteil: Die Menschen handeln zielsicherer in ihrem eigenen Interesse, wenn sie durch ihre Gene in dem Sinne getäuscht werden, daß sie nach einer supernaturalen objektiven Moral handeln, die ihr Verhalten leitet. Die Soziobiologie kann somit die Überzeugung von einem transsubjektiven Regelsystem als Projektion enthüllen, der aber wiederum eine biologische Adaption entspricht.

Herkömmliche Vernunftethik hat niemals vollkommen erklären können, warum Täuschung, Lug und Trug – auch beim Liebeshandel – eine so große Rolle spielen. Dieses Unverständnis führte zu einer Überbewertung der Wahrhaftigkeit und einer Fehleinschätzung der Rolle von List und Tücke. Das Täuschen von Artgenossen wurde zumeist als rein menschliche Unart gewertet, die letztlich durch irgendeine speziell menschliche Denaturierung in die Welt kam, in der Tierwelt jedoch nicht vorkommt. Diese romantische Vorstellung von einer natürlichen Wahrheitsliebe bei innerartlicher Kommunikation von Tieren entzauberten die Soziobiologen gründlich.[276] Frühere Autoren hatten sich nicht nur durch eine Rousseausche Naturromantik, sondern auch durch die falsche Annahme einer auf die Art gerichteten Gruppenselektion in die Irre führen lassen. Aus der individualselektionistischen Perspektive macht es jedoch durchaus Sinn, sich auf Kosten von Artgenossen Vorteile zu verschaffen. Entscheidend ist jeweils nur, ob die Interessen der Gene verschiedener Individuen der gleichen Art übereinstimmen oder nicht. Deshalb kann es evolutionsbiologisch unter Umständen eine zielführende Strategie sein, wenn sich Geschwister gegenseitig oder Kinder ihre Eltern täuschen, weil beide Parteien jeweils nur die Hälfte aller Gene gemeinsam haben. Erst recht werden Betrugsmanöver zum Ziel führen, wenn es sich bei den Beteiligten um Ehepartner handelt, die in der Regel gar keine Genteile gemeinsam haben.[277]

Auch die grundsätzliche Verschiedenheit in den Reaktionsweisen und Einstellungen von Mann und Frau bezüglich Reproduktions- und Sexualverhalten läßt sich heute zwanglos aus der Differenz der biologischen Ausgangssituation begreifen.[278] Entscheidend ist bereits, daß genau *zwei* Geschlechter zu einer Kooperation gezwungen sind, um die Fortpflanzung zu bewerkstelligen, beide jedoch bei dieser Zusammenarbeit keine symmetrischen Rollen spielen können. In der Stammesgeschichte wurden jene Vermehrungsstrategien der Organismen selektiv verstärkt, die den größten differenziellen Reproduktionserfolg mit sich brachten. Als erfolgreichstes System der Fortpflanzung, das alle konkurrierenden Varianten übertreffen konnte, ergab sich eine Zweigeschlechtlichkeit mit einem großen, aufwendig herzustellenden weiblichen Ei und vielen kleinen leicht produzierbaren männlichen Spermien.[279] Dieser sogenannte »gametische Dimorphismus« liegt an der Basis der unterschiedlichen materialen und emotionalen Investitionsbereitschaft von Männchen und Weibchen im Fortpflanzungsgeschehen und deshalb auch in deren Sexualverhalten. Bei den großen Säugetieren, eingeschlossen Primaten und Menschen, hat sich die gametische Asymmetrie noch verstärkt: Die Weibchen müssen nicht nur in die Herstellung des Eis, sondern auch in eine mühevolle Schwangerschaft und eine Periode des Stillens der Säuglinge viel mehr an Zeit, Energie und Liebesaufwand stecken als die Männchen, die sich im Prinzip nach der Kopulation schnell wieder zurückziehen können, um ein neues Weibchen zu befruchten. In deren Interesse hingegen liegt es, das nach neuen Sexualpartnern Ausschau haltende Männchen durch ein überdurchschnittliches Angebot an sexueller Lust zum verstärkten Elternaufwand zu bewegen. Hier begegnen wir nun der biologischen Funktion der Lust. Erst einmal stellt sie einen Anreiz dar für alle Tiere, die mit einem sensiblen Nervensystem ausgestattet sind, sich überhaupt auf das nicht ungefährliche Abenteuer des Geschlechtsverkehrs einzulassen. Denn ein Risiko besteht für das Männchen schon in der Werbephase, in der die Konkurrenz anderer Bewerber um ein Weibchen droht. Ist es dann schließlich soweit und hat es seine Partnerin zur Begattung »überredet«, droht im Liebesrausch die Gefahr von Rivalen, Neidern und Räubern, die den absorbierenden Bewußtseinszustand des kopulierenden Paares zu ihrer Bereicherung ausnützen möchten. Einige von diesen Gefahren haben sich sogar auf der menschlichen Ebene erhalten, zumindest bei sexuellen Aktivitäten, die sich außerhalb der allgemein anerkannten Legitimität bewegen. Das Verhältnis eines verheirateten Mannes mit einer verheirateten Frau bedeutet immer noch einen Zweifrontenkrieg, nämlich eine eifersüchtige Ehefrau im Genick und den Ehemann der Geliebten in drohender Pose. In derselben gefährlichen Situation befindet sich natürlich auch die verheiratete Frau, die v.a. früher mit drakonischen Sanktionen rechnen mußte. Nur wer sich mit der sexuellen Grundausstattung, mit seinem Stammpartner, zufriedengibt, hat als homo sapiens wenig zu fürchten, da seine tierischen Feinde eliminiert worden sind.

Aber gerade diese Zufriedenheit mit der monogamen Basisversorgung gehört nicht zum gemeinsamen Bioprogramm der Geschlechter, sondern deren Disposition bezüglich Partnerwechsel laufen auseinander: »Da Männer durch Vielfachpaarung mit möglichst vielen Frauen ihren Reproduktionserfolg ganz erheblich steigern können«, muß man erwarten, daß »die natürliche Selektion« sie automatisch auf eine stärkere Neigung zu häufigerem Geschlechtspartnerwechsel programmiert hat als die Frau, welche ihren Reproduktionserfolg *prinzipiell nicht* durch häufigen Wechsel erhöhen kann.[280] Dabei muß man sich im klaren darüber sein, daß solche Bioprogramme unabhängig davon wirksam sind, ob die Betroffenen etwas von ihnen wissen, und auch dann wirken, wenn beide nicht daran denken, sich zu reproduzieren. Im Mittel wird man von evolutionsbiologischer Sicht her erwarten, daß sich die Frauen zurückhaltender, vorsichtiger und wählerischer auf sexuelle Beziehungen einlassen, wohingegen die Männer – opportunistisch und breiter interessiert –, alle Gelegenheiten zum Verkehr mit liebesbereiten Partnerinnen ausnützen. Die ethnographischen Fakten sprechen dafür, daß sich das Verhalten der menschlichen Populationen trotz aller kulturellen Überformungen im Rahmen dieser soziobiologischen Voraussage bewegt. In Peter Murdocks umfassender Durchmusterung von menschlichen Partnerschaftsformen,[281] die auf einer Gesamtheit von 849 Gesellschaften fußt, pflegten von diesen 83% die Polygamie, 16% die Monogamie und 0,5% die Polyandrie, wobei man noch berücksichtigen muß, daß der im strengen Sinne monogame Anteil durch sequentielle Umpaarung unterlaufen wird. Der vollkommen promisk lebende Anteil scheint eher klein und auf Naturvölker beschränkt zu sein. So wird beispielsweise von den südindischen Kerala Nayar berichtet, daß deren Frauen gewöhnlich zwischen drei und zwölf Liebhaber gleichzeitig haben.[282] Jedenfalls zeigen solche Beispiele, daß man nicht davon ausgehen kann, daß sexuelle Freizügigkeit und luststeigernde Partnerschaftsformen grundsätzlich *gegen* die menschliche Natur sind.

Die eheliche Treue der Frauen ist, wenn sie nicht auf Liebe beruht, wahrscheinlich etwas Widernatürliches. Man hat versucht, diese Widernatürlichkeit durch die Furcht vor der Hölle und die religiösen Gefühle zu erreichen; das Beispiel Spaniens und Italiens zeigt, bis zu welchem Grade dies gelungen ist.

In Frankreich hat man ein solch widernatürliches Verhalten durch die öffentliche Meinung, also den einzigen widerstandsfähigen Damm, erreichen wollen; aber diesen Damm hat man schlecht gebaut. Es ist sinnlos, einem jungen Mädchen zu erklären: Du mußt dem Manne deiner Wahl treu sein, wenn man es dann zwingt, einen langweiligen Greis zu heiraten.

Aber die jungen Mädchen heiraten doch mit Freuden. – Ja, denn bei dem Zwangssystem der gegenwärtigen Erziehung wird ihnen die Sklaverei, die sie im Hause ihrer Mutter erdulden, zur unerträglichen Qual; außerdem hat man sie nicht aufgeklärt, und schließlich ist es der Wille der Natur. Nur durch ein Mittel kann man erreichen, daß die Frauen in der Ehe treu sind: man muß den jungen Mädchen die Freiheit und den verheirateten Leuten die Möglichkeit der Scheidung geben. Eine Frau kommt in der ersten Ehe immer um die schönsten Tage der Jugend, und durch die Scheidung gibt sie den Toren Gelegenheit, über sie zu reden.

Junge Frauen, die viele Liebhaber haben, brauchen sich nur scheiden zu lassen. Frauen in einem gewissen Alter, die viele Liebhaber gehabt haben, glauben ihren guten Ruf wiederherzustellen, indem sie sich übertrieben streng gegen Verirrungen zeigen, die ihnen nicht mehr möglich sind, und in Frankreich glückt ihnen dies immer. Irgendeine arme, tugendhafte und sterblich verliebte junge Frau, die die Scheidung verlangt, muß sich von Weibern, die fünfzig Männer gehabt haben, beschimpfen lassen.[283]

Stendhal · 1783-1842

Stolpersteine für den Eros

Zu den problematischen Zügen der Monogamie – auch in ihrer sequentiellen Form – gehört das Phänomen der *Partnerüberwachung*, die ohne Zweifel ein starkes Hemmnis bei der Realisierung eines hedonistischen Lebensstiles bildet. Wenn ein Mann »ein holdes Weib errungen hat«, möchte er es anschließend gerne allein besitzen und die exklusiven Begattungsrechte wahrnehmen. Dies wünscht er nicht so sehr, weil ihm so viel an dem konstanten körperlichen Reiz liegt, sondern weil er keine fremden Gene aufziehen möchte. Die Aufzucht auch nur eines fremden Kindes kostet ihn meist einige Jahreseinkommen, wodurch es verständlich wird, daß dies selbst bei großzügiger moralischer Einstellung als Wirtschaftsfaktor ins Gewicht fällt. In keinem Wirtschaftszweig würde jemand in dieser Größenordnung ohne die geringste Aussicht auf Gewinn investieren. In dieser Tatsache finden wir die biologische Quelle vieler wenig freudvoller Auseinandersetzungen in ehelichen Beziehungen, wo in erster Linie Fortpflanzungssexualität betrieben wird. Die Differenzen setzen sich aber auch in Partnerschaften fort, in denen sich die Beteiligten gar nicht vermehren wollen, weil sich hier ebenso die psychologischen Einstellungen, die durch die biologische Programmierung hervorgerufen werden, nicht abschütteln lassen, auch wenn diese für den angestrebten reinen Lustgewinn keine Relevanz mehr besitzt. Hier erweist sich das stammesgeschichtliche Erbe durchaus als Belastung. Die emotiven Neigungen wandeln sich eben auf der biologischen Ebene viel langsamer als die sozioökonomischen Randbedingungen. Eine Disposition, die im Rahmen der Reproduktion ihren ökonomischen Sinn besitzt, besteht fort, auch wenn die Beteiligten dieses Ziel nicht verfolgen.

In einigen Gesellschaften hat die Abschirmung der Frauen vor anderen möglichen Sexualpartnern geradezu paranoide Formen angenommen. Die im Sudan verbreiteten Methoden der Klitoridektomie und der Infibulation können nur als extreme Auswüchse von Kontrollmaßnahmen im Rahmen des allgemeinen Zieles der patriarchalischen Überwachung der Frauen gedeutet werden. Genitale Verstümmelung und gewaltsame Entfernung der lustspendenden Organe der Frau sind sicher die inhumansten Konsequenzen einer rein auf genetischen Vorteil ausgelegten Reproduktionssexualität. Die Schwierigkeit, von europäischer Seite Änderungen an diese Sitte heranzutragen, besteht darin, daß die afrikanischen Frauen den verstümmelnden Eingriff ideologisch so internalisiert haben, daß sie Kritik aus westlichen Ländern – selbst aus der Frauenbewegung – als kolonialistische Einmischung ablehnen. Dem Standpunkt des hedonistischen Ideals steht jedenfalls eine solche Maßnahme klarerweise diametral entgegen, da ein desensibilisierter Sexualpartner nur einen reduzierten Lustgewinn verspricht. Der normalerweise freudvolle Aufschaukelungsprozeß im Erregungsvorgang wird stark gedämpft, und das sexuelle Geschehen reduziert sich wesentlich auf die männliche Lust.[284] Wie groß muß wohl die Angst der afrikanischen Männer sein, durch Seitensprünge der Frau in nichtverwandte Kinder investieren zu müssen, daß sie diesen restringierten Geschlechtsgenuß in Kauf nehmen?

Die Ethologen haben allerdings auch biologische Gründe für Frauen gefunden, einmal einen anderen Sexualpartner auszuprobieren, und zwar einen, der seinen sozialen Erfolg bereits unter Beweis gestellt hat. Da Frauen sorgsam mit ihren kostbaren Gameten umgehen müssen, lohnt sich ein Abenteuer mit einem Mann, bei dem sie aus dem ökonomischen Status auf einen guten Genotyp schließen können. Feldforschungen haben deutlich gemacht, daß die Frauen diesen Vorteil auch genützt haben. Einer amerikanischen Untersuchung von 1980 zufolge hatten 50% aller verheirateten Frauen zwischen 18 und 34 Jahren Nebenbeziehungen. Jenseits von 35 Jahren lag die Rate der außerehelichen Liebschaften bei 70%. 30% der Frauen vergnügten sich mit zwei bis fünf Liebhabern, 10% hatten mit mehr als 25 ein Liebesverhältnis.[285] Den biologischen Sinn dieser promisken Verhaltensform beim weiblichen Geschlecht sehen Soziobiologen darin, daß ein neuer attraktiver Partner der Frau Söhne schenken könnte, die ihrerseits, wiederum durch ihr gutes Aussehen, erfolgreiche Nachkommen zeugen. »Für Frauen könnte es Sinn machen, nicht alles auf *eine* Karte zu setzen, sondern für stärkere genetische Heterogenität unter ihren Nachkommen zu sorgen.«[286]

Damit sind wir bei dem für den Hedonismus wesentlichen Kernpunkt angelangt: Die biologischen Interessen treiben beide Geschlechter zu einem Verhalten, daß den in der Gesellschaft kodifizierten moralischen Regeln entgegengesetzt ist. Selbst massive Drohungen mit Todesstrafe,[287] strenge Erziehungsmaßnahmen oder philosophische Tugendlehren haben weder Männer noch Frauen davon abgehalten, ihre polygamen Neigungen zu leben. Furcht und Schrecken, Angst vor Entdeckung, seelische Spannungen jeder Art konnte der Antagonismus von biologischer Disposition und ideologischem Terror sicherlich verbreiten, aber zweifelsohne kein Glück. Die gelegentlich zu hörende Verteidigung der Partnerüberwachung als erregender Stimulanz für den Aufbau von Nebenbeziehungen ist wohl eher als humorvoller Zynismus zu bewerten. Für psychisch robuste Naturen mag es zutreffen, daß sie die Überwindung von Barrieren auf dem Wege zu einer hübschen Frau oder zu einem schönen Mann als sportlich spannende Aufgabe sehen. Die meisten jedoch lassen sich wohl lieber sorgenfrei und nicht gerade auf diese Weise stimuliert mit dem eroberten Partner ins Bett fallen.

Die polygynen bzw. polyandrischen Neigungen von Männern und Frauen wurden in der christlich-abendländischen Tradition nie in ein mögliches Konzept gesellschaftlicher Ordnung einbezogen. Bis auf den heutigen Tag gilt aus christlicher Sicht: »Biblisches Ethos kann sich nicht an der Natur orientieren.«[288] Unlust, Leid und Freudlosigkeit, die aus der Spannung zwischen der biologischen Disposition und den göttlichen Forderungen entstehen, müssen aus dieser Sicht hingenommen werden. Zu Opfer und Verzicht sind allerdings die meisten modernen Menschen nicht mehr bereit – dies gilt auch für jene, denen die

Brüchigkeit der metaphysischen Basis der kirchlichen Lehre nicht bewußt ist.

Homo- und Bi-Erotik

Nirgends hat sich die bedingungslose Akzeptanz biblischer Prinzipien fataler ausgewirkt als bei der *Homosexualität.* Bis auf den heutigen Tag verfolgen viele Theologen die gleichgeschlechtlich orientierten Männer und Frauen mit Sündenvorwürfen.[289] Eine rechtliche und verfassungsmäßige Gleichstellung gleichgeschlechtlicher Partnerschaften würde nach ihrer Meinung das Wesen des biblischen Ethos zerstören. Wenn der Antagonismus zwischen christlicher Sexualethik und liberalem Humanismus auf diese Formel gebracht wird, muß man hoffen, daß das biblische Ethos bald seinen Einfluß verliert und die bedauernswerten christlichen Homophilen von ihrem Gewissenskonflikt befreit werden, um ihre erotischen Wünsche, die niemandem schaden, ausleben zu können. An der Einstellung zur Homoerotik kann man übrigens sehr klar die Haltung eines Ethikers zur puren Lust ablesen. Homo-Erotik ist – anders als die Hetero-Erotik – nur von Liebe und Begehren gesteuert, es überlagern sich keine lustfremden Reproduktions-, Versorgungs- und Alterspflegeinteressen oder ökonomische Vorteile, wie sie etwa mit der Hypergamie verbunden sind. Wenn die Theologie sich im besonderen gegen die gleichgeschlechtliche Sexualität wendet, dann offenbart sie eben definitiv ihre Lustfeindlichkeit. (Vgl. Abb. 13)

Eines ist jedenfalls klar: will man statt eines archaischen Rigorismus mit seinen letztlich uneinsichtigen apriorischen Geboten lieber eine spannungsarme, auf maximales glückliches Erleben angelegte Regelung des Sexualverhaltens anstreben, sollte man sich enger an den vorhandenen Dispositionen orientieren, so wie es schon Edward Wilson vorgeschlagen hatte: »Alle Mutmaßungen über die Abstammungsgeschichte des Menschen sprechen für eine liberalere Sexualmoral.«[290] Dies bedeutet keine »Ableitung« einer Norm aus der Evolutionsbiologie, sondern lediglich die Anwendung eines bereits aus dem römischen Recht bekannten Prinzips: »Ultra posse nemo obligatur«[291], über sein Können hinaus ist niemand verpflichtet. Wieviel man dem Können zumuten darf, darüber kann man sicher geteilter Meinung sein. Immerhin aber weist der zweitausendjährige Kampf der Moralisten für eine restriktive Sexualmoral, der heute mehr denn je als verloren gelten muß, darauf hin, daß zumindest in diesem Lustareal die Anforderung an das Können zu hoch geschraubt waren. Man *kann* aus normativer Autonomie heraus ein restriktives Forderungsprogramm gegen die biologische Natur des Menschen aufstellen, aber warum soll man? Die *logische* Unabhängigkeit der Normen von den Tatsachen entbindet nicht von der Verpflichtung, die *faktischen* Möglichkeiten der Menschen zu respektieren, wenn man diese den moralischen Regelungen unterwerfen möchte. Wird dies nicht berücksichtigt, kann man von prinzipienethischer Vergewaltigung sprechen, und diese gilt allgemein als Verbrechen.[292]

»Wollen wir Liebe machen?« frage ich sie verlegen. »Das tun wir gerade«, sagt sie, nippt am Champagner und streckt sich aus. »Wir werden schon – langsam, zart« ... Der Champagner regt uns an – wir könnten ewig so weiterreden, unter Küssen, Umarmungen, wir lösen uns voneinander, geben an, sind amüsiert, zuversichtlich, fröhlich, trompeten unser Glück hinaus.

»Als ich hierherkam, stell dir vor, was am Türknopf des Zimmers hing. Ein Damenhöschen.« – »Machst du Witze.« – »Mein erster Gedanke war selbstverständlich, daß du vor mir angekommen bist und eine Visitenkarte hinterlegt hast.« – »Wo hast du denn diese verkommenen Gedanken her?« – »Ich nahm an, daß es sich um einen deiner raffinierten Späße handelte. Irgendeine Einladung. Natürlich nahm ich sie an ... wir sind sicher in unserer Freude, privat in unserem verzauberten Treffen im Nirwana, in einem Zustand von Frivolität abseits jeder Realität ... Wir sind obszön vor Luxus, verkommen vor Dekadenz, strahlend vor Sünde. Und glücklich. Auch erschöpft. Schlafen ein, als wir schließlich ineinander kommen, unser Fleisch ganz gutwillige Erschöpfung, gesättigt bei der bloßen Berührung ihrer Brust, der unendlichen Süße ihres daunigen Haars, dem weichen Dreieck zwischen ihren Beinen, der scharfen heißen Lust ihrer Finger, die mich finden, das Haar teilen, um zu den Lippen zu gelangen, eindringen, und beim Eindringen alles besiegeln; fertig wurden wir nie.[293]

*Kate Millett · * 1934*

Die Natur zeigt in all ihren empirischen Parametern Streuungen, Abweichungen vom zentralen Wert. Dies trifft auch für die erotische Orientierung zu. Bereits Kinsey hatte festgestellt, daß die einfache Dichotomie von homo- und heterosexueller Neigung ersetzt werden muß durch eine abstufende Skala, die von 0-6 läuft, wobei 0 die verschieden- und 6 die ausschließlich gleichgeschlechtliche Disposition bezeichnet.[294] In der Mitte dieser Skala bei 3 und 4 liegen Neigungen, die nicht eindeutig einer Gruppe zugeordnet werden können; Menschen dieses Typus sind in der Lage, Liebesbeziehungen zu beiden Geschlechtern gleichermaßen aufzunehmen.

Der spanische Schriftsteller Antonio Gala hat der Überzeugung Ausdruck gegeben, daß *Bisexualität* die kommende und natürlichste Form der Geschlechtlichkeit darstellt.[295] In der öffentlichen Meinung gilt jedoch die doppelte Orientierung noch als wesentlich exotischer als die Homosexualität, da es nicht möglich ist, in diesem Fall eine einfache moralische Qualifizierung auszusprechen. Bisexuelle, die sich zwischen die Gruppierungen stellen, irritieren die Menschen beim Kategorisieren.

Vom aufklärerischen Standpunkt aus wäre es sicher wünschenswert, daß die starren Fronten zwischen den Orientierungen aufgebrochen würden. Rein *anatomisch* betrachtet gilt es ja, mannigfache Überschneidungen in den homo- und heterosexuellen Praktiken, die Genitalien beider Geschlechter lassen sich vielfältig verwenden. Dies wußte auch schon der römische erotische Dichter Marcus Argentarius, wenn er die Vielfalt der

Liebesmöglichkeiten schildert: »Wer sich aber nach den Freuden des eigenen Geschlechts sehnt, der braucht ja die Freundin nur umzudrehn, sofort hat er statt der Menophila den Menophilus im Bett.«[296] Auch Goethe war sich der Multifunktionalität der anatomischen Ausstattung des Menschen bewußt, wenn er dichtet: »Knaben liebt' ich wohl auch, doch lieber sind mir die Mädchen, hab' ich als Mädchen sie satt, dient sie als Knabe mir noch.«[297] Letzten Endes sind es immer die gleichen Reizzonen, die in ihrer spezifischen Weise auf die entsprechenden Stimulationen reagieren. Damit ist allerdings nur die somatische Seite angesprochen. In erster Linie spielt die geschlechtsspezifische Performanz beim erotischen Geschehen eine Rolle; darin liegt vermutlich die Ursache, daß sich nur eine Minorität der Bevölkerung der doppelten Partnerorientierung zuneigt.[298] Aus der Sicht einer hedonistischen Ethik stellt natürlich alles, was die Vielfalt des Erlebens bereichert, einen Wert dar. Wer diese Spielart der Erotik zu praktizieren vermag, zieht daraus zweifelsohne einen Lustgewinn. Zudem haben Bisexuelle den Vorteil, daß sie auch auf die Freude an Nachkommenschaft nicht verzichten müssen. Bisexualität ist allerdings nur mit einer sehr kontratraditionalen Einstellung kompatibel. Können reine Homo- und reine Hetero-Partnerschaften im Prinzip noch exklusiv monogam geführt werden, so müssen sich Bisexuelle auf Mehrfachbeziehungen einlassen, im Minimum auf zwei Partner. Es besteht also kein Zweifel, daß diese doppeltorientierten Menschen gegen die soziokulturellen Barrieren in mehrfacher Weise anzukämpfen haben. Die Öffentlichkeit reagiert erwartungsgemäß mehrheitlich mißtrauisch gegenüber den sexuellen Feinschmeckern, die in ihrem Triebleben zwischen den Geschlechtern mäandern und sich nicht in die beiden heute bekannten Gruppen einordnen lassen wollen. Emotionaler Widerstand formiert sich allerdings immer, wenn die binäre Klassifikation durch fließende Übergänge ersetzt wird. Die Sexualmedizin nimmt das erotische Zwischenreich in wachsendem Maße ernst und sieht die sexuelle Doppelbegabung als Bereicherung der Lebensqualität des Menschen an.[299] Es mehren sich auch die Blicke in die griechische Antike, wo die Knabenliebe, die Päderastie (nicht zu verwechseln mit der Pädophilie, der Kinderliebe), eine Institution war, die, vollständig im Gesellschaftssystem integriert, parallel zur Liebe zu Frauen gepflegt wurde. Päderastie wurde als Form der Erziehung, als vergeistigte, sublime Form erotischen Geschehens betrachtet. Platon hat unmißverständlich klargemacht: wenn der Liebhaber seinem Liebling Weisheit und Tugend vermittelt, dann ist nichts Schädliches daran, wenn der Knabe seinem Erzieher gefällig ist.[300] Diese Rückblendung und die Berufung auf die spirituelle Dimension antiker Vorbilder[301] erleichtert modernen Bisexuellen die Verteidigung ihrer Neigungen und hebt diese Orientierung vielleicht auch über ein reines Wechselbad der Lüste hinaus. Das Fernziel der für doppelte Orientierung plädierenden Sexualutopisten ist ein möglichst kategorienloses Reich der erotischen Freiheiten, in dem diskriminierende Verunglimpfungen und unbegründbare Restriktionen des Trieblebens der Vergangenheit angehören.[302]

Liebe, Besitz und Eifersucht

Doch erst einmal wieder zurück zur hedonistischen Evaluierung der Tradition. Ganz unabhängig von den früher genannten evolutionsbiologischen Gründen haben sich auch moderne Ethiker zu Wort gemeldet, die den traditionellen Ort sexueller Lustgewinnung einer systematischen Kritik unterzogen haben. John McMurtry hat darauf hingewiesen, daß die ausschließliche Zentrierung erotischer Gefühle auf die eheliche Paarbindung zu einer Absonderung beider Beteiligten und damit zu einer emotiven Entfremdung von der übrigen Gesellschaft führt.[303] Denn nach traditionellen Regeln müssen sich die Beziehungen der Ehepartner zu den Mitmenschen auf sachliche Bereiche beschränken: Warenaustausch, neutraler geselliger Umgang, freundlich-distanzierte Höflichkeit; erotische Gefühle aber dürfen eine gewisse Grenze zu den übrigen Mitgliedern der Gesellschaft nicht überschreiten. Nicht einmal ein Austausch über sexuelle Erfahrungen ist bei bürgerlicher Geselligkeit vorgesehen. Ein Ehepaar erscheint diesbezüglich von außen wie eine Monade, die nach Leibniz keine Fenster hat. Darüber hinaus beklagen viele, die zu späteren Zeiten ihrer Ehe unter der »matrimonialen Klaustrophobie« leiden, das dabei zumeist völlige Fehlen einer Privatsphäre für das Individuum. Das Individuum verliert in der ehelichen Partnerschaft seine Einzelheit. Das Private umgreift das Paar, es wird völlige Transparenz aller Agenden verlangt. De facto hat nur das gekoppelte System eine gesellschaftliche Existenz. Deshalb bewegen sich auch viele Ehepaare wie Doppelpendel durch die gesellschaftliche Landschaft, sie schwingen in konstantem Abstand um ihren Schwerpunkt in der Gemeinschaft. Von daher versteht man auch Gabriel García Márquez' markanten Ausspruch, der auf den ersten Blick widersprüchlich erscheint: »Nada se parece tanto al infierno como un matrimonio feliz.«[304] In diesem paradoxen Satz ist die Ablehnung des familiären Paternalismus prägnant ausgedrückt. Jeder »behütet« den Partner mit wohlwollendem Besserwissen und mißachtet dabei den Grundsatz, daß selbst dann, wenn sich einer reifer und klüger dünkt, dies keine Rechtfertigung für die Bevormundung des anderen darstellt. Die Lösung des Problems, wie intime Nähe und notwendige Autonomie der verkoppelten Individuen balanciert werden können, hängt allerdings meist auch von den ökonomischen Randbedingungen ab. Mit ausreichend raumzeitlicher und kausaler Entzerrung der Partner läßt sich am ehesten vermeiden, daß ein »Matrimonio feliz« zum »Infierno« wird, wie es Graciela in ihrer Anklage an ihren virtuellen Ehemann formuliert. Des weiteren haben Skeptiker der Eheinstitution von Montaigne bis Esther Vilar auf den unglücklichen Umstand der Verquickung von Liebe und Ökonomie hingewiesen. Vilar sieht die Lösung nur dadurch gegeben, daß der Arbeitsmarkt in Richtung auf symmetrische Einkommensverhältnisse umstrukturiert wird,[305] damit keiner der Partner auf den anderen finanziell angewiesen ist.

Auch die *psychische Isolierung* und der Gegensatz zu den individuellen emotionalen Strebungen in den herkömmlichen Partnerschaften wurde zum Gegenstand vieler sozialpsychologischer Diagnosen. Schon vor 30 Jahren hat Arno Plack in einer nach wie vor völlig zutreffenden Analyse auf den zentralen inneren Widerspruch der tradierten Moral hingewiesen – nämlich, »daß der Mensch, um die sexuelle Anpassung nur zu wollen, über seine Triebnatur sich belügen muß, aber doch gegenüber jedermann möglichst aufrichtig sein soll«.[306] Wie aber könnte man Aufrichtigkeit, d.h. Einklang von emotiven Wünschen und sozialem Verhalten erzielen? Viele alternative Modelle sind bereits durchdiskutiert worden: so zum Beispiel die zahlenmäßig begrenzte Gruppenehe.[307] Dafür hat sich z.B. auch Gerhard Szczesny ausgesprochen: »Denkbar wäre die Entwicklung zu multigamen Familien, in denen mehrere Paare und auch alleinstehende ältere und junge Menschen gemeinsam leben.«[308]

Denn wenn sich zwei, drei oder vier Paare versprechen, erotische Beziehungen auf diesen kleinen Kreis zu beschränken, ist die Varianz im emotionalen Angebot sicher größer, somit die Gefahr der ehelichen Langeweile geringer. Für eher zufällige Begegnungen dagegen ist in der abgeschlossenen Gruppe kein geeigneter Ort. Da gerade durch den Arbeitsprozeß heute die Geschlechter viel stärker außerhäusliche Begegnungen haben, würde in solch geschlossenen kleinen Gruppen doch wieder ein wesentlicher Faktor emotionalen Zugewinns beschnitten. Zudem scheint eine gesellschaftliche Akzeptanz der Gruppenehe bei den gegenwärtig herrschenden sozioökonomischen Randbedingungen und dem wachsenden Konservativismus sicherlich politisch nicht durchsetzbar.

Heute scheint nur der individuelle Weg gangbar, nämlich die *offene* Beziehung. In dieser Form des Zusammenlebens wird von vornherein auf Exklusivität von Erotik und Sexualität verzichtet, so wie es Bertrand Russell 1929 in seinem bahnbrechenden, bereits früher angesprochenen Werk skizziert hat.[309] Wesentlich erscheint dabei allerdings, daß sich die Paare über die Struktur dieser Beziehung *vorher* einig werden und nicht erst, wenn ein attraktives Alternativangebot für einen der Partner vor der Tür steht. Dann ist es im allgemeinen zu spät, um einen neuen Modus der Partnerschaftsbeziehung zu erarbeiten, denn dies kann unter Handlungsdruck niemals gelingen. In einer als offen deklarierten Beziehung gibt es dann keinen logischen Ort für den moralischen Vorwurf des Betruges. Partnerüberwachung wird unsinnig, der Eifersuchtsvorwurf ist nicht definiert und auch McMurtrys Isolationseffekt der traditionellen Monogamie kann nicht auftreten. Wenn man also eine Partnerschaftsstruktur sucht, die die Ideale der Toleranz, des Verstehens und der optimalen Lustrealisierung am besten verwirklicht, so ist wohl die sogenannte offene Relation am ehesten geeignet, die widerstreitenden Interessen von emotionaler Bindung und erotischer Erfüllung zu umgreifen. Aufgrund der heute leicht realisierbaren Trennung von Reproduktions- und reiner Lustsexualität ist es nicht schwierig, die Prokreation auf den Stammpartner zu beschränken und die Außenbeziehungen allein dem Vergnügen und der emotionalen Abwechslung zu widmen. Zudem berücksichtigt das offene Partnerschaftsmodell die oben genannten polygamen biologischen Dispositionen beider Geschlechter. Damit ist das normative Brückenprinzip erfüllt, daß man solange nicht gegen die ererbten Programme normieren sollte, wie es ohne erkennbaren Schaden möglich ist. Im Sinne einer Glückstechnologie, die die Leidensminimierung für die Lustsuchenden betont, wird man also tunlich jenes Bindungsmodell wählen, das minimale psychische Spannungen und maximalen erotischen Gewinn mit sich bringt.

In bezug auf das Verhältnis von Sollen und Können hat sich sogar in konservativen Kreisen die Meinung durchgesetzt, »daß moralische Regeln für das Verhalten konkreter Menschen und Rechtsinstitutionen auf die *Natur des Menschen* Rücksicht nehmen müssen.«[310] Bezüglich der Sexualität – anders als im Fall der Aggression – spricht nichts dagegen, im gesellschaftlich akzeptierten Verhalten näher an die biologisch programmierten Dispositionen heranzurücken. Man kann sogar die Vermutung wagen, daß naturgemäße Regelungen der Sexualbeziehungen dem Aggressionsabbau dienen, weil zumindest ein Teil der feindseligen Einstellungen der Männer sicherlich auf ungelöste seelische Spannungen in deren Partnerschaftsbeziehungen zurückgehen. Soweit Kriege nicht direkt wegen eines existentiellen ökonomischen Wettbewerbs geführt werden, könnte ein reichlicheres Sexualangebot eine ausgleichende, befriedende Wirkung auf die aggressiven männlichen Raubaffen ausüben.

Institutionell ist eine solche Position schwierig umzusetzen; angesichts immer noch existierender Wehrpflicht ist der Tugend der Tapferkeit kaum beizukommen. Solche Institutionen haben ein hohes Trägheitsmoment, d. h. einen enormen Widerstand gegen Veränderungen. Zudem zementieren die Religionen ausnahmslos die tradierten Regelungen, weil diese aus religiöser Sicht auf unveränderliche theonome Setzungen zurückgehen. Ehe sich auf der öffentlichen Ebene etwas verändert, können jedoch informierte Einzelpersonen im privaten Bereich die neuen Erkenntnise der Evolutionsbiologie umsetzen. Wenn ein sich liebendes Paar weiß, daß trotz aller gegenseitigen Zuneigung die Prägungen ihrer emotiven Zentren etwas unterschiedlich sind, sollte diese Einsicht eigentlich zu mehr Toleranz und Verständnis für die Einstellungen und Haltungen des anderen führen. Der Gewinn aus dieser Einsicht müßte für beide unmittelbar greifbar sein, da Freiheit und Authentizität immer als ein hohes Gut empfunden werden. Keiner wird mehr gezwungen, permanent etwas zu spielen, was nicht seiner emotionalen Tiefenstruktur entspricht. Sogar die in einer monogamen Beziehung beim Liebesakt absolut verbotene Frage: »Woran denkst du gerade?«, kann enttabuisiert werden. Da jeder über den anderen grundsätzlich Bescheid weiß, können sich die Phantasien auch durchaus einmal kreuzen, ohne eine tiefe Kränkung hervorzurufen oder, wie es Tibull ausgedrückt hat: »Te tenet, absentes alios suspirat amores.«[311]

Für Skeptiker bezüglich des offenen Modells sei angemerkt, daß zumindest einige Paare in der Vergangenheit den hohen Rationalitätsgrad erklommen und ihre Beziehung auf diese Weise organisiert haben. Als einen der berühmtesten Fälle kennen wir das tolerante Abkommen zwischen Edith Lees und Havelock Ellis, einem Pionier der modernen Sexualwissenschaft. Als beide 1891 heirateten, schlossen sie einen Ehevertrag, der völlige sexuelle Freiheit beider Partner beinhaltete. Sie verbrachten im Laufe ihrer fünfundzwanzigjährigen Ehe zumeist nur je die Hälfte eines Jahres zusammen und erzählten sich alles von den jeweils geführten Nebenbeziehungen. Der emotionale Gewinn, den Menschen im Leben verbuchen, die wie Edith Lees und Havelock Ellis ein liberales Partnerschaftsabkommen getroffen haben, liegt auf der Hand. Denn zu den immer wieder ergreifenden Erlebnissen bei der Etablierung einer neuen Beziehung gehört jener Phasenübergang der Gefühle, den man auch als Zusammenbruch der Schambarriere bezeichnet. Die Entdeckung der Zuneigung bringt eine Aufgabe jener körperlichen Distanz mit sich, die normalerweise als unüberbrückbar gelernt wurde. Wenn aber die emotionale Brücke geschlagen ist, wird die Hautnähe nicht nur toleriert, sondern gewollt, gewünscht, herbeigeführt und liebevoll kultiviert. Die erotische Attraktion hat die vormalige Schranke zum Einsturz gebracht, der Körper des anderen wird plötzlich emotional in den eigenen integriert, der Fremdheitscharakter ist verschwunden, das Wohlbefinden stiftet augenblicklich eine Vertrautheit, die vom Paar als Glückswelle empfunden wird. Es handelt sich zweifelsohne um eine außergewöhnliche Bewußtseinsbereicherung, bei der aus zwei isolierten Empfindungszentren *ein* emotional verschränktes System wird. Man kann nur wünschen, daß jedem Menschen dieses emergente Verschränkungserlebnis im Leben möglichst oft auf beglückende Weise zuteil wird. Die darin involvierte Haltung der emotionalen Offenheit prägt das Bewußtsein viel mehr in Hinsicht auf tolerante Humanität als die emotionale Begrenztheit einer einzigen Partnerbeziehung.

Der Irrtum der meisten Männer besteht darin, daß sie etwas sagen wollen, was sie hübsch, geistreich und rührend finden, anstatt ihre Seele so lange vom Zwang des gesellschaftlichen Lebens zu entbinden, bis jener Grad von Innigkeit und Natürlichkeit erreicht ist, wo man naiv ausdrückt, was man im Augenblick fühlt. Wenn man diesen Mut aufbringt, wird man durch eine Art Aussöhnung im Nu seine Belohnung erhalten. Diese ebenso rasche wie unwillkürliche Belohnung der Freuden, die man dem geliebten Wesen schenkt, stellt diese Leidenschaft ja gerade so hoch über alle anderen. Bei vollkommener Natürlichkeit verschmilzt das Glück zweier Individuen in eines. Kraft der Sympathie und verschiedener anderer Gesetze unserer Natur ist dies schlechthin das größte Glück, das es geben kann.[312]

Stendhal · 1783-1842

Für Freizügigkeit im sexuellen Bereich spricht auch ein Vergleich mit anderen Gebieten emotionalen Empfindens. Das Luststreben ist generell auf *Klassen* von Objekten gerichtet. Ein Theaterliebhaber möchte im Laufe der Zeit viele Dramen und Schauspieler sehen und verstehen, ein Musikfreund die gesamte Breite der musikalischen Welt etwa von Palestrina bis Bartók erleben, ein Alpinist alle Berge der Welt von den Anden bis zum Himalaya kennenlernen. Der Grund dafür liegt sicher darin, daß die Sinne physiologisch auf ein weites Spektrum von Reizen reagieren, die die ganze Breite jenes Phänomens abdecken, auf das sich menschliches Verlangen richtet. Man kann sich kaum einen Bergsteiger vorstellen, der sich ein Leben lang nur zum Nanga Parbat hingezogen fühlt, oder einen Musiker, der jahrelang ausschließlich die Kleine Nachtmusik spielen will, ebensowenig wie einen Weinkenner, der jahrzehntelang immer nur Kröver Nacktarsch trinken möchte. Das Wissen um die Ermüdung der Sinne ist auch im Alltagsverstand präsent: »variatio delectat«, sagten die Römer, und bei den Spaniern heißt es »entre col y col lechuga«[313], wenn sie ausdrücken wollten, daß Vergnügen Abwechslung verlangt.

Stufen

Wie jede Blüte welkt und jede Jugend
Dem Alter weicht, blüht jede Lebensstufe,
blüht jede Weisheit auch und jede Tugend
Zu ihrer Zeit und darf nicht ewig dauern.
Es muß das Herz bei jedem Lebensrufe
Bereit zum Abschied sein und Neubeginne,
Um sich in Tapferkeit und ohne Trauern
In andre, neue Bindungen zu geben.
Und jedem Anfang wohnt ein Zauber inne,
Der uns beschützt und der uns hilft zu leben.

Wir sollen heiter Raum um Raum durchschreiten,
An keinem wie an einer Heimat hängen,
Der Weltgeist will nicht fesseln uns und engen,
Er will uns Stuf' um Stufe heben, weiten.
Kaum sind wir heimisch einem Lebenskreise
Und traulich eingewohnt, so droht Erschlaffen,
Nur wer bereit zu Aufbruch ist und Reise,
Mag lähmender Gewöhnung sich entraffen.
Es wird vielleicht auch noch die Todesstunde
Uns neuen Räumen jung entgegensenden,
Des Lebens Ruf an uns wird niemals enden …
Wohlan denn, Herz, nimm Abschied und gesunde![314]

Hermann Hesse · 1877-1962

Auch biologisch gesehen wäre es unglaubwürdig, wenn die Sinnesrezeptoren eines Menschen so spezifisch reagierten, daß nur die akzidentelle Reizkombination, die im Körper seines Stammpartners vorliegt, einen freudvollen Eindruck hervorrufen könnte. Dies ist nicht nur physiologisch unplausibel, sondern auch vom evolutionären Programm her unwahrscheinlich: Die Programmierung des Individuums einer Population auf die Reize nur *eines* geschlechtlichen Partners würde viel zu viele Fortpflanzungsmöglichkeiten ausschließen. Eine adaptierte Reproduktionsoptimierung läßt erwarten, daß eine ausreichende Breite der Sensibilität für erotische Reize gegeben ist derart, daß die Zufallsbegegnungen prinzipiell ausreichen, um kopulationswillige Partner kennenzulernen. Eine zu individuelle Einengung des Spektrums der Reizempfindlichkeit würde dazu führen, daß sich nur mit geringer Wahrscheinlichkeit jene Partner träfen, die sich dann auch ineinander verliebten. Das Fenster der Sensibilität, also der Bereich, wo Menschen empfindlich für eine bestimmte Klasse von Reizen sind, ist aber ein *permanenter* Zug von Mann und Frau, und dieses Fenster bleibt auch dann noch geöffnet, wenn die Liaison mit dem Stammpartner aktenkundig geworden ist. Ein stabiler physiologischer Grundzug eines Lebewesens kann nicht durch ein Ritual im heimischen Rathaus beseitigt werden.[315]

Aus all diesen biologischen und physiologischen Zusammenhängen lassen sich zwar auf logischem Wege keine moralische Normen ableiten, aber man kann – wieder unter Zuhilfenahme des erwähnten Brückenprinzips zwischen Sollen und Können – konfliktmilderne Handlungsempfehlungen gewinnen. Wenn man in Rechnung stellt, daß sich ja niemand die biologischen Festprogramme selber gegeben hat, sondern daß diese zur genetischen Ausstattung gehören, dann müßte dies einsichtsvollen Partnern eine handlungsleitende Heuristik zum Abbau von Spannungen liefern.

Zu den lustfeindlichsten Faktoren in den zwischenmenschlichen Beziehungen gehört zweifelsohne die *Eifersucht*.[316] Zum Abbau oder zumindest zur Dämpfung dieser Reaktion kann sicher das Bewußtmachen der Entstehung dieser Emotion beitragen. Aufgrund der starken polygamen Tendenz in den menschlichen Gesellschaften scheint es unwahrscheinlich, daß die Eifersucht eine rein biologische Verankerung besitzt, sie somit als zwingend notwendige Reaktion auftreten *muß*. Eifersucht gilt heute eher als ein Zivilisationsprodukt, das in patriarchalischen Gesellschaften vorkommt, weil einerseits die Frau als *Privateigentum* des Mannes gilt, andererseits der Mann als *Ernährungsressource* fungiert. Eine Entkopplung der Liebesbeziehungen von den Besitzverhältnissen brächte sicherlich einen Fortschritt gegenüber dieser unglücklichen Allianz mit sich. Die Einsicht in diese keinesfalls notwendige Verknüpfung zweier Momente, die sehr oft tragische Konflikte auslöst, sollte eigentlich eine befreiende Wirkung ausüben. Sexualwissenschaftler weisen schon lange darauf hin, daß Liebesbeziehungen nicht als Eigentumsverhältnisse gesehen werden sollten: »Solange wir unseren Sexualpartner als unser Privateigentum betrachten und seine Liebeszuwendung zu einem anderen Menschen als Diebstahl an unserer eigenen Liebe empfinden, bleiben wir Sklaven unserer Eifersucht, die nichts anderes ist als die ins Sexuelle übertragene Besitzgier, der in die Liebe übertragene Geiz.«[317]

Übrigens aber kann nichts abgeschmackter, läppischer, lästiger, von verkehrterer Wirkung sein, noch was mehr das Leben verbittert, als wenn Eheleute durch die priesterliche Einsegnung ein so ausschließliches Recht auf jede Empfindung des Herzens voneinander erzwungen zu haben glauben, daß sie wähnen, nun dürfe in diesem Herzen auch nicht ein Plätzchen mehr für irgendeinen andern guten Menschen übrigbleiben; der Gatte müsse tot sein für seine Freunde und Freundinnen, dürfe kein Interesse empfinden für kein Geschöpf auf der Welt als für die werte Ehehälfte, und es sei Verbrechen, gegen die eheliche Pflicht, mit Wärme, Zärtlichkeit und Teilnahme von und mit andern Personen zu reden. Diese Forderungen werden doppelt abgeschmackt bei einer ungleichen Ehe, wo von der einen Seite schon Aufopferungen mancher Art stattfinden. Wenn da der eine Teil, um sich in dem Umgange mit liebenswürdigen Leuten aufzuheitern, auf einen Augenblick sein Unglück zu vergessen und neue Kräfte zum Ausdauern zu sammeln, seinen Geist zu erheben und wieder zu erwärmen, in die Arme zärtlicher, ihm wahrhaftig treu ergebener Freunde eilt, so soll der andre Teil ihm dafür danken, nicht durch närrisches Betragen oder gar durch Vorwürfe den Gatten, die Gattin kränken, zur Verzweiflung bringen und endlich zu wirklichen Verbrechen verleiten.[318]

Adolph Freiherr von Knigge · 1752-1796

Nicht alle Menschen fühlen sich dieser Sucht ausgeliefert. Bereits beim Begründer hedonistischer Lebensart hatten wir – wie im ersten Teil ausgeführt – die Forderung nach Trennung von Liebe und Besitzdenken vorgefunden. Aristipp störte es nicht, wenn seine Geliebte Lais auch zwischendurch einmal anderen Freude brachte. Auch in anderen Bereichen lebt man bedenkenlos mit der Vorstellung, daß Zuneigung ohne Abschwächung oder Verlust teilbar ist. Niemand käme auf die Idee, daß Mutterliebe bei der Geburt eines weiteren Kindes wie eine extensive Größe, für die ein strenger Erhaltungssatz gilt, aufgeteilt werden müßte. Die Zeit des Elternaufwandes ist sicher nicht beliebig vermehrbar, aber die Intensität der elterlichen Zuneigung kann sich ohne Abschwächung auf alle Kinder erstrecken. In vielen Verteidigungen partnerschaftlicher Ausschließlichkeit scheint die Vorstellung von der Liebe als einer *Substanz* eine Rolle zu spielen, die nicht vermehrt oder vermindert werden kann. Bei anderen Emotionsarten, beispielsweise der Freundschaft, wird jedoch keineswegs von einer solchen Substanzidee Gebrauch gemacht: Viele Freunde zu haben gilt als sozialer Reichtum, um den man beneidet wird. Nur wenn das erotische Moment ins Spiel kommt, soll angeblich die Vielfalt auf einmal nicht mehr eine Bereicherung des Lebens darstellen, sondern eine emotionale Verarmung. Mehrfachbeziehungen werden gerne über die Kategorien der Bindungsunfähigkeit und der Flatterhaftigkeit abgewertet. Solche Kritik entspringt nicht psychologischer Einsicht, sondern unwissentlich internalisierter Ideologie.

Das Faktum der hohen und noch steigenden Scheidungsziffern[319] zeigt, daß das monogame Modell mit monopolisierter Sexualität – so wie es von der gesetzlichen Ordnung her als einziges offizielles Partnerschaftsmodell angeboten wird – gescheitert ist. Der konservative Moralist Helmut Schelsky bemerkte, daß ein sittliches Gebot nur dann seine Wirksamkeit entfalten kann, wenn die Akzeptanz bei mindestens 75 % liegt.[320] Dieses von Abram Kardiner eingeführte Kriterium besagt, daß die einschüchternde, das schlechte Gewissen erzeugende Leitfähigkeit der Sitte verschwindet, wenn es ruchbar wird, daß sich z. B. die Hälfte der Population nicht an diese Norm hält. Die heutigen sozioökonomischen Randbedingungen gestatten eine individuelle Persönlichkeitsentwicklung der Partner. Die charakterliche Veränderung beider Partner, die nicht mehr durch gesellschaftliche Maßnahmen unterdrückt wird, erlaubt nur eine zeitlich begrenzte harmonische Partnerschaft. Als Plattform für einen hedonistischen Lebensstil eignet sich das tradierte Modell »Ehe« sicherlich nur in Ausnahmefällen, nämlich dann, wenn *akzidentell* eine fast parallele Persönlichkeitsentwicklung vorliegt. Man darf ja auch nicht vergessen, daß diese Institution nicht primär für die Optimierung des erotischen Lebens geschaffen wurde. Als staatliche Einrichtung hat die Ehe die Funktion, die Fortpflanzung mit übersichtlichen Abstammungslinien und verfolgbaren Besitzverhältnissen zu regeln, sowie die Familie als Zelle politisch stabiler Ordnung zu sichern. Die sexuelle Grundversorgung des Ehepaares wird dabei vom Staat nur insoweit mitbedacht, als die erwünschte Zeugung den Erhalt des Volkes betrifft sowie Altersversorgung und Rente sichert. Zusammen mit den energisch eingesetzten Stützungsfaktoren wie der nichtkodifizierten bürgerlichen Moral, der Rechtssprechung und der schulischen Erziehung versucht der Staat, die Ehegemeinschaft zu stabilisieren. Weder Staat noch Kirche, noch Schule haben das individuelle Glück zum erklärten Ziel ihrer Institution gemacht. Alle drei Einrichtungen sind darauf angelegt, angepaßtes Wohlverhalten der Bürger hervorzubringen, nicht aber, ihnen ein hohes Niveau an glücklichem Erleben zu schenken. Das Luststreben der einzelnen tendiert jedoch in die umgekehrte Richtung: Sie wünschen sich zweitens eine stabile politische Ordnung und erstens ein erfülltes Leben. Der ordnungspolitische Gesichtspunkt spielt höchstens als Rahmenbedingung für die friedliche Entfaltung persönlicher Erfüllung von Wunschsituationen eine Rolle. Die Prägungen durch die erwähnten sozialen Institutionen erzeugen noch immer einen starken psychischen Druck, die Ehe als einen adäquaten Ort für emotionales und sexuelles Glück anzusehen. In dieser spannungsgeladenen Situation befinden sich vor allem viele Jugendliche, die an der Schwelle stehen, ihr emotionales und soziales Leben aufzubauen.

Ein weiterer empirischer Befund spricht gegen überlange Beziehungszeiträume. Die Sexualforschung konnte in vielen empirischen Untersuchungen von Kinsey bis heute ein signifikantes Absinken der durchschnittlichen *Koitusfrequenz* im Verlauf der Ehe konstatieren, das *nicht* mit dem Älterwerden zusammenhängt, sondern sich aus dem ehelichen Zusammenleben ergibt.[321] Allerdings ist dieser Parameter nur *ein* Indikator für das gesamte emotionale Geschehen und von dominanter Wichtigkeit eher für den Mann; für die Frau gilt dies sicher nur partiell, weil nach deren Aussage Zärtlichkeit eine noch stärkere Bedeutung für ihr emotionales Leben besitzt. Unabhängig von den geschlechtsspezifischen Unterschieden ist aber eine deutlich sinkende Tendenz des Interesses an beiden Kontaktarten, also sowohl in der emotional erotischen als auch der genital-sexuellen Dimension der ehelichen Beziehung, im Laufe der Zeit zu konstatieren.[322] Nichtsdestoweniger mag für den einzelnen das Maß des in dieser Institution Erreichbaren zufriedenstellend sein. Die Temperamente sind so verschieden, daß gar manche mit der sexuellen Grundversorgung der Ehe ihr Auskommen finden, weil sie froh sind, sich nicht permanent auf die Jagd nach neuen Liebespartnern begeben zu müssen. Etliche Menschen erfüllen also *vermeintlich* den hohen sittlichen Anspruch der monogamen Treue; aber dahinter verbergen sich vielfach keineswegs hehre Motive, oft handelt es sich um eine notdürftig kaschierte Gefühlsarmut. Einige Menschen sind derart unsensibel, daß für sie Sexualpartner generell austauschbar sind; ein Wechsel lohnt sich in diesem Fall nicht, weil die leichten körperlichen Unterschiede als unwesentlich erachtet werden und die seelisch-geistige Dimension des Partners für sie gar nicht existent ist.[323]

So kann es diverse Motivationen geben, in einer einmal geschlossenen Partnerschaft für immer auszuharren. Natürlich gibt es den kosmischen Zufall einer prästabilierten Harmonie zwischen den Charakteren, die alle Persönlichkeitsentwicklungen überdauert. Eine solche Beziehung wird historisch überliefert von einer Reihe von Wissenschaftlern wie Edmund Halley und John Stuart Mill, die ausnahmslos ihre Ehefrauen ein Leben lang verehrt haben. Niemand wird bezweifeln, daß diese Situation, wenn sie allgemein gegeben wäre, den Idealfall aller denkbaren Möglichkeiten darstellte. Wenn gar keine Außen-, Neben- oder Seitenbeziehungen *gewünscht* werden, das höchste Glück also in einer einmal geschlossene Verbindung realisiert ist, dann ist dies sicher auch vom hedonistischen Standpunkt aus als Optimum anzusehen. Die menschliche Natur ist aber aus den früher genannten Gründen generell nicht von dieser Art. Vielfach handelt es sich um weniger ideale Motive, die ein künstliches Verharren in der einmal gewählten Beziehung erzwingen: Temperamentlosigkeit, Passivität, mangelnde Abenteuerlust, Angst vor Auseinandersetzungen, fehlende Gelegenheit,[324] Ungeschicklichkeit im Sozialverhalten, anerzogene, zum Beispiel ekklesiogene Gehemmtheit und, wie erwähnt, Undifferenziertheit in bezug auf erotische und sexuelle Unterschiede einzelner Partner.

Treue in einer Verbindung kann jedenfalls vielfältige Gründe haben. Sie sollte auch nicht abgewertet werden für jene Menschenpaare, die nach bester Selbsterkenntnis darin ihre Erfüllung gefunden haben. Nur sollte man sich hüten, von dieser Kategorie einen normativen Gebrauch zu machen, um unangepaßte individualistische Zeitgenossen auf dieses Verhaltensmuster einzuengen. Da es nun einmal keine irrtumssicheren Evidenzen in bezug auf moralische Verpflichtungen gibt, kann auch diese »Tugend« nicht in nachvollziehbarer Weise ausgezeichnet werden. Zudem sollte man den Treuebegriff nicht ausschließlich auf die genitale Sexualität beziehen. Jeder Mißgünstige auf diesem Gebiet möge doch einmal daran denken, wieviel Kontinuität bereits ökonomischer, investorischer und sympathetischer Art im Laufe der Jahre im Rahmen einer Partnerschaft abgeliefert wird. Wenn man auch hier den im juridischen Bereich bekannten Verhältnismäßigkeitsgrundsatz walten läßt, muß es als inadäquat betrachtet werden, jeden erotischen Ausflug eines Partners überzuinterpretieren, um, wie man sagt, »aus einer Mücke unter Umgehung des Elefanten einen Dinosaurier zu machen«. Hedonismus bedarf in jedem Fall eines gut Teils Pragmatismus, d. h., angepaßter Aufwand und undramatische Lösungen für mittelgewichtige Probleme sind geboten.

Es lassen sich ebenso viele gute Gründe für die zur monogamen Treue inverse Wertung anführen, die wir in reiner Form bereits im Partnerschaftsmodell von Charles Fourier kennengelernt haben, bei dem gerade die *Vielzahl* der Beziehungen wegen ihres emotionalen Reichtums und ihrer sozialen Vielfalt als moralisch besonders wünschenswert angesehen werden. In einem solchen Werterahmen gilt dann Montesquieus Urteil über die Treue: »Ein Mann, der seine Frau ganz für sich haben will, wird als ein Störenfried öffentlicher Lustbarkeit angesehen, ja als ein Verrückter, der unter Ausschluß aller anderen das Sonnenlicht für sich allein haben wollte.«[325]

Zu den wenigen erfreulichen Konsequenzen der traditionellen Zweierbeziehung gehört, daß diese zu einer Fülle von belustigenden Situationen geführt hat. Insofern Humor auch zu den hedonistischen Tugenden gehört, die das Leben verschönern, kann man die vielfältigen Anekdoten und Schnurren, die sich mit den Umgehungsstrategien einer etablierten Beziehung befassen, zu den nichtintendierten positiven Effekten dieser Partnerschaftsordnung rechnen. Exemplarisch sei folgende Geschichte erzählt:

Ein Kaufmann kommt überraschend eine Stunde früher nach Hause und findet seine Frau nackt im Bett mit zerrauften Haaren und schwer atmend vor:

Was ist denn dir passiert?

Ich glaube, ich habe einen Herzanfall.

Als der Mann zum Telefonhörer greifen will, um den Arzt zu verständigen, läuft ihm sein fünfjähriger Sohn über den Weg.

Papa, im Kleiderschrank ist ein nackter Mann versteckt.

Der Vater öffnet den Schrank und findet seinen besten Freund vor.

Teufel auch, Alfons, die Susi hat einen Herzanfall und dir altem Trottel fällt nichts anderes ein, als auch noch das Kind zu erschrecken.

Wenn man will, kann man das ausgeklügelte Raffinement, das notwendig ist, um geheime Liaisons am Laufen zu halten,[326] auch als Intelligenzverstärker auffassen. Bei diesem immerwährenden Spiel sind List und Einfallsreichtum gefordert – genauso wie beim Umgang mit dem Finanzamt, der Zollfahndung und den Radarfallen im Straßenverkehr. Da diese Situation sich seit undenklichen Zeiten Generation für Generation wiederholt, wirkt vermutlich die Partnerüberwachung im Sinne eines Selektionsfaktors für die Erhöhung analytischen Scharfsinns aller Beteiligten. Vielleicht verdankt die Wissenschaft, in der wir uns um das kümmern, was an den Rändern des Kosmos passiert, ihre Effizienz ganz elementaren anthropologischen Motivationen.

Zu den nicht ganz einfach zu durchschauenden Denkfiguren in bezug auf das Begriffspaar *Treue – Eifersucht* gehört die häufig vorgebrachte Rechtfertigung des von neidischer Mißgunst geplagten Partners, es gehe ihm nicht um das Tugendprinzip »an sich«, sondern um persönliche Emotionen. Der von leidenschaftlicher Angst vor erotischer Zurücksetzung befallene Partner beruft sich auf eine anscheinend unhintergehbare private Gefühlssituation, um seine auf Partnerbesitz ausgerichtete Einstellung zu rechtfertigen. Man sollte angesichts eines solchen Rekurses aber nicht vergessen, daß eine solche Haltung oft in einer emotionalen Internalisierung von moralischen Grundsätzen gründet, die dem einzelnen gar nicht mehr bewußt ist. Entwicklungspsychologen haben herausgefunden, daß frühkindliche

Prägungen bezüglich Verhaltensnormen so tief verinnerlicht werden, daß die darin enthaltenen Prinzipien später kaum mehr rational in Frage gestellt werden können. Demnach sind die emotiven Reaktionen bei Eifersuchtssituationen zwar personal, aber eben nicht rein charakterbedingt, sondern moralinduziert. Die Aufdeckung solcher Erziehungszusammenhänge ist jedoch schwierig, und die Betroffenen sträuben sich zumeist, ihre Emotionen als Prägung anzuerkennen, weil diese eine Relativierung ihrer Haltung erfordern würde. Niemand hört gerne: Wenn deine Prägung weniger traditionell verlaufen wäre, hätten sich bei dir keine eifersüchtigen Emotionen eingestellt. Denn jedermann empfindet seine Einstellungen als *absolut*. Sie liefern ihm den Rechtfertigungsgrund für seine sittliche Entrüstung; und wer möchte sich schon seinen heiligen Zorn als nur durch zufällige Umstände bedingt entwerten lassen?

Angesichts des psychologischen Hintergrundes dieser moralischen Situation ist zu fragen, ob man von einem therapeutisch verstandenen Epikureismus her etwas dazu beitragen kann, um die partnerschaftliche Mißgunst zu entschärfen. Als rationalistischer Philosoph denkt man ja immer, daß Einsicht in kausale Zusammenhänge und in unabänderliche natürliche Dispositionen zur emotionalen Entlastung führt. Schon die Alltagsweisheit lehrt: alles verstehen heißt alles verzeihen. Die Anwendung dieses fast schon sokratisch klingenden Grundsatzes sollte bei behutsamer Handhabung Früchte bringen. So möchten wir denn hoffen, daß Betroffene nicht allzu lange in ihrer aporetischen Situation verharren, sondern über den Weg epikureischer Reflexionen glücksblockierende Einstellungen zu verändern in der Lage sind.

Paternalismus, Selbstversklavung und Libidodiskordanz

Jedes Elternpaar kennt den Konflikt, der in der Erziehung auftritt: man möchte die langsam wachsene Autonomie des Kindes möglichst wenig unterdrücken, dennoch will man es vor selbstschädigendem Verhalten bewahren. Der gegenüber dem Heranwachsenden gelegentlich unvermeidbare Paternalismus ist in bezug auf seine Funktion unter gleichberechtigten erwachsenen Staatsbürgern heftig kritisiert worden: John Stuart Mill hat entschieden bestritten, daß staatlichen Organisationen das Recht zusteht, einige Bürger durch »kompetentere Zeitgenossen« vermittels Zwangsmaßnahmen zu »führen«. Nach Mill sind dirigistische Eingriffe in die Freiheit eines Individuums nur bei drohendem Schaden für andere erlaubt.[327]

Der Paternalismus für gesunde, also weder psychisch labile, suizidgefährdete oder kriminelle Erwachsene ist nach John Stuart Mill generell abzulehnen; erstens, weil Probleme, die mich selbst betreffen, von mir selbst am besten gelöst werden können; zweitens, weil in der Eigenentscheidung ein wertvolles Entwicklungspotential zur Mündigkeit liegt, und drittens, weil die staatlichen Institutionen über das Schutzalibi sonst zuviel Macht erhalten würden.[328] Deshalb ist es auch nicht legitim, eine Person mit Sanktionen vor möglichen Selbstschädigungen zu bewahren. Das Paternalismusverbot schützt somit das Individuum wie auch gesellschaftliche Minderheiten, die ungewöhnliches, deviantes Verhalten an den Tag legen. John Stuart Mills Ablehnung ist neben seinem Kampf für Freiheit auch durch hedonistische Gründe motiviert: Starke und geniale Menschen werden oft von heftigen Leidenschaften und Begierden erfaßt, welche schöpferische Aktivitäten katalysieren. Der Exzentriker stiftet den Anreiz zu Erneuerung, schafft Keime für kreative Entwicklungen, die der Stereotypisierung moderner Kultur entgegenwirken. Die Sonderlinge sollten deshalb nicht vom Paternalismus in die Ecke gedrängt werden. Lebensexperimente leidenschaftlicher Charaktere sind Kondensationskeime für Reformen. Aus diesem sozialdynamischen Grund heraus sollte man eine liberale Haltung gegenüber Außenseitern einnehmen, auch wenn uns diese manchmal als grotesk oder überspannt erscheinen.

Gerade im Reich der sinnlichen Leidenschaften gibt es vom Standpunkt nüchterner Alltäglichkeit her betrachtet absonderliches Gebaren. Dazu gehört eine Lebensform, die selbst Mills Antipaternalismus nicht mehr zuläßt, nämlich die freiwillige Selbstversklavung. Kurz und bündig heißt es: »Es ist nicht Freiheit, sich seiner Freiheit entschlagen zu dürfen.«[329] Rein logisch betrachtet mutet es seltsam an, daß man etwas, was man rechtmäßig besitzt, nicht aufgeben darf. Da dieses Recht für alle Güter gilt, warum nicht auch für die Freiheit? Kritiker haben hier einen Schwachpunkt im Begründungsgang Mills erkannt.[330] Handlungsfreiheit als Eigentum betrachtet müßte doch im Tausch gegen ein anderes Gut abtretbar sein. Doch nicht so Mill. Natürlich will er niemandem verbieten, sich in die Abhängigkeit einer anderen Person zu begeben. Nur die *vertragliche Absicherung* einer solchen Abmachung kann seiner Meinung nach nicht legitim sein; das heißt, der Herr eines Sklaven kann sein Recht nicht einklagen, wie dies bei einem gewöhnlichen Vertrag möglich ist. Aber eigentlich ist es schwer einsichtig, warum jemand sich nicht freiwillig für kürzere oder längere Zeit unter eine bindende Zwangsbeziehung begeben darf.

Diese Frage wird im Kontext sexueller Leidenschaften nämlich dort virulent, wo *Lust* offenbar auch mit der Ausübung von *Zwang* verbunden ist, genauer: lustvolles Erleben als notwendige Bedingung die Unterwerfung unter eine andere, dominante Person verlangt. Ist diese Spielart des Hedonismus – bzw. sind ihre »vertraglichen Versionen« – moralisch bedenklich? Dieser Frage vorgeschaltet ist zweifellos das Problem, wie Dominanz und Unterwerfung überhaupt als Lustquellen zu bewerten sind. Uns ist eine Fülle von Berichten überliefert, nach denen sich bedeutende Männer zum Liebessklaven einer Frau gemacht haben.

Von Aristoteles wird beispielsweise berichtet, daß er zeitweise so in die Hetäre Phyllis verliebt war, daß er sich bedingungslos ihren Launen unterwarf und sich sogar als Reittier verwenden ließ.[331] Diese von Hans Baldung Grien 1513 ins Bild gesetzte Szene[332] wird zumeist im Sinne der Abdankung der Vernunft zugunsten der Leidenschaft gedeutet: »Die Schönheit schwingt ihre Peitsche über die Weisheit – der Körper besiegt die Vernunft – die Leidenschaft macht den Geist gefügig.«[333] (Vgl. Abb. 14)

Aber waren es wirklich nur Dummheit, Versagen von Kontrolle auf seiten des Philosophen, sich einmal der Macht der Weiblichkeit zu unterwerfen? Moderne Interpreten meinen dies nicht, sondern sehen vielmehr eine verborgene Weitsicht im spielerischen Geschehen: »Auf allen vieren beginnt es zwar für ihn, aber wenn er so klug ist, wie man sagt, wird es auf dem Rücken enden.«[334]

Bezüglich der Motivation solchen Verhaltens kann man Aufschluß durch ethologische Studien aus dem Tierreich erhalten. Von vielen Tierarten ist bekannt, daß Streßsituationen Anreiz zur Kopulation liefern. Experimente mit dem Menschen nahverwandten Säugetieren haben ergeben, daß leichte Elektroschocks, Schlagen, Stoßen, Schütteln, Zwicken die sexuelle Erregung steigern und die Kopulationsrate erhöhen. Auch für Primaten wurde beobachtet, daß körperliche Attacken und aggressives Gebaren ermüdete Paare wieder zu einer neuen Runde Liebe ermuntert.[335]

So wie die Situation bei Aristoteles und seiner Gespielin Phyllis gewesen sein mag, handelte es sich ziemlich sicher um eine liebesstrategische, temporäre Unterwerfung, die letztlich für beide in freudvoller Umarmung endete. Man sieht an dem Beispiel, daß es Verzicht auf eigene Freiheit *in Graden* geben kann: für ein Liebesspiel, für eine Idee oder für ein hehres Arbeitsziel. Der Eintritt in ein strenges Kloster mit dem Gelübde von Keuschheit, Armut und Gehorsam bedeutet ein Abtreten von Autonomie, ja in gewissem Sinne von Auflösung der Identität. Der ideologische Druck sorgt in diesem Falle dafür, daß ein Bruch mit dem Versprechen unterbleibt. Ebenso ist die Zustimmung zu einer monogamen Ehe in einem Land ohne Scheidungsrecht und mit Strafandrohung für Seitensprünge gleichwertig mit einem irreversiblen Verzicht auf sexuelle Selbstbestimmung. In diesem Fall erzwingt der Gesetzgeber die Einhaltung der Freiheitsabtretung.

Eine wertmäßige Trennung zwischen asketischer Selbstbeschränkung und hedonischer Selbstversklavung scheint demnach schwierig zu sein; wenn man nicht an ethische Evidenz glaubt, wird es unmöglich sein, den Menschen die Option vorzuenthalten, sich in eine lustbringende Abhängigkeit zu begeben. Geht man überdies davon aus, daß Entscheidungen, die für Dritte ohne Belang sind, nicht in deren moralische Befugnis fallen, dann läßt sich kaum etwas dagegen einwenden, wenn sich jemand in einer erotischen Partnerschaft in eine gefährliche Abhängigkeit hineingleiten läßt. Die Gefahr einer irreversiblen Situation ist allerdings auch in nichterotischen Szenarien gegeben – es gibt überhängende Kletterstellen in Felswänden, über die man nur hinauf kommt, aber nie mehr hinunter.

In der Tradition der Selbstaufgabe von Freiheit steht jener Vertrag, den Leopold von Sacher-Masoch mit Wanda von Dunajew 1873 geschlossen hat und der in seiner Unbedingtheit und Grausamkeit einen unheimlichen, abgründigen Eindruck macht.[336]

Wie kann ein denkendes Lebewesen die bedingungslose Aufgabe seines Selbst, die Abtretung seines Willens und die schrankenlose Akzeptanz körperlicher Züchtigung durch einen Sexualpartner unterschreiben?

Auf den ersten Blick neigt man sicherlich zu einem schnellen Abschieben eines solchen Abkommens in den pathologischen Bereich. Damit entzieht man sich aber einer wichtigen Erfahrungsquelle, die Aufschluß auch für gewöhnliche Beziehungen liefert und zudem einen Blick in die Tiefenstruktur menschlichen Erlebens ermöglicht. Die Geschichte von Severin – wie der männliche Partner im Roman heißt – und Wanda enthüllt nämlich psychologische Einsichten, die auch für weniger extreme Partnerschaften ihre Relevanz besitzen. Zu den elementaren Einsichten beider gehört es, daß das Geschlechterverhältnis notwendigerweise von emotionaler Asymmetrie geprägt ist. Es gibt Optionen für Dominanz oder Unterwerfung, aber kein egalitäres Gleichgewicht. »In der Liebe gibt es kein Nebeneinander«, sagt Severin und fällt dann auch gleich seine Entscheidung: »Sobald ich aber die Wahl habe, zu herrschen oder unterjocht zu werden, scheint es mir weit reizender, der Sklave eines schönen Weibes zu sein.«[337] Damit schöpft er offensichtlich Liebeslust aus einer Situation, die von den meisten leidvoll erlebt werden würde; der Zwang übt bei ihm zweifelsohne eine aphrodisische Wirkung aus. Physiologisch mag man an die schon erwähnte streßinduzierte Erotisierung denken. Moralphilosophisch kann man hier die Anwendung eines epikureischen Prinzips am Werke sehen: Jede Lust ist etwas Naturgemäßes (οἰκεῖον), also ein Gut; aber nicht jede Lust ist deshalb auch erstrebenswert (αἱρετόν). Ebenso ist jeder Schmerz an sich ein Übel, aber dennoch ist nicht jeder zu meiden (φευκτόν). Die Entscheidung über αἱρετόν und φευκτόν erfolgt dadurch, daß wir eine folgenorientierte Lust-Unlust-Bilanz aufstellen. Wenn aus dem Anstreben des Schmerzes in der utilitaristischen Berechnung Vorteile erwachsen, wird der Hedonist folgerichtig den Schmerz nicht umgehen.

Will man sich überhaupt an eine externe Evaluierung dieser ungewöhnlichen Situation zwischen den beiden wagen, muß diese bei der Wirkung ansetzen. Haben denn beide letztlich im Sinne der Folgenabschätzung eine Glückserhöhung erfahren? Vom Ausgang der Geschichte her muß man Zweifel anmelden. Im Verlauf der Erzählung kommt es in keiner Weise zu Wechselwirkungen mit wirklicher Spannungslösung; das dramatische, erniedrigende Ende wird von dem freiwillig Unterjochten zwar letztlich als kathartische Erlösung empfunden, man hat jedoch nicht den Eindruck, daß die Klimax des Geschehens eine wirkliche Bewältigung seines Affektstaus mit sich gebracht, sondern daß höchstens so etwas wie eine Läuterung stattgefunden hat.

Es wird nicht einmal richtig deutlich, ob der Weg zu einer befriedigenden, entspannenden Sexualität überhaupt intendiert war. Lange Zeit hat man als Leser die Empfindung, der Verzicht auf den Höhepunkt, das Verharren in der Spannung sei das paradoxe Ziel des gesamten Versklavungsrituals. Das aporetische Ende der Erzählung weist somit darauf hin, daß – auch ohne sexualpathologische Abwertung und ohne Anwendung moralischer Kategorien – man Bedenken haben muß, in dem seltsamen Vorgang der Selbstversklavung einen glücksträchtigen Sonderweg des Hedonismus zu sehen. Vieles von dem, was in dieser Geschichte erzählt wird, hat natürlich auch den Charakter einer bloß literarischen Fiktion. Man darf nicht übersehen, daß lange Zeit eine Literaturtradition wirkte, die der Herrschaft der Frau beim sexuellen Geschehen eine besondere Bedeutung zuschrieb.[338] Seit Beginn des Jahrhunderts thematisierten viele Autoren die überlegene erotische Macht der Frau. In literarischer Einkleidung wurde deren Rolle meist in zwei Stereotypen gesehen, wie sie im »Tannhäuser« Richard Wagners am schönsten kontrastiert sind, in denen der Verführerin Venus und der Dulderin Elisabeth. Bei Venus fühlt sich Tannhäuser zuletzt eingeengt, kann die Versklavung offensichtlich nicht dauerhaft in positiven Genuß umsetzen, weshalb er schließlich nach seiner Freiheit und Elisabeth verlangt. Der Topos des kokett fordernden, den Mann am Ende sexuell überfordernden unwiderstehlichen Weibes, dem er mit seiner begrenzten Potenz unterlegen und deshalb auch ausgeliefert ist, hat die künstlerische Szene immer wieder belebt.

Von einem heutigen, nüchternen empirischen Standpunkt aus offenbart sich viel von der unersättlichen weiblichen Sexualkraft als männliche Projektion und Phantasmagorie. Julian Robinson war noch der Überzeugung, daß *alle* Männer von den Frauen auf sexuellem Wege beherrscht werden.[339] Man muß jedoch vermuten, daß hier ein Wunschbild vorliegt, das die Phantasie von sehr appetenten Literaten beflügelt hat. Viele Männer hätten gerne eine aktive, allzeit bereite, auch zu luststeigernden Unterwerfungs- und Dominanzspielen geneigte Partnerin. Aber in den seltensten Fällen ist die Gespielin zu extremeren Praktiken, sei es von ihrer Anlage, sei es von ihrer Erziehung her, disponiert. Bereits Erwin Haeberle hat herausgefunden, daß überhaupt das, was die Frau sexuell leisten *könnte*,[340] wesentlich größer ist als das, was sie im Endeffekt tun *möchte*. Der im Vergleich zum Mann weitaus größeren sexuellen Potenz der Frau entspricht keineswegs eine entsprechende Libido; das heißt ihre Motivation, sexuelle Handlungen zu beginnen, ist entschieden schwächer als die des Mannes. Breite Feldstudien haben dies bestätigt und ergeben, daß der Libido-Koeffizient[341] von Frauen beträchtlich unter dem von Männern liegt.[342] Abseits von literarischen Mystifikationen bietet sich also das Bild, daß das sexuell und erotisch sicher stärkere Geschlecht nicht die Neigung besitzt, von dieser Macht Gebrauch zu machen und daß die Salome–Messalina–Judith–Dalila-Figuren, soweit sie historisch sind, isolierte Ausnahmen darstellen und, soweit sie literarische Gestalten sind, Wunschphantasien von libidostarken unbefriedigten Männern bilden. Das grausame Teufelsweib, zu dem Sacher-Masoch seine Wanda erziehen wollte, wogegen sie sich überdies auch erheblich sträubte, bleibt offenbar die extreme Ausnahme. Wenn ein Mann seine »Lulu« unbedingt haben möchte, wird er sie lange suchen müssen.

Für die Realisierung des Hedonismusideals bleibt die etwas betrübliche Tatsache einer erheblichen Libidodiskordanz zwischen den Geschlechtern bestehen, die sich wie folgt äußert: »Der Mann hat mehr Verlangen nach sexuellen Kontakten als die Frau, lebt also oft in einer sexuellen Spannung, da es nicht so oft zum Koitus, somit zur Aufhebung der sexuellen Spannung kommt, wie er sich wünscht.«[343] Haben sich per Zufall zwei Partner mit hoher Libidokonkordanz gefunden, sollten sie sich glücklich schätzen und sich aneinander gut festhalten. Sie haben die Voraussetzung dafür, dem Ideal der symmetrischen Lusterfüllung am nächsten zu kommen. Wenn dieser Idealfall nicht vorliegt und beide mit einer deutlichen Differenz in der basalen

Libido leben müssen, so scheint – da Hormontherapien nur kurzzeitig nützen und überdies Nebenwirkungen besitzen – ein liebevolles Verführungsbemühen des stärker Begehrenden die beste Maßnahme zu sein, um diese physiologische Ungleichheit der Geschlechter zu überbrücken. Bezüglich der Strategien, die für diese Überbrückung eingesetzt werden können, sind der Phantasie keine Grenzen gesetzt. Entscheidend sind vor allem Gesprächsbereitschaft und das Ausloten individueller erogener Sensibilitäten. Eine geeignete Strategie mag für das eine Paar ein gut inszeniertes Unterwerfungsspiel sein, im anderen Fall eine musikalische Umrahmung oder eine spannende Geschichte. Frauen zum Beispiel sprechen manchmal in überraschender Weise auf bestimmte Klangkombinationen, auf das Timbre einer Stimme an. Ein hohes C, von Caruso oder Pavarotti gesungen, kann eine sensible Frau unter Umständen euphorisieren.

An dieser Stelle mag es angebracht sein, einen Moment bei der hedonistischen Rolle des musikalischen Kunstgenusses zu verweilen. Musik kann auf drei Ebenen erfahren werden: im passiven Hören, im aktiven Reproduzieren und im kreativen Schaffen. Den meisten Menschen ist nur das Hörerlebnis zugänglich. Aber schon dieses besitzt auch eine quasi-erotische Dimension. Epikur zählte, wie schon erwähnt,[344] den Kunstgenuß zu den hohen Formen der Lust – sicher auch im Wissen um die Querverbindungen zwischen den verschiedenen Erlebnisformen der Lust. Die nachschaffende Wiedergabe eines Musikstückes setzt eine gewisse feinmotorische Begabung und viel Fleiß und Ausdauer voraus. Im Üben eines Instrumentes ist zum Teil wenig lustvolle Arbeit involviert, und nirgendwo wird es deutlicher, daß der Weg zur Lust oft mit vielen, wenig freudvollen Hindernissen besetzt ist. Manch »sperrige« Figur in einem Werk der Kammermusik[345] kann Haß und Verzweiflung auslösen, weil die Finger die verdrehte Stellung auf der Geige nicht annehmen wollen. Aber wie auch bei allen anderen Arten freudvoller Tätigkeiten bedeutet das Meistern einer »eckigen« Stelle dann eine hohe Befriedigung mit mehrschichtiger Motivation: der geglückte Klang im Zusammenspiel löst euphorische Zustände aus, und die Genugtuung über die bewältigte Schwierigkeit ist ein Stück erfülltes Leistungsbewußtsein. Die Parallele mag gewagt sein, aber ist nicht auch bei einem für beide Partner geglückten Liebesakt etwas Freude am Gelingen involviert? Die höchste Form des musikalischen Kunstgenusses liegt sicher im Schöpferischen. Manch ein Musiker läßt in einer glücklichen Stunde (καιρός) der Improvisation freien Lauf und erfährt dabei eine Ahnung, was es bedeuten muß, ein wirkliches Kunstwerk zu schaffen. Gewöhnlichen Sterblichen ist diese Erlebnisform verschlossen, und man kann nur über schwache Analogien eine Vorstellung davon bekommen, was für ein Bewußtsein jemand besitzen mag, der die »Missa solemnis« oder »Ein deutsches Requiem« als sein Werk betrachten kann. Querverbindungen zwischen Kunst und Eros sind sehr zahlreich. Wir wissen, daß die Liebe künstlerisches Schaffen enorm beflügelt.[346] Sinnlichkeit muß wohl als ein allgemeiner Charakterzug kreativ tätiger Menschen angesehen werden. Künstler, ob schöpferisch oder reproduzierend, sind sehr empfänglich für reizvolle Eindrücke aller Art, so daß ein Leben aus der Fülle auch im privaten Bereich verständlich wird. Wilhelmine Schröder-Devrient (1804-1860), die in vielen Uraufführungen von Opern Richard Wagners die Hauptrolle sang, hat in ihrem Leben wie kaum ein anderer Mensch das Prinzip der Fülle (plenitudo) des Lebensgenusses realisiert und dabei auch demonstriert, wie sich geistige, künstlerische und erotische Kraft in einer harmonischen Persönlichkeit entfalten können. Wilhelmines abwechslungsreiches Liebesleben hat ihren Zeitgenossen im 19. Jahrhundert reichlichen Gesprächsstoff gegeben und wurde zum Vorbild eines erotischen Briefromans »Memoiren einer Sängerin«, der – vermutlich vom Altonaer Verleger August Prinz (1868 bzw. 1875) verfaßt[347] – trotz intensiver gerichtlicher Verfolgungen viele Wiederauflagen erfahren hat.[348] Darinnen werden fast alle im 19. Jahrhundert tabuisierten Varianten der Sexualität beschrieben, so auch eine Szene, wo die Erzählerin ihre Eltern bei der Liebe beobachtet.

Nachdem diese Ruhe einige Minuten gedauert hatte, nahm mein Vater die kraftlos herabhängende Hand meiner Mutter und führte sie dahin, von wo ich meine Augen nicht abwenden konnte. Sowie sie fühlte, was er in ihre Hand gab, schlug sie die Augen auf und lächelte unbeschreiblich holdselig, richtete sich auf und hing mit so leidenschaftlichen Küssen an seinem Munde, daß ich mir selbst sagte, alles Bisherige sei nur die Einleitung zu dem gewesen, was noch geschehen sollte. Beide sprachen kein Wort, aber nachdem sie einige Minuten die heißesten Küsse gewechselt hatten, wobei seine Hand zwischen ihren und ihre Hand zwischen seinen Schenkeln beschäftigt war, warf sie das Hemd und er den Schlafrock ab. Meine Mutter legte sich dann so auf das Bett, daß sie eine Unterlage von Kissen gerade unter der Mitte des Körpers herschob, bis sie in ihrer liegenden Stellung bequem in den Spiegel sehen konnte, den sie sich zurechtgerückt, ehe sie sich vor dem Eintritt meines Vaters schlafend gestellt hatte. Mein Vater konnte das nicht bemerken, denn er sah weniger in das schöne freudestrahlende Gesicht meiner Mutter als zwischen ihre Schenkel, die sie jetzt weit auseinanderlegte, so daß mein Vater dazwischen knien konnte. Ich sah so angestrengt auf beide hin, daß mir die Augen fast aus dem Kopfe springen wollten. Ihre Lage war so, daß ich alles ganz genau sehen konnte. Meine Mutter nahm den stolzen Speer meines Vaters in die Hand, führte ihn zu jener wunderbaren Spalte, benetzte den Kopf mit Speichel und wischte damit auf und nieder, wobei sie in eine Art von girrendem Seufzer ausbrach. Dann sagte sie: »Jetzt, Liebster, aber langsam, damit wir zusammen genießen. Der erste Erguß war so reizend, daß ich fürchte, der zweite wird nicht so rasch kommen. Laß mich nur nicht im Stich!«[349]

Wilhelmine Schröder-Devrient · 1804-1860

Bewußtseinserweiternde Drogen, psychoaktive Pflanzen und liebessteigernde Mittel

Schon bei der Frage der Selbstversklavung hatten wir uns mit den paternalistischen Argumenten auseinandergesetzt, aufgrund deren eine partielle Aufgabe von Freiheit als illegitim gilt. Auch bezüglich bewußtseinsverändernder Stoffe taucht John Stuart Mills Problematik auf, nämlich inwieweit psychoaktive und luststeigernde Substanzen, die eventuell die Identität einer Person beeinflussen könnten, zur Überhöhung des Erlebens eingesetzt werden dürfen, bzw. inwieweit es staatlichen Zensoren gestattet sein soll, erwachsenen, nicht entmündigten Personen dieses Vergnügen zu vergällen.

Erst einmal sollte man sich klar machen, daß in allen Kulturen der Gebrauch zumindest sanfter psychoaktiver Stoffe die Regel ist. Allerdings ist die Verwendung von anregenden und dämpfenden Substanzen wie Kaffee, Tabak und Alkohol in den meisten Kulturkreisen seit so langer Zeit institutionalisiert, daß das Phänomen der Bewußtseinsveränderung gar nicht mehr präsent ist. So wurde zum Beispiel soziales Trinken in Europa eine feste Kommunikationsform, das gefüllte Weinglas hat eine beziehungsstiftende Rolle. Die gemeinsame Euphorisierung führt die Menschen zusammen, erleichtert Problemlösungen und dämpft Animositäten. Offensichtlich schon sehr früh sind Menschen darauf gestoßen, daß einige Pflanzen Wirkstoffe enthalten, die geeignet sind, das alltägliche Bewußtsein gezielt zu verändern. Dabei wurde vielfach deutlich, daß eine Beziehung zwischen halluzinogener und aphrodisierender Wirkung besteht. Aus dem Inkareich wissen wir, daß Paaren sogar während des Geschlechtsaktes noch Pflanzensäfte eingegeben wurden, um das Erlebnis der Vereinigung zu steigern und zu verlängern.[350] Dies nimmt nicht wunder, da sexuelle Ekstase per se eine von der Normalität abweichende Bewußtseinsform darstellt, welche die Bereitschaft zur Einnahme psychoaktiver Substanzen vorbereitet. Naturvölker haben offensichtlich den Pflanzenbestand ihrer Umgebung durchgemustert, um Wirkstoffe zu finden, die das Liebesgeschehen anfeuern, verstärken und intensivieren. Es liegt einfach nahe, lustvolles Erleben zu steigern – gegebenenfalls trotz Nebenwirkungen und Folgelasten.

Den Inkas fehlte damals das Wissen um die ursächlichen Zusammenhänge des fein abgestimmten Zusammenspiels von Nerven, Muskeln, Blutgefäßen und Hormonen, durch das die Erregung zustande kommt. Erst durch eine Zufallsentdeckung hat man in allerjüngster Zeit die biochemischen Komponenten der männlichen Erektion soweit verstanden, daß man Dysfunktionen therapieren kann und in Kürze, so hoffen die Sexualmediziner, wird Analoges auch für die weibliche Anorgasmie möglich sein. Jedenfalls läßt sich philosophisch so viel daraus abstrahieren, daß die naturalistische Aitologie keineswegs glücksmindernd wird, im Gegenteil in diesem Fall sogar die Bedingung für »erfülltes« Erleben darstellt.

Bei den Konsequenzen stößt man dann allerdings auf das moralische Problem. Soweit nur prospektive Selbstschädigung involviert ist, deren Konsequenzen allein vom Geschädigten selbst getragen werden, ist niemand befugt, Einspruch zu erheben, wenn jemand für sich die Entscheidung gefällt hat, lieber kürzer, aber dafür lustintensiver zu leben.

Anders liegt natürlich der Fall, wenn der Drogenkonsument in bezug auf die therapeutische Versorgung der Nebenwirkungen auf die Gemeinschaft vertraut, vor allem auf jenen Teil derselben, der abstinent und unter Lustverzicht gesünder lebt und deshalb in der Lage ist, die Krankenversorgung der Narkotika-Abhängigen zu bezahlen. Hier wird sich eine Regelung im Sinne des Verursacherprinzips nicht umgehen lassen. Riskante Lebensstile sollen selbstredend erlaubt sein, aber unter der Bedingung der Selbstfinanzierung. Insofern also die möglichen Selbstschädigungen von den Betroffenen getragen werden, wird man keinen Einwand dagegen erheben können, daß jemand lieber intensiver mit höherer Lustamplitude, aber dafür kürzer leben will. Jedem, der unbedingt im Winter die Matterhorn-Nordwand durchsteigen möchte, gesteht man dies schließlich zu. Jemand, der gerne ein selbstfinanziertes Leben mit vielen Halluzinationen, irrealen und virtuellen Erfahrungen haben möchte und dabei niemandem zur Last fällt, sollte dies auch tun dürfen, ohne sich mit dem Vorwurf egoistischer Frivolität auseinandersetzen zu müssen. Die Grenze sozialer Toleranz ist hingegen sicher überschritten, wenn sich jemand in die Arbeitsunfähigkeit flüchtet und sich nur der Pflege virtueller Welten widmet – auf Kosten von anderen. Der Hedonist muß in jedem Fall, auch wenn er seine Lust aus künstlichen Paradiesen bezieht, auf eigenen finanziellen Beinen stehen – er darf sich nicht dem Vorwurf des Schmarotzertums aussetzen. Auf der anderen Seite darf man ihm nicht lediglich aufgrund seiner von der Norm abweichenden Lebens- und Arbeitsmentalität moralische Vorwürfe über seinen mangelnden sittlichen Ernst machen. Der drogenkonsumierende Hedonist, der sich auf eigene Rechnung sein Bewußtsein verschönt oder der sich mit potenzsteigernden Liebestränken[351] ein Leben erotischer Freude bereitet, gilt in unserer Gesellschaft als unnützer Illusionär, da diese Steigerung der Lebensqualität kaum etwas zum Bruttosozialprodukt beiträgt. Zudem wirft man ihm vor, daß er der Gesellschaft zu wenig Nächstenliebe und Opfer zu geben bereit ist und überdies in seinem Lebensstil der Arbeit eine untergeordnete Rolle zuweist. Gegen diese Vorwürfe ist grundsätzlich zu sagen, daß niemand mit zwanghafter Verpflichtung zu einer Opferhandlung gedrängt werden darf – der einzelne ist grundsätzlich nicht verantwortlich für die Übel der Welt und daher auch nicht moralisch verpflichtet, sein Leben in den Dienst der Beseitigung des Leides der Völker zu stellen. Jeder Mensch ist verantwortlich für das Leid, das *er* verursacht hat, für jenes Leid, das kontingentermaßen in der Welt vorhanden ist, *kann* er sich einsetzen – dann wird man ihn loben –, er ist dazu aber nicht sittlich verpflichtet. Zudem haben intensive Bemühungen der Europäer in der Vergangenheit der Dritten Welt keineswegs immer Glück gebracht. Die Evangelisierung Lateinamerikas, der Deckmantel für die koloniale Ausbeutung, hat ganz im Gegenteil zur Auslöschung zahlreicher indigener Völker und Vernichtung bedeutender Hochkulturen geführt.[352] Dessenungeachtet können die Sorge um das Leid in der Welt und die Anstrengung zu dessen Beseitigung durchaus als ein hoher Wert in der Gesellschaft fungieren, ohne daß daraus dem weniger Engagierten ein moralischer Vorwurf erwachsen darf. Jeder Lebensretter ist sicher ein besonders wertvolles Mitglied der Gesellschaft. Dennoch gebührt dem weniger Kühnen, der sich weder in eiskaltes Wasser noch in Flammen stürzt, nicht gleich Verachtung.

Wir wollen die gesundheitlichen Gefahren, die mit der Einnahme vieler Arten von Drogen verbunden ist, nicht verharmlosen, aber man muß darauf hinweisen, daß einige von ihnen eine im Endeffekt durchaus positive Wirkung besitzen. Jeder, der zum ersten Mal nach Bolivien reist und auf dem 4000 m hohen Flughafen El Alto landet, kann ganz legal die wohltuende Wirkung des Mate de Coca an sich feststellen. Eine leichte Stimulierung des Zentralnervensystems verhindert das Auftreten der »Puna« oder »Soroche« genannten Höhenkrankheit, die zumeist alle Besucher befällt, die aus dem Tiefland kommen. Sowohl die Blätter des Cocastrauches als auch der Tee in kleinen Bolsitas (Säckchen) werden in diesem Lande überall frei verkauft. Für die andine indigene Bevölkerung bedeutet die Zufuhr des Alkaloids Kokain, das zu ein Prozent Gewichtsanteil in den Blättern des Cocastrauches enthalten ist, eine Verbesserung der Arbeitskraft, eine Überbrückung von Hunger- und Kältegefühl. Zudem hat die jüngste Forschung den hohen Gehalt an Vitaminen und Mineralien der Cocablätter festgestellt, womit auch die medizinische Wirksamkeit verständlich wird. Ein Teil der Bevölkerung Boliviens, nämlich jene Armen, die unter entwürdigenden Bedingungen zum Beispiel als Mineros (Bergarbeiter) im Innern des Cerro Rico in Potosí – jenes Schicksalberges, in dem 8 Millionen Indios unter furchtbaren Arbeitsbedingungen gestorben sind – heute noch arbeiten, könnte seine Lebenssituation ohne Coca niemals bewältigen.[353] Aber erst die Europäer haben den mehrstufigen chemischen Verarbeitungsprozeß entwickelt, in dem aus den Cocablättern zuerst Cocapaste, dann Kokainbase und zuletzt Kokainhydrochlorid entsteht. Die Wirkung des Kokains ($C_{17}H_{21}NO_4$) besteht in einer Stimulation des Gehirns, die als euphorisch gelöste Stimmung mit geistiger Klarheit und hoher körperlicher Leistungsfähigkeit erfahren wird. Die Stärkung des Selbstvertrauens hat dem Kokain vermutlich auch die Fama eines potenzsteigernden Mittels eingetragen, da sexuelle Dysfunktionen der Männer wie beispielsweise Erektionsstörungen zumeist psychogener Natur sind und darauf zurückgehen, daß diese zu wenig an ihre erektile Leistungskraft glauben.

Auch bezüglich der Opiat-Gruppe scheinen die Gerüchte den Fakten voranzueilen. Pharmakologisch betrachtet, unterstützt der Gebrauch von Opiaten keineswegs die Sexualfunktionen. Hier liegt eine psychologische Täuschung vor. Die dramatische Wirkung der Injektion von Heroin, die als intensive Euphorie mit nachfolgender Entspannung erlebt wird, hat den Ausdruck des »pharmakogenetischen Orgasmus« suggeriert, weil der Erlebnisablauf ähnlich dem normalbewußten sexuellen Höhepunkt ist. Im Gegensatz zu diesen Deutungen der Heroinkonsumenten, welche im nachhinein gegeben werden, stehen die Befunde, daß sowohl Heroinabhängige als auch mit Methadon behandelte Patienten verringertes Interesse an Sexualität und mit Impotenz- und Ejakulationsproblemen zu kämpfen haben, die sich aber wieder geben, wenn sich die Betreffenden vom Opiatgenuß befreien können.[354]

Obwohl die Suchterscheinungen bei Absetzung von Kokain weniger dramatisch sind als bei anderen Opiaten, äußert sich die psychische Abhängigkeit doch in der Form, daß bei Entzug Angst-, Tremor- und Depressionszustände auftreten. Deshalb wird man keinem weitsichtigen Hedonisten *empfehlen* können, sich dieses Mittels zu bedienen, um seine Lustbilanz zu verbessern. In diesem Fall kommt in besonderem Maße das Paradoxon des Hedonismus zum Tragen, daß man nämlich gelegentlich Lustverzicht üben muß, wenn man die Gesamtsumme der Freude optimieren möchte. Epikur hat mehrfach darauf hingewiesen, daß eine gewisse Einsicht erforderlich ist, um im einzelnen Fall zu erkennen, welche Lust erstrebenswert (αἱρετόν) ist und welche nicht. Darüber hinaus muß der Verstand die Fähigkeit haben, das Erkannte nicht aus dem Blick zu verlieren, er darf sich nicht durch das verlockende Bild einer als schädlich erkannten Lust zu deren Inbesitznahme verführen lassen. In diesem Falle, aber auch nur in diesem, ist Enthaltsamkeit (ἐγκράτεια) zu üben. Diese nach Tugend klingende Zurückhaltung ist aber kein moralisches Prinzip, sondern entspringt einer zielorientierten Strategie. Mit Klugheit und Sachwissen muß jeder im Einzelfall entscheiden, wie die Nutzen/Schadensbilanz bei der Einnahme einer bestimmten psychotropen Substanz ausfällt.[355]

Jedenfalls sind wir der Meinung, daß keine *gesetzliche Regelung* geschaffen werden sollte, die über eine wohlwollende Empfehlung zum *behutsamen* Umgang mit Drogen wie Kokain hinausgeht, auch wenn Kokainismus in manchen Fällen zur Selbstschädigung führt.[356] Die Erfahrungen mit der Prohibition des Alkohols, die gegenwärtige hoffnungslos festgefahrene Situation in der Bekämpfung des Drogenhandels sowie die Unerziehbarkeit der Drogenkonsumenten zeigt, daß die Menschen letztlich nicht gewillt sind, sich durch »die höhere staatliche Weisheit« ein auf Gesundheit normiertes Glück verordnen zu lassen. Eine kontrollierte Freigabe der Drogen, flankiert durch schützende Aufklärung über deren Schadenswirkung, ergäbe eine wesentlich entspanntere und natürlichere Situation als die Weiterführung jenes Kampfes gegen die Narkotika, der ohnehin längst verloren ist.

Der Drogenkrieg der US-Amerikaner muß im Kontext dessen gesehen werden, was Noam Chomsky die »Fünfte Freiheit« genannt hat. Präsident Roosevelt hatte als Kriegsziel der westlichen Alliierten im Zweiten Weltkrieg *Vier Freiheiten* formuliert: Meinungsfreiheit, Glaubensfreiheit, Freiheit von Mangel und Not, Freiheit von Furcht. Chomsky hat in seiner politischen Analyse gezeigt, daß diese humanistisch klingenden Ideale nicht jene sind, die in der politischen Praxis zählen, sondern daß dort nur eine Freiheit maßgebend ist, nämlich die Fünfte, welche das Recht auf Raub und Ausbeutung anderer Länder bedeutet.[357] Der Kampf gegen die Drogen in den Ländern Lateinamerikas muß demgemäß nicht als Realisierung der ersten vier Freiheiten angesehen werden, welche als idealistische Rhetorik nur naive Beobachter in die Irre führen, sondern als Instrument der Einflußnahme auf Länder, deren Ressourcen für die USA von großer Bedeutung sind.

Der amerikanische Nobelpreisträger Milton Friedman, führendes Mitglied der neoliberalistischen Chicagoer Schule der Ökonomie, argumentiert seit Jahren für die völlige Freigabe aller Rauschmittel. Aus seiner Sicht wird durch die staatliche Verfolgung nur ein Drogenmarkt mit Wucherpreisen geschaffen, der die Entstehung von Verbrecher-Syndikaten begünstigt. Drogenhändler und Drogenfahnder werden durch die Prohibition symmetrisch gestützt, und beide Gruppen haben deshalb ein gezieltes Interesse, daß die gegenwärtige Situation – zuungunsten der Konsumenten und zuungunsten der Opfer der Drogenkriminalität – aufrechterhalten bleibt. »Verfolger und Verfolgte im Drogenkrieg haben in gewisser Weise ein gemeinsames Interesse. Den Verfolgten, den Drogenlieferanten und Vertreibern der Drogen sichert die Prohibition ein gutes Auskommen. Das gilt auch für die Verfolger. Ihre Etats werden laufend aufgestockt, die Gehälter erhöht, Ruhm und gute Karrieren sind ihnen sicher.«[358] Auch in den Erzeugerländern wird von kompetenter Seite für die Entkriminalisierung des Handels mit Kokain plädiert, ungeachtet der Gefahr des Preisverfalls.[359]

Wie oben ausgeführt, kann nach den Prinzipien des Liberalismus die freie Handhabung von Narkotika wie Kokain nur unter der Bedingung erfolgen, daß der »coquero« (Kokser) aus sich heraus oder mit Hilfe seines Freundeskreises mit den ökonomischen Konsequenzen der Sucht fertig wird und nicht der Gesellschaft zur Last fällt. Ist dies nicht gesichert, muß man über eine Zusatzsteuer auf die Drogen einen Versicherungsschutz einbauen, den der Betroffene im Fall von Krankheit und Arbeitsunfähigkeit in Anspruch nehmen kann. Bis eine solche Regelung getroffen ist, sollte man aus Humanität durch die öffentliche Hand Suchtkranke mit den notwendigen Substanzen versorgen, um ein Abgleiten dieser Personen in die Kriminalität bzw. Zwangsprostitution zu verhindern. Die verantwortlichen staatlichen Ordnungsverwalter mögen bedenken, daß besonders die durch die Not der Drogenfinanzierung *erzwungene* Prostitution zumeist ungeschützten Geschlechtsverkehr involviert und somit – viel mehr als die normale käufliche Liebe – zur Verbreitung von Krankheiten führt.

Niemand hat sich vehementer und erfolgreicher für den kontrollierten Gebrauch bewußtseinserweiternder Drogen eingesetzt als der Psychologie-Dozent der Harvard Universität Timothy Leary, den ein kalifornisches Gericht wegen Besitzes von LSD und Marihuana 1970 zu zehn Jahren Gefängnis verurteilte, dem es aber gelang, von dort zu entkommen, um weltweit seine psychedelische Philosophie zu verbreiten.[360] Leary hatte primär ein Erkenntnisinteresse an den neuartigen Bewußtseinszuständen; er verband dieses Wissen dann mit der religiösen Ebene und zuletzt auch mit der Idee eines freien Lebensstils. Damit etablierte er eine neue Form eines (chemischen induzierten) Hedonismus. Er proklamierte die persönliche Freiheit für alle Individuen, auf eine psychedelische Reise zu gehen, um neue spirituelle Erfahrungen zu machen. Auch wenn man die Frage offenläßt, wie die Erlebnisse von »neuen Welten« *ontologisch* zu deuten sind – ein Problem, das beim LSD-Rausch genauso auftaucht wie bei den ekstatischen Visionen der Mystiker –, besteht kein Zweifel, daß durch die Einnahme von Meskalin, Lysergsäurediäthylamid (LSD) und Psilocybin eine mentale Realitätserweiterung stattfindet. Im Falle Learys war die Öffentlichkeit natürlich nicht in erster Linie an der epistemischen Frage interessiert, ob die psychedelischen Erfahrungen Repräsentationen neuer Realitäten darstellen. Vielmehr blickte man voller Angst auf ein durch Drogenkonsum verändertes »Normalbewußtsein« des Bürgers, weil man dann nicht mehr damit rechnen konnte, daß dieser sich noch in die etablierte Ordnung einpaßt; man fürchtete, daß er der sozialen Kontrolle entgleiten würde. Ein chemisch transformiertes Bewußtsein paßt – so die berechtigte Furcht – nicht mehr auf die tradierten Denkweisen, Wertvorstellungen und Normen. Die Wurzel der Abneigung der Hüter tradierter Ordnung gegenüber einer Freigabe von Drogen, wie sie Leary propagierte, war in erster Linie soziologischer, politischer und ökonomischer Natur, und erst sekundär dachte man an die Volksgesundheit. Wenn auf chemischem Wege das individuelle Bewußtsein nach der Anweisung »drop out (klink dich aus), turn on (schalt ein), tune in (schau nach innen)« umgestaltet wird, dann ist auch das Kollektiv, das aus solchen chemisch transformierten Individuen besteht, völlig verändert. Die herkömmlichen sozialen Regeln, Machthierarchien und Tugendsysteme greifen dann nicht mehr, und es kann nicht im Sinne der herrschenden Klasse sein, durch solche mentalen Wandlungen sich die Schlüsselfunktionen in der Gesellschaft aus der Hand nehmen zu lassen. Ein Volk, das nach der Losung *Einschalten* einen Weg der Spiritualisierung sucht, gehorcht selbstredend nicht mehr den ökonomischen und politischen Mechanismen und wird nach den überkommenen Vorstellungen unregierbar. Die *Innenwendung*, die das dritte Schlagwort fordert, war der Obrigkeit suspekt, weil diese sich darunter nur eine Betrunkenheit vom Typ eines Alkoholrausches vorstellen konnte, nicht aber eine Hochstimmung, wie sie durch psychedelische Drogen erzeugt wird. Allerdings ist es auch Leary nicht geglückt, zu zeigen, daß eine visionär-mystische LSD-Reise tatsächlich neue Wirklichkeitsstufen erreicht, genauso wie alle traditionellen Mystiker niemals hinreichende Gründe dafür geliefert haben, daß sie je den mentalen Raum überstiegen haben. Learys eigene Interpretationen der geistigen Ziele dieser Erfahrungen enthalten überdies begriffliche Unschärfen; wenn er beispielsweise sagt: »Freiheit und Harmonie sind die Schlüssel zu unserer Religion«, wobei er Freiheit als die Aufgabe faßt, »das eigene innere Potential zu finden«,[361] so klingt dies recht verheißungsvoll, reicht aber doch nicht hin, um auszuschließen, daß im inneren Potential lediglich Wahnvorstellungen und Illusionen enthalten sind und nicht neue Entitäten sui generis. Zudem hätte Leary auch deutlicher sein soziologisches Modell präzisieren müssen, dem gemäß ein Volk von psychedelischen Hedonisten eine stabilen Staat aufbauen kann.

Natürliche und künstliche Paradiese

Die größte Überschneidung zwischen LSD-Ekstasen und Erlebnissen des Normalbewußtseins findet sich im sexuellen Bereich. Schon Charles Baudelaire hat den Zusammenhang von Opium- und Haschisch-Rausch mit dem erotischen Erleben analysiert. Aus seiner Sicht hängen die künstlichen Ekstasen mit den natürlichen zusammen. »Da die natürliche Welt in die geistige reicht, ihr als Nährboden dient«,[362] entsteht im Gemüt durch die Erfahrung der natürlichen, sexuellen Ekstase der Wunsch nach künstlichen Erlebnissen von Traumwelten, in denen die Sehnsucht nach dem Paradies eingelöst erscheint. Baudelaire macht das »Verlangen nach dem Unendlichen« verantwortlich für die Haltung der Menschen, sich von der Alltagswelt weg in die Virtualität zu begeben. Die Phantasiewelt darf aber sicher nicht als eine quantitative Verbesserung der Fähigkeit zum Liebesrausch angesehen werden, sondern eher als eine qualitative Veränderung der Befindlichkeit der Seele, so daß bereits eine leichte Liebkosung als Höhepunkt erfahren wird. Die physische Fähigkeit der aktiven Liebe im natürlichen Sinne wird durch den Drogengenuß nach allen Schilderungen eher reduziert. Man muß also dessen Wert in den veränderten Empfindungen sehen, um zu einer positiven Gewichtung der künstlichen Erlebnisse zu gelangen. Timothy Leary hat 100 Jahre später das Verhältnis der natürlichen und künstlichen Ekstasen auf LSD hin spezifiziert: »There is no question that LSD is the most powerful aphrodisiac ever discovered by man.«[363] Learys Beschreibung nach wird die gewöhnlich beim Orgasmus erlebte Ekstase durch den Genuß von LSD um ein Vielfaches erweitert, die Verschmelzung mit dem anderen Körper aufs höchste intensiviert. Die Attraktivität dieser Droge rührt sicher von dieser Erlebnis-Komponente her, denn die »Entdeckung Gottes« oder der »Sinn des Universums« ziehen sicher weniger Leute in ihren Bann als die Überhöhung erotischen Erlebens, zumal hier danach keine kognitiven Zweifel auftauchen können, ob alles doch nur eine metaphysische Illusion gewesen ist. Auch scheint die Wahrscheinlichkeit nicht unbeträchtlich zu sein, daß sich Paare in psychedelischen Sitzungen, auch wenn es vorher nicht intendiert war, schnell näherkommen. LSD bildet offenbar einen guten Katalysator für romantische Liaisons; auch gegen Keuschheit, Askese und zölibatäre Haltungen wirkt es therapeutisch und verführt zu lustvoller Zweisamkeit. Wenn aus hedonistischer Sicht die erotisierende Wirkung von psychedelischen Drogen durchaus begrüßt werden kann, so wird doch ein moderner naturalistischer Neoepikureer Bedenken anmelden, wenn Leary die neuen freudvollen Bewußtseinszustände religiös interpretiert. Denn es war ja gerade eine der Schlüsselintentionen Epikurs, daß der Mensch nur glücklich werden kann, wenn er sich von den illusionären Transzendenzvorstellungen emanzipiert. Wenn die ekstatischen Zustände jedoch als »Offenbarung« gedeutet werden,[364] ist zu fürchten, daß anstelle von Befreiung sich wieder neue Abhängigkeiten konstituieren, die letzten Endes einem glücklichen Leben im Wege stehen.

Eine rationale, glückstechnologische und nicht heilsorientierte Verwendung solcher psychotropen Substanzen kann nur darin bestehen, vorhandene Erlebnispotentiale in unschädlicher Form zu erweitern. Dazu ist es unabdingbar, sich darüber zu informieren, was moderne Psychopharmakologen über eine bestimmte Substanz bezüglich deren Abhängigkeitsgrad und Toleranz wissen, damit man daraus als Konsument eine Risikoabschätzung bilden kann.[365] Wenn in Zukunft Psychedelika frei verkäuflich werden sollten – was den Schwarzmarkt eliminieren würde, auf dem zum Teil stark kontaminierte Substanzen angeboten werden –, muß die Freigabe flankierend durch verläßliche Aufklärung begleitet werden, damit Menschen, ausreichend informiert, wissen, worauf sie sich einlassen.

Darüber hinaus fragt sich, ob es nicht andere psychotrope Substanzen gibt, die ebenso auf das zentrale Nervensystem einwirken und Stimmung, Affekte und Emotionen verbessern, ohne jene nichtintendierten Abhängigkeiten und noxischen Wirkungen hervorzurufen. Als drogenethisch unbedenklich müssen alle jene Stoffe gekennzeichnet werden, die weder irreversible organische Schäden noch unumkehrbare Abhängigkeiten erzeugen; solche Substanzen können keineswegs zu gesellschaftsschädigenden Konsequenzen führen. In diesem Fall kann die Gesellschaft auch keine moralischen Forderungen an Drogenkonsumenten erheben. Nach heutigem Wissen scheinen beispielsweise die aus der Hanfpflanze hergestellten Produkte Haschisch und Marihuana, welche über den Wirkstoff THC (Δ^9-Tetrahydrocannabinol) ihre Aktivität entfalten, zur Klasse der harmlosen bzw. unbedenklichen Drogen zu gehören.[366]

Zu den Standardeinwänden zählt immer noch die mit dem Narkotika-Konsum verbundene Gewöhnung. Ein gewisser psychischer *Gewohnheitseffekt*, der den *Wunsch* auf Fortdauer des Erlebnisses beinhaltet, ist jedoch unvermeidbar. Wie schon früher erwähnt, ist auch das gewöhnliche Liebesverlangen eines gesunden, keine Drogen konsumierenden Paares mit Merkmalen der Abhängigkeit verbunden. Genauso enthalten Risikosportarten die innere Tendenz zur Prolongierung ihrer Ausübung. Medizinisch spricht man von Abhängigkeit, wenn *unbezwingbares* Verlangen, Entzugserscheinungen nach Abstinenz und Tendenz zur Steigerung der Dosis vorliegen.[367] Der Übergang vom *Wunsch* zum *Zwang* verläuft jedoch gleitend: wenn sich ein leidenschaftlich sinnliches Paar auf dem Hochstand der Entwicklung seiner Affektionen füreinander befindet, werden beide ein unwiderstehliches Begehren zur Vereinigung empfinden; sie werden, wenn man sie durch äußere Umstände trennt, akute Entzugsschmerzen fühlen, und wenn sie wieder zusammenkommen, das

Verlangen spüren, häufiger denn je den Liebesakt zu vollziehen. Psychisch liegt hier sicher eine Parallele zwischen Suchtmittelabhängigkeit und Liebe vor – nur mit dem entscheidenden Unterschied, daß bei noch so intensiver sexueller Erfüllung keine somatischen Schäden auftreten können.[368] Eine jüngst durchgeführte britische Studie zeigt sogar noch mehr, nämlich eine deutliche Lebensverlängerung für Freunde der Liebeslust,[369] der kleine Tod scheint in der Lage zu sein, den großen Tod hinauszuschieben. So gesehen läßt sich grundsätzlich gegen den psychischen Zustand der Abhängigkeit kaum etwas einwenden. Es ist einfach in der Logik der Lustsituation enthalten, daß starke Emotionen den heftigen Wunsch nach Weiterführung und Verstärkung enthalten – Lust will eben wirklich »tiefe Ewigkeit«, wie Nietzsche es ausgedrückt hat.[370]

Das entscheidende Merkmal einer Sucht *ohne* Drogen besteht darin, daß der Körper sich *nur* durch sinnliche Stimulation *von außen*, aber ohne die Einnahme einer chemischen Substanz die neuropharmakologische Situation verschafft, die dem Suchterleben entspricht. Dies bedeutet einen entscheidenden Vorteil vom gesundheitlichen Standpunkt aus: Die den Opiaten chemisch ähnlichen Endorphine, welche das emotionale Hoch im Limbischen System erzeugen, sind gut verträgliche *körpereigene Stoffe* und keine exogenen biochemischen Pharmaka, die den Organismus schädigen können. Kritiker von endogenen wie exogenen Süchten haben allerdings darauf hingewiesen, daß in beiden Fällen wegen des mit der Sucht verbundenen Kontrollverlustes über das Handeln die Gefahr der *Selbstzerstörung* innewohnt.[371] Dies mag für bestimmte Suchtformen wie Spielsucht oder übermäßiges Arbeiten zutreffen, weil im einen Fall die Verarmung, im anderen Fall der Herzinfarkt droht. Aber weder bei gezieltem Leistungssport noch bei intensiver Musikpraxis, noch bei hingebungsvoller Liebestätigkeit entstehen physische Symptome, die mit denjenigen vergleichbar sind, die aus der Einnahme harter Drogen resultieren. Schließlich und endlich fallen auch die meditativen, religiösen Ekstasen in die Gruppe der endogen erzeugten Glückszustände – diese wird man wohl kaum als Formen der Personzerstörung abqualifizieren können, da sie gerade als Wege zur Erlösung und Befreiung vom Leid des Daseins gedacht sind. Es scheint uns eine weit überzogene Wertung zu sein, *alle* Arten von gezielt angestrebten Bewußtseinsveränderungen, die mit einem gewissen Maß an Abhängigkeit verbunden sind, als Ablenkung von Lebensproblemen oder als »Fixierung auf einen Nebenschauplatz« zu deuten.[372] Auch ein Hochleistungssportler oder ein begeisterter Liebhaber kann mit beiden Beinen im Leben stehen und seine praktischen Berufsprobleme voll im Griff haben. Weder Verlust des Arbeitsplatzes noch gesellschaftlicher Abstieg oder körperlicher Zerfall resultieren aus einem hohen Engagement für eine Person oder eine Tätigkeit. Die großen Forscherpersönlichkeiten von Aristoteles bis Einstein waren besessene Arbeiter und dennoch psychisch gesund. Richard Wagner und Max Reger waren Lebensgenießer, geniale Komponisten und gewißlich nicht seelisch krank. Hinter der Kritik an der Besessenheit für ein Ziel bzw. der Abwertung emotionaler Ausnahmezustände steckt ein Menschenbild der Mittelmäßigkeit, das die Person auf ein gefühlsarmes Standardverhalten beschränken möchte. Schließlich verbreitet permanente Selbst-Kontrolle ohne gelegentliches Abtauchen in Erlebnistiefen trockene Langeweile im Lebensvollzug.

Es gibt auch keinen einsehbaren Grund, die sinnlichen Glücksmöglichkeiten von einem metaphysischen Lebenspessimismus her zu entwerten. Horst Eberhard Richter hat, ausgehend von Max Scheler, seine Abwertung aller sinnlichen Freuden auf die Annahme gestützt, daß die Menschen in der Tiefe ihres Wesens eigentlich *unglücklich* sind.[373] Nur deshalb suchen sie in der Erfahrungswelt nach Ersatzbefriedigungen, die aber nach Richter alle, weil oberflächlich und wertlos, die Verzweiflung der Menschen im Kern nur kaschieren. Empirische Freuden sind daher Betäubungen, Beschwichtigungen und ein Symptom von Leidensflucht. Von seiner metaphysischen Basis her möchte Richter »die Brüchigkeit des modernen Hedonismus«[374] zeigen. Hier reicht es, darauf hinzuweisen, daß Richter, der offenbar sein Kriegstrauma zu einer anthropologischen These hochstilisiert hat, keine argumentative Stützung für diese lebenspessimistischen Grundannahmen geben kann. Jeglichen Optimismus gesunder tatkräftiger Menschen als im Grunde verfehltes Selbstverständnis abzutun, ist schon rein methodisch betrachtet schlechte Metaphysik. Inhaltlich muß man vermuten, daß sich Richter bei seiner Diagnose der menschlichen Psyche an die protestantische Lehre von der grundsätzlichen Verderbtheit der Menschennatur angelehnt hat, wie sie im 20. Jahrhundert unter anderem von Karl Barth verteidigt wurde.[375] Es erübrigt sich zu zeigen, daß außerhalb dieser theologischen Tradition nichts für diese einseitige Wertung spricht.

Völlig abwegig erscheint es, den Zustand überschwenglicher Verliebtheit – den man, wie wir früher ausgeführt haben, durchaus mit dem Suchtbegriff beschreiben kann – mit einer Fluchtreaktion vor der rauhen Wirklichkeit in Zusammenhang zu bringen. Auch hier haben uns bedeutende kreative Persönlichkeiten vorgelebt, wie man einen hohen Einsatz für die Liebe mit einem erfüllten Forscher-, Dichter- oder Musikerleben in Einklang bringen kann. Pablo Picasso und vor allem Bert Brecht haben beispielsweise die Frauen über alle Maßen verehrt und geliebt – im strengen Sinne waren sie sicher abhängig –, und dennoch oder gerade deshalb haben sie ihr Werk unaufhaltsam weitergeführt.[376] So gesehen ist Abhängigkeit ganz allgemein sicherlich nicht schlechthin negativ einzustufen; zumindest einige Abhängigkeiten sind nicht nur psychisch und physisch unbedenklich, sie machen auch Teil und Wesen eines intensiven Lebens aus. Wer niemals durch eine intensive, unlösbare Bindung an eine Sache oder eine Person gefesselt war, wer immer die vollkommene Kontrolle über seine Leidenschaften besaß, der hat nicht wirklich gelebt.

Die totale rationale Kontrolle unserer Wünsche, Handlungen und möglichst gar der Denkinhalte ist Teil des bürgerlich normierten Lebens. In den westlichen Industrieländern hat der

Durchschnittsbürger zwar noch Plage, Mühe, auch Sorge um den Arbeitsplatz, aber keine Not. Die Existenzangst, der Kampf um das Überleben am nächsten Tag ist ihm fremd. Eigenartigerweise hat sich in breiten Schichten aber nicht ein Glücksgefühl, sondern die Langeweile breitgemacht, und zwar genauso, wie es Schopenhauer vorausgesagt hat: »Man versetze dieses Geschlecht in ein Schlaraffenland, wo alles von selbst wüchse und die Tauben gebraten herumflögen, auch jeder seine Heißgeliebte alsbald fände und ohne Schwierigkeit erhielte, da werden die Menschen [...] vor Langeweile sterben [...].«[377] In das emotionale Vakuum der heutigen Schlaraffen dringen nun neue Vorstellungen ein: einerseits Ideen von einem Aufstieg zu höheren Erlebniswelten mit Hilfe von Psychopharmaka, andererseits metaphysische Geheimlehren. Zweifelsohne hat auch der starke Wunsch nach nichtempirischen Erfahrungen, wie er sich in esoterischen Wegen nach höherer Spiritualität spiegelt, seine Wurzel in der Eintönigkeit des reglementierten bürgerlichen Arbeits-, Konsum- und Freizeitlebens. Drängt sich dieses Verlangen den heutigen Menschen aber nicht geradezu auf? Muß sich nicht an einem völlig durchorganisierten Strand, wo Sonnenschirm und Liegematte kilometerweit völlig homogen und isotrop angeordnet sind, zumindest in einigen subversiven Gemütern der Wunsch regen, doch noch etwas weiterführende Erfahrungen zu machen als diese uniformen Badefreuden, bei denen ein gestrenger Ordner die lustsuchenden Wasserfreunde nach eisernen Regeln in die Liegestühle einweist? Wer sich noch einen Rest von revolutionärem Bewußtsein seiner Jugend bewahrt hat, wird sich gegen eine solche totale Normierung nicht nur seiner Ferien wehren. Das Ausbrechen aus diesen Zwängen erfolgt allerdings mehr oder weniger chaotisch. Für manche ist dabei die narkotische Veränderung des Bewußtseins der adäquate, wenn auch nicht ungefährliche Weg. Aber sind nicht auch die Risiko-Sportarten hinsichtlich möglicher Folgen betrachtet von derselben Art? Ist es wirklich ein grundsätzlicher Unterschied, ob man sich auf eine drogeninduzierte Phantasiereise begibt oder bei einer

Besteigung des Sargamatha ohne Sauerstoffgerät einem Hirnödem aussetzt?

Zuletzt sei noch bemerkt, daß sich die Mystiker immer schon durch Meditation auf gefährliche Bewußtseinsreisen begeben haben. Die außerordentlichen Bewußtseinszustände (Altered states of consciousness – ASC) mystischer Versenkung, welche grundsätzlich von derselben Art sind, wie sie durch LSD, Mescalin und andere psychotrope Substanzen erzeugt werden, bergen alle ihre Gefahren: so wie Santa Teresa de Ávila unter Verdacht der Ketzerei geriet, steckte man Timothy Leary ins Gefängnis.[378]

Die ASC scheinen allgemein das gemeinsame Element dreier bewußtseinsverändernder Zugänge zu bilden: der mystischen Versenkung, der Drogeneinnahme und des sexuellen Orgasmus. So wie außerordentlich intensive Erfahrungen beim Koitus manchmal in der Sprache von Transzendenz beschrieben werden und Mystikerinnen wie Santa Teresa davon berichten, wie ihr in der Ekstase ein Engel einen goldenen Speer in den Körper stößt, so erleben Drogenkonsumenten oftmals eine Verschränkung beider Erlebnisinhalte. Man vermutet eine gemeinsame pharmakologische Wurzel in allen ASC-Zuständen.[379]

Hedonisches Leben mit virtueller Realität

In der Welt des Erlebens, des Genießens und der Gefühle hat die Vorstellung irrealer, aber erwünschter Zustände immer eine wesentliche Rolle gespielt. Einem Weinkenner, einem Gourmet rinnt das Wasser im Mund zusammen, wenn er an die zukünftigen Genüsse denkt. Ein Bergsteiger ballt in Gedanken die Faust um den Pickel, der sich bald in den Eisüberhang krallen wird; ein Kammermusiker hört innerlich das Thema des gleich zu spielenden Quartetts. In der Liebe löst bereits die Vorfreude Erregung aus, und selbst während des sexuellen Geschehens durchfluten das Gehirn Phantasiebilder, die den Akt antreiben und verstärken.

Dieses Moment der *Virtualität* wurde von der sich stürmisch entwickelnden Computertechnik aufgenommen, um die kontingente Begrenzung der Wünsche ins Ungeahnte zu erweitern. Noch hat die elektronische virtuelle Realität den Charakter eines Ersatzes für die lebendige materiale Wirklichkeit, aber man wird nicht mehr lange warten müssen, bis der Unterschied zwischen beiden zumindest phänomenologisch verschwindet. Auch wenn es immer einige Techniker geben wird, die um die Differenz beider Welten im ontologischen Status wissen, für den Benutzer der Geräte der Cyberwelt bleibt diese so unbemerkt wie die Rotation der Erde, die die Wanderung der Sonne über den Himmel erklärt, was auch nur von einigen Astronomen wirklich verstanden wird.

Die stärkste elektronische Verfremdung der natürlichen Welt liegt zweifellos im erotischen Bereich vor – man zögert etwas, von »Cybersex« zu sprechen, wenn die Interaktion nur mit einer Maschine und keinem lebendigem Organismus erfolgt. Dieser Begriff aber hat sich so eingebürgert. Was soll man nun psychologisch und moralisch davon halten, wenn über einen Rechner ein fiktiver Raum erzeugt wird, in dem sämtliche unerfüllten sexuellen Wünsche, von denen unsere repressive Gesellschaft offenbar so stark beherrscht wird, auf einmal ohne Hemmungen realisierbar werden. Nicht nur Liebe mit unerreichbaren Personen wie Marilyn Monroe, Kleopatra, James Dean usw. wird möglich, auch alle Varianten und Devianzen können in beliebiger Intensität und Häufigkeit zumindest hypothetisch ungefährlich durchprobiert werden. Ist damit der Traum des Hedonisten erreicht, endlich die Fülle der Lusterlebnisse zu erfahren, ohne unentwegt auf die materialen Grenzen seines Strebens zu stoßen, auf die Müdigkeit, Indisponiertheit und Migräne des einzig verfügbaren Partners; oder müssen wir den Cyber-Sex als einen Verfall des Hedonismus ansehen, weil die leichte Verfügbarkeit der virtuellen Lust gerade von der realen menschlichen Beziehung ablenkt? Aus realistischer Perspektive gesehen, handelt es sich zweifelsohne um Autoerotik, psychologisch betrachtet um eine Anreicherung des mentalen Geschehens mit möglichen Situationen, in die der »Cyber-Punk« eintaucht. Will man einen historischen Vergleich wagen, kann man hierin eine Bestätigung der Aristotelischen These sehen, daß auch das Mögliche eine Seinsphäre besitzt und nicht nur das aktual Existierende, ja Mögliches und Wirkliches werden sogar in eine sichtbare Wechselwirkung gebracht. In der Cyberkultur ist die Vielfalt des Möglichen auf der gleichen Ebene wie die Einzigkeit des Wirklichen angesiedelt. Dadurch ist sicher eine Chance für viele sexuell Benachteiligte gegeben. Zum ersten Mal in der Geschichte der Menschheit werden Heranwachsende, Alte, Kranke, Häßliche, Schüchterne nicht mehr aufgrund ihrer zufälligen Benachteiligung von der Sexualität weitgehend ausgeschlossen. Für diesen Teil der Menschheit stellt die virtuelle Erotik sicherlich eine Verbesserung ihrer Lebensqualität dar. Für jene, die aufgrund ihrer körperlichen Ausstattung den virtuellen Ersatz nicht nötig haben, wird allerdings die latent schon vorhandene Angst vor körperlicher Nähe geschürt und die überall spürbare Bindungsunfähigkeit noch deutlicher. Da die illusionserzeugenden Maschinen ja generell schon die Vereinsamung der Menschen zu sehr verstärken, muß man fürchten, daß sich durch die Fixierung auf Erotik im virtuellen Cyberraum die Zahl der Einzelexistenzen mehrt, was nebenbei auch zu einer Abnahme der Geburtenrate führen wird, da Nachwuchs immer noch von reellen Lebewesen hergestellt werden muß. Diejenigen, welche sich um die Renten der zukünftigen Generation Sorge machen, können sich nicht gerade über die Begeisterung für eine autoerotische Cyberworld freuen.

Moralphilosophisch gesehen ist durch die neue Zwischenschicht der Realität eine Fülle von Konflikten programmiert. In einer Gesellschaft mit einer offiziell verkündeten Sexualmoral stellt sich zum Beispiel für monogame Partnerschaften das Eifersuchtsproblem in einer neuen Variante. Welchen Stellenwert nimmt der virtuelle Seitensprung eines Partners mit Claudia Schiffer bzw. David Copperfield ein? Wenn eine echte Klimax mit dem virtuellen Partner bzw. der virtuellen Partnerin erfolgt, ist der reale Partner zumindest für die folgende Refraktärphase außer Gefecht gesetzt. In einer jüngst abgehaltenen Konferenz über Computermoral versuchte man, sich auf das Prinzip zu einigen: »If you don't really put it in, it ain't cheating«[380], wonach Eifersucht nur auf der biologischen, nicht auf der elektronischen Interaktionsebene gerechtfertigt ist. Aber diese willkürliche Konvention löst natürlich nicht das wechselseitige Unbehagen bei den Beteiligten auf, daß einer der sonst so Verliebten es vielleicht doch lieber mit Claudia oder David ganz direkt und ganz persönlich getrieben hätte. Der Vergleich zwischen virtuellen und realen Liebesobjekten bleibt wohl unausweichlich, und man darf ihn auch nicht nur von den heutigen unvollkommenen Exemplaren virtuelle Erotik produzierender Maschinen her betrachten. Da die Computerfachleute alle Möglichkeiten der Verfeinerung, der Individualisierung und der Anpassung an spezifische Wünsche zur Verfügung haben und die sinnlichen Wahrnehmungsebenen vom Sehen, Fühlen, Hören und Riechen sogar auf den Austausch der Sexualstoffe erweitert werden können – letzten Endes handelt es sich immer um eine Informationsübertragung –, kann man nicht ausschließen, daß analog zu bestimmten intellektuellen Zweigen (zum Beispiel dem Schachspiel) die Computer bald mehr leisten als der Mensch und die virtuellen Spielgefährten der Zukunft unter Umständen stärkere Reaktionen auf die natürlichen Organismen ausüben als der heißeste Biopartner. Für den Eifersuchtsbegriff ergibt sich in jedem Fall eine semantische Aufspaltung; das heißt, der von neidischer Mißgunst Erfaßte muß sich dann sowohl mit dem virtuellen als auch mit dem reellen Seitensprung seiner Spielgefährten auseinandersetzen. Falls ein Partner bei gegebener Gelegenheit zu Hamletschen Wahnsinnsszenen neigt, wird er gehalten sein, die Stärke seines Zornesausbruches an den ontologischen Status des Seitensprungobjektes seines Kompagnons anzupassen. So sieht man, daß die Technik aufgrund ihrer neuen Möglichkeiten andere Handlungs- und Einstellungsalternativen erzwingt und somit auch ein psychologisch kreatives Entwicklungspotential in sich birgt. Das Verhältnis von Mensch und Maschine beeinflußt in jedem Fall tiefgreifend auch die Beziehung der Menschen zueinander.

Schwierig zu beurteilen ist sicher die Frage, ob Menschen neuronalen Schaden durch eine solche überproportionale Stimulation nehmen können. Rein körperlich gesehen wird virtuelles Erleben erst einmal sanfter als herkömmliches: Auch extreme sado-masochistische Praktiken können durchgespielt werden, ohne daß die Beteiligten eine Verletzung an ihrem realen Körper zurückbehalten. Seelisch ist die Sachlage undurchsichtiger und auch noch zu wenig erforscht. Wie das Gehirn sich verhält, wenn es auf längere Zeit elektronisch induzierte Mega-Cyber-Orgasmen erfahren hat, kann nur empirisch geklärt werden. So ergibt sich auch für die Evaluation der Glücksausbeute in der Cyperkultur das typisch ambivalente Bild aller technischen Neuerungen: einigen unzweifelhaften Vorteilen stehen unwägbare Konsequenzen gegenüber, die von der Überforderung der emotiven Zentren bis zum Zerfall der biologisch gewachsenen Person reichen können. Auch ein technisch aufgeschlossener Hedonist wird gehalten sein, behutsam mit den neuen elektronischen Lustquellen umzugehen, getreu dem epikureischen Prinzip, manchmal auf eine nahe liegende Lust verzichten, um spätere Unlustakkumulationen zu vermeiden.

Worüber die neuen Kommunikationsmedien allerdings in jedem Fall Aufschluß geben, ist das Ausmaß, in dem die Gehirne der Menschen mit lustsuchenden Phantasien erfüllt sind. Eine Auswertung der 100 häufigsten Suchbegriffe im Internet enthüllt ein enormes Überwiegen erotischer und sexueller Schlüsselterme, was zumindest als empirische Stütze für den psychologischen Hedonismus angesehen werden kann. Freuds Lustprinzip manifestiert sich auf der virtuellen Spielwiese unbehindert von den Zwängen des Realitätsprinzips.[381]

Nun umfaßt die Cyberkultur nicht nur Sexualität mit virtuellen Wesen, sondern auch vielfache Möglichkeiten, sich in vergangene Kulturen, ferne stellare Welten und andersartige Ethnien zu versetzen. Man denke dabei an virtuelle Wanderungen durch die Tiefsee, Reisen zum Mars, Besuch eines Juraparks mit täuschend echten Tyrannosaurus Rex-Begegnungen und andere aufregende Abenteuer. Die Wissenschaft bedient sich dieser Simulationen, um beispielsweise die innere Struktur von Makromolekülen, Supernovaausbrüchen und schwarzen Löchern zu veranschaulichen. Bereits vor einigen Jahren wurde ein Film animiert, in dem die Erfahrungen eines Astronauten zu sehen sind, wenn dieser sich im freien Fall von außen durch den Horizont in ein schwarzes Loch hineinfallen läßt. In den Bereich des Vergnügens dagegen gehören elektronische Rekonstruktionen, die den Beobachter in das Reich der Pharaonen oder der Inkas zurückversetzen, aber nicht nach der Art eines Films, sondern in der Weise einer partizipativen Interaktion mit den Personen des historischen Geschehens. Der Beobachter wandert durch diese Welten, handelt und erlebt die historischen Situationen, als wenn er sich auf eine Zeitreise begeben hätte und tatsächlich mit Ramses oder Atahualpa in persönlichen Kontakt getreten wäre. Das Subjekt bleibt in diesem Falle nicht außerhalb der Filmleinwand als vom Geschehen getrennter Beobachter, sondern die Animation ist so täuschend echt, daß der reale Beobachter sich als Element des virtuellen Geschehens fühlt.

Obwohl man auch in diesem Bereich fürchten muß, daß die allzu häufigen Transformationen des Zuschauers in einen Bewohner irrealer Welten seine Widerstandskraft beim Kampf mit Hindernissen der einen natürlichen Welt herabsetzen werden, sind die Gefahren hier sicher geringer, als wenn sein limbisches System durch erotische Überreizung überlastet wird. In beiden Fällen ist jedoch die Gefahr gegeben, daß der Mensch auf die Dauer alle durch die Evolution ererbten Instinkte und präformierten Verhaltensdispositionen zunehmend verliert, weil er ständig von anderen als den terrestrischen Umweltbedingungen umgeben ist. Zudem wird seine dauernde Ankopplung an elektronische Maschinen bald seine Gehwerkzeuge atrophieren lassen und ihn in eine bewegungsunfähige Moluske verwandeln. Eine solche Umformung stellt zumindest aus heutiger Perspektive eine selbstverschuldete Verstümmelung dar. Wenn man allerdings sehr weitgehende Zukunftsspekulationen berücksichtigt, fällt die Atrophie seiner Muskulatur nicht mehr ins Gewicht, da die Erben des menschlichen Geistes vermutlich Computer sein werden, die gar nicht mehr an das vergängliche Biosubstrat gebunden sind. In diesen elektronischen Nachfahren wird dann das historisch erarbeitete Kulturgut der Menschheit als Software weiterleben. Wenn aber die Futurologen recht behalten, wird dies einen verschwindenden Teil in den neuen Erlebnisräumen repräsentieren, die alle heutigen Denk- und Vorstellungsmöglichkeiten übersteigen sollen, da die Computerintelligenz unendlich entwicklungsfähig scheint. Welche Formen dann hedonistisches Erleben annehmen könnte, kann niemand sagen. Darum wollen wir davon auch lieber schweigen.

Der Hedonist und die anderen

Von der Eigenliebe zu Freundschaft und Geselligkeit

Platon behandelt das Thema Freundschaft in seinem Dialog »Lysis«, und zwar im wesentlichen unter dem begrifflichen Dach der Gerechtigkeit und der politischen Eintracht. Diese beiden Werte werden bei ihm von seiner ontologischen Werteordnung her konstituiert. Die zwischenmenschlichen Beziehungen erhalten dabei ihre Bedeutung nicht von der individuellen, sondern von ihrer politischen Funktion. Aristoteles dann personalisiert diese menschliche Beziehung und stellt fest, daß es Menschen nicht von Natur aus zukommt, das Leben in Einsamkeit zu führen.[382] Das Zusammenleben mit Freunden ist ein wesentliches Moment der Eudämonie, der Glückseligkeit. Damit befindet sich Aristoteles bereits auf dem Weg zur epikureischen Begriffsbestimmung, in der die Freundschaft als Beitrag zur Konfliktvermeidung und somit als glücksfordernd gefaßt wird. Wenn »man sich mit allen gut hält«, dann vermeidet man schädliche Einwirkungen auf das persönliche Wohlergehen.[383]

Vom Ansatz her ist der Hedonismus eine auf das Ego bezogene Lebenshaltung. Zielpunkt ist die eigene Glückseligkeit. Weil der nach Glück Strebende aber nicht allein leben kann, sondern aus ökonomischen und existentiellen Gründen auf den anderen angewiesen ist, muß unter hedonistischen Gesichtspunkten auch für den Umgang mit dem Mitmenschen ein modus vivendi gefunden werden, der dessen Luststreben berücksichtigt, da ja keiner für sich beanspruchen kann, an einem ausgezeichneten Punkt der Gesellschaft zu leben. Wie fügt sich nun ein größeres Ensemble von gleichberechtigten Glücksoptimierern zusammen?

Epikur war überzeugt, daß die individuellen Lustwünsche der Mitglieder einer Gruppe von Hedonisten sich nach rationalen Grundsätzen realisieren lassen. Verhaltensmaximen wie Gerechtigkeit, Gegenseitigkeit, Verläßlichkeit sind brauchbare Prinzipien; ihr Sinn wird darin deutlich, daß ihre Negationen zu unangenehmen Konsequenzen führen, die das gute Leben jedes einzelnen empfindlich stören würden. Jemand, der beständig seine Mitmenschen hinters Licht führt, lebt in dauernder Furcht vor Entdeckung; falls er den – nach Epikur allerdings naiven – Götterglauben teilt, kommt noch die Angst vor Strafe durch die Götter dazu. Die Gemütsruhe, das seelische Gleichgewicht, würde auf diese Weise nachhaltig gestört, und die durch Trug und List erzielten Vorteile würden die seelischen Nachteile niemals aufwiegen. Verhält man sich dagegen wohlwollend, liebevoll, hilfsbereit, also insgesamt kooperativ gegenüber seinen Mitmenschen, lebt man viel glücklicher, als wenn man in kurzsichtiger Manier permanent seine Zeitgenossen aufs Kreuz zu legen versucht.

Der kluge Hedonist strebt also das Wohlwollen und die Freundschaft mit allen Mitmenschen an, aber nicht, weil es für diese Tugenden irgendeine metaphysische Begründung gäbe, sondern weil rein pragmatisch das Leben in einer wohlwollenden Umgebung am angenehmsten ist. Diese Form des zwischenmenschlichen Umgangs sieht erst einmal wie eine Berechnung aus. Sollten wir deshalb annehmen, daß Freundschaft das Resultat eines Rationalitätskalküls ist? Dies mutet zwar kalt und herzlos an, macht aber doch mehr vernünftigen Sinn als ein Appell an unbegründbare Emotionen, die in unvorhersehbarer Weise kommen und gehen. Das Postulat der Kooperation mit den übrigen egoistischen Luststrebenden ergibt sich als Gebot der Klugheit, dem Konflikt aus dem Weg zu gehen und den gefährlichen Wettbewerb in ein amikales Verhältnis umzuwandeln. Auch wenn Freundschaft spontan nicht wie eben geschildert erlebt wird, wenn man sie als herzlich und als nicht weiter reduzierbares Gefühl empfindet, liefert die epikureische Deutung eine sparsame Erklärung, die keiner Zusatzannahmen über den persönlichen Egoismus hinaus bedarf.

Epikurs Gemeinschaftslehre deckt sich fast völlig mit modernen soziobiologischen und spieltheoretischen Überlegungen. Gesetze für das Gemeinwesen sind nur deshalb erforderlich, weil die meisten Mitglieder der Gesellschaft *keine* zielbewußten, weitsichtigen Egoisten sind. Nur der Weise, der die verborgenen sozialen Mechanismen verstanden hat, handelt so, daß er eigentlich keiner Verhaltensmaßregeln bedürfte. So sagt Epikur: »Für den Weisen hat das Gesetz nicht die Aufgabe, ihn am Unrecht zu hindern, sondern dafür zu sorgen, daß er kein Unrecht erleidet.«[384] Soziale Regeln werden dann notwendig, wenn unkluge, kurzsichtige, nur auf ihren punktuellen Vorteil bedachte Egoisten ihren Mitmenschen schaden wollen. Die gleiche Überlegung gilt auch für die Freundschaft: *Mit* Freunden leben wir sicherer, angenehmer, sorgloser, weil das gegenseitige Stützungsverhältnis *jeden* entlastet. Eine spezifische, absolut altruistische Emotion wird dazu nicht gebraucht. Wenn wir Freunden Gutes tun, liefern wir damit einen Beitrag zu unserem eigenen angenehmen Leben. Es ist also nicht nur die Erwartung von Wohltaten der Freunde an uns, die es nahelegt, sich um wohlgesonnene Mitmenschen zu bemühen, sondern Schenken, Freude machen, Beglücken von Nahestehenden, all dies liefert uns selbst in noch höherem Maße Lust, als Wohltaten anzunehmen. So sagt Epikur: »Es gibt nichts Schöneres, als Gutes zu erfahren und Gutes zu tun, aber auch nichts Angenehmeres.«[385] Seiner Meinung nach ist es sogar sinnvoll und mit dem weitsichtigen Egoismus kompatibel, für Freunde Opfer zu bringen, Leiden zu erdulden, also Unlust auf sich zu nehmen, weil die Freundschaft ihrerseits ein so wertvolles Gut ist, das unser Leben insgesamt, auch wenn wir diese Opfergaben in Rechnung stellen, schöner macht. »Und wegen der Lust [soll man] die Freundschaft wählen«, sagt Epikur, »und für die Freunde die größten Schmerzen auf sich nehmen.«[386]

Freunde zu haben ist also auch von einem rein egoistisch orientierten Hedonismus aus als sozialer Reichtum anzusehen; der Gartenphilosoph hat es vorgelebt, wie man abseits der Geschäftigkeit der Welt, aber nicht im Gegensatz zum Gemeinwesen sein Glück in Kunst, Philosophie, Kontemplation und Liebe unter Gleichberechtigten finden kann. Denn der κῆπος (Garten) schloß Frauen und auch Sklaven ein, welche normalerweise nicht am Geistesleben teilnahmen. Bezüglich der Sklaven war Epikur recht freigiebig mit Freilassungen. Selbst in seinem Testament verfügte er noch, daß die Sklaven Mys, Nikias, Lykon und Phaidrion in die Freiheit entlassen werden sollten. Das Sklavenwesen verträgt sich auch logisch schlecht mit einer hedonistischen Ethik, weil es nicht im Sinne des Hedonisten sein kann, seine Freude auf die Qual und Unterdrückung eines anderen Menschen aufzubauen, wie wir schon bei unserer Kritik von de Sades Sozialmodell angemerkt haben.[387] Persönlich dürfte Epikur aufgrund seines freundlichen Wesens sicher keinem Sklaven ein Haar gekrümmt haben. Aber er war zu wenig dynamischer Sozialreformer, um energisch gegen die Inkonsistenz von Sklavenwesen und einer weitsichtigen Glücksethik anzugehen.

Es wäre allerdings anachronistisch, den griechischen Epikureern den Vorwurf der Inhumanität zu machen, weil sie sich nicht explizit gegen die Sklavenhaltung gewendet haben. Denn unabhängig von der ethischen Orientierung verteidigen fast alle Philosophen der klassischen und hellenistischen Epoche die Ungleichheit der Menschen als Naturgegebenheit. Geringere Vernunft, mangelnde Tüchtigkeit und fehlendes Durchsetzungsvermögen begründen nach Heraklit, Platon und Aristoteles die Versklavung der Schwachen, und auch Kyniker und Stoiker sehen die Aufspaltung der Menschheit in die Klasse der Herren und die Klasse der Sklaven als natürliche Einteilung an, die die sozial unterschiedliche Behandlung rechtfertigt. Der hier zugrundeliegende Überstieg von der Differenz in den *Fähigkeiten* von Menschen zu deren unterschiedlichen sozialen *Behandlung* wurde damals nicht als rechtfertigungsbedürftiger Sein-Sollen-Schritt erkannt. Die christliche Theologie hat dann im wesentlichen die Aristotelische Argumentation übernommen. Augustinus und Thomas von Aquin haben für die Katholische Kirche die naturrechtliche Verteidigung der Sklavenhalterei – auch der kircheneigenen – geliefert. Und erst Rousseau hat die natürliche Freiheit für alle Menschen betont. In dieser Auseinandersetzung fehlte allerdings das entscheidende Argumentationsstück bis zur Evolutionstheorie bzw. bis zur Erkenntnis der monophyletischen Abstammung der Menschen. Wenn diese *eine* zusammenhängende Art bilden, kann es keine natürliche *permanente* Klasseneinteilung in Herren und Sklaven geben. Wenn Epikur in seinem hedonistischen Freundeskreis Sklaven mit einschloß, so war er menschlich gesehen zweifellos fortschrittlich.

Ein stark individualistisches Freundschaftsideal in Anlehnung an epikureische Vorbilder vertritt in der Neuzeit Michel de Montaigne – allerdings in einer modernen romantischen Überhöhung.[388] Die freundschaftliche Bindung zwischen Menschen ist mehr von Freiheit und weniger von Pflichten bestimmt als etwa jene in der Familie und in der Sippe. Freundschaftliches Verbundensein bedarf stärker der charakterlichen und geistigen Übereinstimmung und ist nicht so sehr wie die Leidenschaft der Liebe durch Stimmungsschwankungen bedroht. Eine überschwengliche, an Montaigne anschließende Deutung von Freundschaftsverhältnissen hat dann Jean Paul gegeben, der einerseits die personale Nähe bis zur »Zwei-Einigkeit« betont, andererseits aber auch das seelisch-geistige Band unter Absetzung von der Sinnlichkeit der körperlichen Liebe hervorhebt.

Erst Schopenhauer entdeckt mit psychologischem Scharfblick wieder das epikureische, egoistische Element in der Freundschaft und entlarvt das völlig selbstlose Interesse am Wohl des anderen als metaphysische Illusion – es gehört zu den Dingen, von denen man, »wie von den kolossalen Seeschlangen, nicht weiß, ob sie fabelhaft sind oder irgendwo existieren«.[389] Nun ist der absolute Altruismus, der keine verdeckte Gegenseitigkeit einschließt, für ein freundschaftliches Miteinander auch gar nicht notwendig. Sogar die manchmal beschworene Verdopplung des eigenen Ichs in der Person des Freundes läßt sich aus der Selbstsucht heraus verstehen, sie bedeutet eine Erweiterung des eigenen Wirk- und Einflußbereiches; der Freund ist einfach die Möglichkeit, im gleichen ideellen Sinne in der Gesellschaft tätig zu sein wie man selbst. Auch nach Nietzsche liegt das Wesen der Freundschaft im

»gemeinsamen höheren Durst nach einem über ihnen stehenden Ideale«.[390] Dies kann man etwas despektierlich auch so lesen, daß man mit einem Freund in einer Seilschaft ein gedankliches Konzept in der Gesellschaft besser durchdrücken kann als allein. Ob es sich nun um die moralische Idee des »Übermenschen« oder einen wissenschaftlichen Entwurf handelt, der zwei Freunden ein Anliegen ist, in jedem Fall liegt an der Basis der Freundschaft ein begründetes Eigeninteresse. Wenn dieses fehlt, handelt es sich lediglich um Geselligkeit, man vertreibt sich die Zeit besser miteinander in intentionsloser, assoziativ geführter Unterhaltung als allein.

Die gemeinsame Zielvorstellung und der weltanschauliche Gleichklang geben der Freundschaft ihre Beständigkeit. Viel eher als in der sexuellen Gemeinschaft ist Freundschaft ein Ort der *Treue*. Aufgrund der parallelen Interessen und dem Fehlen von Konkurrenz sind hier gute Voraussetzungen für die Beharrlichkeit in der Zuneigung gegeben. Im Gegensatz zur erotischen Partnerschaft mit ihrer hochsensiblen Emotionalstruktur, der notwendigen feinen körperlichen Abstimmung und dem leichteren Verschleiß durch Gewöhnungseffekte läßt sich eine Freundschaft aufgrund der immer verbleibenden Distanz viel länger aufrechterhalten. Aufrichtigkeit und Verläßlichkeit – Tugenden, die in sexuellen Beziehungen Seltenheitswert haben, weil die biologischen Programmierungen dagegen arbeiten – finden sich viel eher im Freundeskreis, da hier die Exklusivität der partnerschaftlichen Beziehung und die Eifersucht eine untergeordnete Rolle spielen. Männer können zahlreiche Freunde haben, ohne daß sich diese in die Quere kommen, Frauen mit vielen Freundinnen amikale Beziehungen unterhalten; wegen der Vielzahl und des distanzierten Charakters der Beziehungen ist das Gefüge der Gefühle einfacher und weniger durch tradierte Vorurteile gehemmt. Sollten sich allerdings erotische Töne in die Freundschaft einmischen, verändert sich die Logik der Situation schlagartig; alle bekannten Komplexitäten treten dann sofort wieder zutage. Liegt jedoch Freundschaft in reiner Form ohne homoerotische

Tönung vor, so ist sie sicher, wie Nikolai Hartmann es ausgedrückt hat, eine »ideale ethische Lebensform im Kleinen«.[391]

Umstritten ist, ob es zwischen Mann und Frau bei heterosexueller Orientierung eine reine unerotische Freundschaft geben kann. Gewiß kann eine geringe gegenseitige erotische Anziehung insoweit vorliegen, daß man von einer quasi neutralen amikalen Situation sprechen kann – man muß aber annehmen, daß die emotionale Lage zumindest metastabil ist, also unter Umständen die geistige Gemeinsamkeit in eine erotische Beziehung kippen kann. Am ehesten wird eine verschiedengeschlechtliche Freundschaft gelingen, wenn ein Partner homophile Neigungen besitzt. Allerdings kann selbst dieser Fall erotischer Neutralität und reiner geistiger Interessiertheit durch bisexuelle Neigungen dieses Partners unterlaufen werden. Da Menschen in ihrer emotionalen Struktur von ihrer Anlage her nicht völlig fixiert, sondern, wie Freud es ausgedrückt hat, *polymorph pervers* sind – das heißt, ihr Begehren vielfältige Gestalt annehmen kann –, ist man nie *völlig* sicher, wie sich gefühlsmäßige Neigungen entwickeln. Auch Freundschaft basiert auf emotionaler Bindung. Die Entwicklung dieser Emotionen hängt von den gesellschaftlichen Randbedingungen ab: Zwangssituationen, Notlagen können unerwartete emotionale Verschiebungen bewirken, Gefängnisse, Internierungslager, kriegsbedingte räumliche Enge die normale gesellschaftliche Situation so verzerren, daß psychologische Verwerfungen in der Gefühlslage auftreten und sich unter Bedrängnis Freundschaft in erotische Bindung transformiert.

Unter gewöhnlichen gesellschaftlichen Randbedingungen jedoch ist zumindest die gleichgeschlechtliche Freundschaft eine der stabilsten Formen von interaktiver Gemeinsamkeit mit einem hohen emotionellen Gewinn für beide Seiten. Daß sie nicht leicht zu etablieren ist, besagt schon das lateinische Sprichwort: amicus verus avis rara est.

In einer freundschaftlichen Beziehung kann die Pflege der gemeinschaftlichen Interessen nun eine Fülle von Aktivitäten umfassen.

Rituale des Genusses: Essen und Trinken

Mit der Freundschaft im Sinne des epikureischen Lebensstils ist von jeher das soziale *Essen* und *Trinken* verbunden. Gemeinschaftskultur bedarf eines Bindungsritus. Die Pflege dieses Ritus fördert wiederum die Verfeinerung des Geschmacks und führt zu einer Spezialisierung im Genuß von Speisen und Getränken. In Mittel- und Südeuropa ist das Kultgetränk schlechthin der *Wein*. Durch lange Tradition wurde die Weinkultur besonders hoch entwickelt, was auch in der detaillierten Fachsprache seinen Niederschlag gefunden hat. Die medizinischen Kritiker der Sitte des Weintrinkens, die im Hinblick auf die Volksgesundheit argumentieren, reduzieren das feinst mit Akribie gekelterte, an Bukettstoffen reiche Getränk auf einen chemischen Bestandteil, nämlich Ethanol. Sie vergessen dabei eine utilitaristische Abwägung des Weintrinkens in Betracht zu ziehen, nämlich die gemeinschaftsbildende Funktion und das kreative Element, das in leichter Enthemmung liegt, in die Bilanz mit aufzunehmen.

Zu den Kritikern gehören auch die niemals bilanzierenden Pflichtethiker. Gegen die Unmäßigkeit beim Genuß von Nahrung und vernunfthemmenden betäubenden Getränken hat sich vor allem Kant vehement geäußert. Die Laster der *Versoffenheit* und *Gefräßigkeit* sind ihm ein Greuel, weil durch sie der Handlungsspielraum des Menschen eingeschränkt wird, und damit eine Pflichtverletzung wider sich selbst gegeben ist.[392] Für die »geträumte Glückseligkeit und Sorgenfreiheit« hat Kant keinen Sinn. Er gesteht zwar noch die Möglichkeit zu, daß in der Nähe der Berauschung die Gesprächsbereitschaft und die Offenherzigkeit im geselligen Beisammensein wachsen, weist aber gleichzeitig auf die Gefahr hin, daß mit zunehmender Alkoholisierung das Augenmaß für die Grenze des Genusses verloren geht. Auch dem gemeinsamen »Schmaus« gesteht Kant einen gewissen sittlichen Zweck zu, insofern sich Gelegenheit zu »wechselseitiger Mitteilung« bietet. Aber auch hier droht die Gefahr der »Verleitung zum Unsittlichen, nämlich der Unmäßigkeit und zur Übertretung der Pflicht gegen sich selbst«.[393]

Sicherlich muß man beim Konsum von Genußmitteln Besonnenheit walten lassen. Aber man sollte auch das damit verbundene beflügelnde Element in seiner positiven Funktion nicht unterschätzen. Ein Abbau zwischenmenschlicher Schranken, die durch Tradition und Sitte aufgerichtet sind, hat so manche persönliche Beziehung ermöglicht. Manche Liebesnacht wäre ohne ein wenig Enthemmung nie zustande gekommen. Auch im kognitiven Bereich, zumindest in einer heuristischen und planenden Phase, wirkt eine leichte (!) Euphorisierung im Sinne progressiver Problemlösung. Fruchtbare Forschungsprogramme werden nicht auf dem offiziellen, nüchternen Teil von Konferenzen entworfen, sondern in der Nachsitzung bei einem Glas Wein in gelöster Stimmung.

Der Gegenbegriff zur Euphorisierung ist die *Nüchternheit*. Nüchternheit hat mehr als einen Aspekt: *Kognitiv* betrachtet meint sie die Haltung sachlicher Zielgerichtetheit, sie ist vor allem in Problemlösungssituationen vonnöten. *Psychologisch* gesehen repräsentiert sie die trockene Langeweile unemotionaler Gestimmtheit. *Sozial* beleuchtet besagt sie Kommunikationsarmut und narzistische Zurückgezogenheit. Nüchternheit hat ihren natürlichen Ort im Erkenntnisprozeß und da bevorzugt bei der Evaluierung von Hypothesen; außerhalb dieses Bereiches wirkt sie eher deplaziert. Andauernd nüchternen Menschen, die meist jeglicher ethylischer Euphorisierung abhold sind, fehlen oftmals Wärme, Empathie und Einfühlsamkeit gegenüber ihren Mitmenschen. Zeitgenossen, die aus Prinzip nüchtern, ernst und mit kargem Lebensstil ihr Leben absolvieren, unfähig zu gelegentlichem Schlemmen und Genießen, sind sehr oft auch schwierige Charaktere und hart in ihren sozialen Antworten. Die Pflege der sinnlichen Empfindsamkeit, das Zugeständnis an die Schwächen des eigenen Körpers, die Akzeptanz unkontrollierbarer Komponenten des Begehrens machen dagegen kommunikabel, tolerant und offen. Der Gourmand und Gourmet[394] ist ein amikaler Zeitgenosse. Temperenzler, Abstinenzler, erst recht Asketen und andere von hohen moralischen Prinzipien gesteuerte Menschen gestalten das Zusammenleben schwierig. Sie laufen häufig als lebende Vorwürfe an die grundsatzlosen Lebenspragmatiker herum und quälen diese mit ihrem sittlichen Ernst. Sie sind niemals kompromißbereit, können sich zu keinem vermittelnden Arrangement verstehen und sind ständig auf antihedonistischer Mission. Ihre innere Verspanntheit macht ihnen selbst zu schaffen, und die Projektion dieser Spannungen in ethische Grundsätze zieht auch ihre Umgebung in Mitleidenschaft: Die angebliche Überlegenheit des Ethos der Nüchternheit erzeugt im schwankenden Zeitgenossen das schlechte Gewissen über eine gelegentliche Trunkenheit.

Wenn von Trunkenheit die Rede ist, muß man jene Distinktion erwähnen, auf die Michel Onfray hingewiesen hat: Es geht um einen Zustand, in dem der Alkohol eine leichte Verschiebung des nüchternen Normalbewußtseins bewirkt, aber noch keinen verwirrten Geist hervorgerufen hat. Eine solche »beschwipste Heiterkeit« ist noch weit diesseits der Grenze des Absturzes in die Willenlosigkeit, aber doch in der Lage, »ein wenig die Schwere zu verscheuchen, die auf uns lastet«.[395] Diese schwache Benebelung erlaubt eine zeitweilige Verdrängung der Diktatur der Logik, der Naturgesetze und ihren unerfreulichen Restriktionen. Aber sie meint nicht den Verfall und die Nacht des Rausches. εὔφορος bedeutet vielmehr, daß etwas leicht zu tragen ist. Gemeint ist hier die Bürde des realen Lebens mit seiner tragischen Unbefriedigtheit aller Wünsche. Daran, daß die Grenzziehung zwischen euphorischer Wahrnehmung und gestörtem Sinn schwierig ist, sieht man, daß hedonistische Lebensführung eine nichttriviale Kunst ist – etwas, das man lernen muß. (Vgl. Abb. 15)

Das Euphorikum Ethanol bringt bei wohldosiertem Genuß eine Versinnlichung mit sich: die Vernunft wird temporär in ihrer Aktivität gedämpft, zum Zuge kommen Geruch, Geschmack, der Gaumen hat das Sagen. So gesehen, tritt eine Elementarisierung des Bewußtseins ein, eine Bewegung vom verstandeskontrollierten Kulturmenschen zum sinnendominierten Naturwesen. Ein Stück Zivilisationsprozeß wird eine Zeitlang rückgängig gemacht. Die mühsam eingeübten Kontrollmechanismen des Begehrens werden außer Kraft gesetzt. Deshalb haben auch alle Ordnungshüter, Kirchen, Staatsinstitutionen und Schulen ihre Autorität dafür eingesetzt, die partielle Entfesselung des Bürgers zu diffamieren; wenn die Zwänge der Tugenden erst einmal gelockert seien, dann würden auch andere Neigungen freigesetzt, dann liege der Weg zu allen Freizügigkeiten offen.

Der Hang zum Genießen hat auch eine politische Dimension. Ein Volk, das gerne gut ißt und trinkt, ist friedliebender und weniger leicht zu chauvinistischen Aktionen gegenüber seinen Nachbarn zu motivieren; wenn man ihm nicht ausgerechnet die Genußmittel wegnimmt, ist es auch leichter zu regieren. Ein Volk, das für politisches Pathos anfällig ist, für hochtrabende idealistische Ziele, ist dagegen leichter zu revolutionären und kriegerischen Auseinandersetzungen zu verführen. Kriegstreiber und auf militärische Expansion erpichte Volksführer müssen auf die Bereitschaft jedes einzelnen zum asketischen und entbehrungsreichen Leben an der Front bauen können. Ohne diese Disposition eines Volkes zum Verzicht auf Genuß läßt sich eine kriegerische Auseinandersetzung gar nicht beginnen. Universeller hedonistischer Materialismus wäre eine Friedensgarantie, asketischer Idealismus birgt in sich die latente Gefahr von Aggression.

Hier sei noch eine Seitenbemerkung eingefügt. Aus dem Vorstehenden geht hervor, daß jede Art von *Wehrpflicht* den hedonistischen Grundprinzipien widerspricht.[396] Eine sittliche Verpflichtung zu einem Leben voller Unlust ist in diesem ethischen Kontext undenkbar. Dies gilt nicht nur für die Entbehrungen, die der Soldat selber im Feld erleidet, sondern auch für jenen Schaden, den er anderen zufügt. Zudem ist eine staatliche Verfügung über Leben und Gesundheit eines Individuums nach hedonistischen Grundsätzen in höchstem Maße unmoralisch. Der einzelne, aber auch nur er allein, besitzt das Verfügungsrecht über seinen Körper; kein Dritter, sei es eine Person oder Institution, kann ohne sein Einverständnis eine Entscheidung von der Tragweite fällen, wie sie aufgrund des Pflichtsoldatentums notwendig ist: nämlich, wenn erforderlich, sein einziges Leben zu opfern, bzw. seinem Körper irreversible Schäden zufügen zu lassen. Auch die ethische Entscheidung, anderen, nämlich den gegnerischen Soldaten, die Möglichkeit auf Leben, Freude und Genuß zu nehmen, kann nicht ohne Befragung desjenigen getroffen werden, der diese Leiden verursachen soll. Weder die Leidenserduldung noch die Leidenszufügung kann von externer Instanz her verordnet werden. Mit einer hedonistischen Ethik ist demnach nur ein *Söldnerheer* zur Sicherung eines Staates kompatibel. Jeder Bürger hat das Recht, sich für eine bestimmte Idee, für ein geistiges oder materielles Ziel in Gefahr zu bringen. Aber niemand kann ihn dazu zwingen. Ein Söldner weiß, worauf er sich einläßt, daß ihn sein Beruf sein Leben oder seine heilen Gliedmaßen kosten kann; die zugehörige Risikoabschätzung zwischen Verdienst und körperlichem Schaden kann er freiwillig und in reiflicher Überlegung vornehmen. Natürlich wird man von einer hedonistischen Lebensorientierung her auch kämpfenden Söldnerheeren mit Mißtrauen begegnen, da man durch sie für die am Kampfgeschehen Unbeteiligten Unheil befürchten muß. So wäre es für alle Beteiligten das Beste, wenn sie sich dem Lebensgenuß verschrieben und auf jene Vorteile, die man sich nur mit Gewalt verschaffen kann, verzichteten. Die Universalisierbarkeit des hedonistischen Ideals und sein Friedenspotential sind gute Gründe, für diese Lebensform zu werben. Doch vom Krieg wieder zurück zu freudvolleren Tätigkeiten.

Soziales Trinken ist nicht vom gemeinschaftlichen Speisen zu trennen. Die philosophische Reflexion über Rolle und Funktion der Nahrungsaufnahme setzt allerdings einen gewissen physiologischen Materialismus voraus, der gerade der deutschen philosophischen Tradition fremd ist. Nur in Frankreich war, durch den Sensualismus Condillacs vorbereitet, jene intellektuelle Hinwendung zur Stofflichkeit der Welt vorhanden, die erst eine Analyse der Wechselbeziehungen zwischen Geist und den zu sich genommenen Lebensmitteln ermöglichte. Das idealistische Denken, z. B. Kants Transzendentalphilosophie, stellte den Gesichtssinn (ἡ αἴσθησις) in den Mittelpunkt (man denke etwa an seine transzendentale Ästhetik), wohingegen für die Materialisten der Weg offen war, auch über den Geschmackssinn, der die Körperlichkeit stärker sichtbar werden läßt, zu reflektieren. Der Weg der Nahrung macht deutlich, wie wir von den Stoffen der Welt in unserem Befinden abhängen. Es erwies sich in der Vergangenheit als voreilig, Geschmack und Geruch als rein subjektive Sinne abzuwerten, weil sie unfähig seien, allgemeingültige und notwendige Einsichten über die Welt zu liefern. Sicher sind Menschen stark auf Auge und Ohr bei ihrer Orientierung in der Realität angewiesen, aber Zunge und Nase stellen auch Informationskanäle zur Wirklichkeit dar.

Im Jahre 1303 wurde der Bischof Benno von Seitz vom Magistrat der Stadt Weißenfels anläßlich der Weihung der Stadtkirche mit einem auserlesenen Mahl begrüßt: Es wurden gereicht:

Eiersuppe mit Safran, Pfefferkörnern und Honig, Schaffleisch mit Zwiebeln, Brathuhn mit Zwetschgen. Stockfisch mit Öl und Rosinen, Bleie in Öl gebacken, gesottener Aal mit Pfeffer, gerösteter Bückling mit Leipziger Senf, gesottene und gesäuerte Fische, eine gebackene Barbe, in Schmalz gebratene Vögel, eine Schweinskeule mit Gurken.

Fast zweihundert Jahre später, im Jahre 1492, aß der Bischof von Trient, Ulrich III. von Frundsberg, in seiner Residenz mit mehreren Gesandten Venedigs zu Abend. Folgende Gänge wurden aufgetragen: Gekochtes und gebratenes Fleisch mit Fisch aller Art und Salat, Weichseln und Kirschen, ein mit Brot gefüllter Kapaun in einer gelben Sauce, Eier auf hölzernen Spießen, Hasen- und Wildschweinfleisch in schwarzer Sauce, in Öl gebakkene Brezel, Weichselmus, trockener Braten, eine Mixtur aus Milch und Eiern, Konfekt. Wiederum ein paar Jahrzehnte danach gab der Nürnberger Bürger Gustav Scheuerl zu Ehren des großen deutschen Humanisten und Reformators Philipp Melanchthon ein Festessen: Schweinekopf und Lendenbraten in saurer Sauce, Forellen und Äschen, Rebhühner mit Kapaun und Hecht in Sülze, Wildschweinbraten in Pfeffersauce, Käse, Kuchen, Obst, Nüsse, Lebkuchen und Konfekt.

Neuere Forschungen haben ergeben, daß am Hofe des berühmten englischen Königs Heinrich VIII. ein Tageskonsum von 5000 Kalorien und mehr keine Seltenheit war.[397]

Der Ahnherr einer denkerischen Aufarbeitung der beiden letztgenannten Weltzugänge ist Jean Anthelm Brillat-Savarin, der 1825 mit seiner »Physiologie des Geschmacks« den Bedeutungsgehalt der Erfahrungen mit Geschmacks- und Geruchssinn reflektiert. Dazu analysiert er die Gastronomie als Lehre der Beziehungen zwischen dem Magen (γαστήρ) und den dazu passenden schmackhaften Stoffen. Mit dem Untertitel »Betrachtungen über die transzendente Gastronomie« will er nicht darauf hinaus, daß die Geschmackslehre Gegenstände behandelt, die wie Gott, Freiheit und Unsterblichkeit jede mögliche Erfahrung überschreiten, sondern als reiner Empirist unterstreicht er damit die Bedeutsamkeit[398] eines theoretischen Verstehens des Verhältnisses vom Menschen und seiner Nahrung. Die Gastronomie berührt viele Gebiete, von der chemisch-medizinischen Seite über die soziale bis zur psychischen Ebene des persönlichen Wohlbefindens und der Befriedigung des Nahrungsstrebens. »Die Feinschmeckerei ist eine Aeusserung unserer Urtheilsfähigkeit, wodurch wir den angenehm schmeckenden Dingen von denjenigen, welche diese Eigenschaft nicht besitzen, den Vorzug geben.«[399]

Als interessanten Zug seines Werks stellt Brillat-Savarin eine Parallele zwischen Geschmack und Geschlechtlichkeit her.[400] Er führt den Begriff des »Zeugungssinnes« ein und bemerkt, daß das Streben der Geschlechter, sich zu vereinigen, der Erhaltung der Art ebenso dient wie das Streben des einzelnen nach Nahrung der Erhaltung des Individuums. Die Eingemeindung des Strebens nach sexueller Vereinigung in die allgemeine Klasse der lebensnotwendigen Bedürfnisse analog dem Bedarf an Nahrung zeichnet ihn als naturalistischen Rationalisten aus. In beiden Fällen liegt ein Mangel vor, eine Unvollständigkeit; Hunger nach Speise strebt nach Befriedigung, Hunger nach Liebe ist Sehnsucht nach körperlicher und seelischer Wärme. Aus materialistischer Sicht liegt dabei kein kategorialer Unterschied vor: Hunger, Durst und Sehnsucht nach Vereinigung mit dem anderen Geschlecht folgen demselben Strukturplan des Menschen. Aus der Kultivierung der jeweiligen Erfüllungsformen des Begehrens ergibt sich auch eine Beziehung zwischen den Sehnsüchten. Die Gastronomie bereitet die Plattform, auf der Paare sich näher kommen. Das Mahl bietet Anknüpfungspunkte; die Lust an den Speisen, die Reflexion über den Genuß beim Tafeln leiten über zu weiteren körperlichen Vergnügungen. Michel Onfray hat zu Recht darauf hingewiesen, daß Brillat-Savarins Entwurf der kollektiven Sinnesfreude von Charles Fourier und dessen utopischen Gesellschaftsmodell des Hedonismus inspiriert ist.[401]

Von der sinnlichen Kraft durch japanisches Essen.

Roher Fisch und Gemüse, wie sie die japanische Küche bietet, stärken den Liebeshunger auf ganz gesunde Art. *Unagi*, japanisch für Aal, tut sich dabei besonders hervor – behaupten zumindest die japanischen Liebenden: Allein in Tokio soll es über 3000 spezielle Aalrestaurants geben. Das beste Aalgericht heißt *Kabayaki* und wird auf einem Lacktablett, *Jubako*, serviert. Dazu ißt man Reis, Suppe und sauer eingelegtes Gemüse. Kulinarisch interessant ist auch Aal auf Bambusspießen mit Kräutern und als Suppe.

Die Japaner verlassen sich allerdings nicht nur auf den Aal. Ihre aphrodisische Wunderwaffe, *Tsukemonos*, wird ähnlich dem römischen Garum zubereitet und zeigt angeblich dieselbe beflügelnde Wirkung. Die japanische Küche bietet *Tsukemonos* verschiedener Wirkungsgrade an. *Shio Uke*, eine andere Spezialität, besteht aus Rettich, Kürbis und Gurken, die man lagenweise gesalzen in ein Faß schichtet. Dieses wird mit einem großen

Stein beschwert, so daß Saft aufsteigt. *Shoga Zuke* ist eine Ingwersauce, *Wasabi Zuke* ist Pferderettich mit Sake. Am teuersten ist *Umeboshi Zuke*, das auch die stärkste Wirkung zeigt; man bereitet es aus frischen Pflaumen, die mit ihrer glänzenden Haut und bedeutungsvollen Form wie geschaffen für ein traditionsreiches Liebesrezept scheinen.

Tempura heißt die japanische Methode, Fisch so heiß zu fritieren, daß er hell und trocken bleibt – und zudem leicht verdaulich. Der Pfannkuchenteig dafür, *Koromo* genannt, wird mit Eiswasser angerührt und sehr schaumig geschlagen. Japanische Köche würden einen *Koromo* niemals zweimal verwenden, schließlich muß er dünn sein wie Papier und durchsichtig. Die fertige *Tempura* dippt man in eine Sauce, z. B. *Tsukemono*, am häufigsten *Daikon*, eine Variation mit schwarzem Seegras, weißen Sesamsamen, Mandeln und Cashew-Kernen. Puristen dippen übrigens nur in Meersalz.[402]

Beiden gemeinsam ist auch eine kritische Haltung gegenüber dem überkommenen, christlich asketischen Lebensideal. In dieser Tradition wurde der kulturelle Spielraum, den sich die Menschen im Laufe der Evolution erobert haben, mißbraucht, um ihn mit transzendenter Metaphysik auszustopfen. Der gastronomische Hedonist plädiert dafür, diesen kulturellen Freiraum zur Verfeinerung der natürlichen Eß- und Trinkbedürfnisse einzusetzen, Hunger und Durst nicht nach dem Minimalprinzip, sondern mit komplexen Gerichten und raffinierten Getränken zu befriedigen. Ebenso stellen die Menschen den Sexualtrieb ja auch nicht auf dem kürzesten Wege zufrieden, sondern verlängern dieses Geschehen zum Beispiel mit Aphrodisiaka und intensivieren durch ausgeklügelte, reizvolle Accessoires das Vorspiel. Der gastronomische Hedonist ist glücklich darüber, daß die Natur dem Körper jene Begehrlichkeiten mitgegeben hat und antwortet mit kultureller Vielfalt auf die Bedürfnisse. Der Körper dankt es ihm. Ein feinsinnig ernährter Leib, dessen Triebverlangen auf abwechslungsreiche Weise gestillt wurde, entwickelt auch hervorragende geistige Qualitäten. Sein Verstand, seine Phantasie und seine Eloquenz blühen. Der Körper erhält die allerbeste Bewirtschaftung und liefert dafür auch die optimale geistige Leistung. Dies und nichts anderes befürworten die Theoretiker lukullischen und erotischen Vergnügens. Ein ausgeglichener, zufriedener Körper arbeitet erfolgreich, und dieser Erfolg ist wiederum die beste Belohnung für seine gute Behandlung. Isabel Allende hat es jüngst noch einmal formuliert, daß nicht die Askese, sondern die Lebensfreude den schöpferischen Impetus liefert: »Gibt es eine Verbindung zwischen Schöpferkraft und Erotik? Ich hoffe, sie existiert. Das tiefe Behagen, das ich empfinde, wenn ich gut gegessen und in Liebe geliebt habe, spiegelt sich in meiner Arbeit wider, als sende der dankbare Körper seine besten Energien aus, um meinem Schreiben Flügel zu geben.«[403]

Wenn der Körper jedoch mit der Zeit etwas von seiner Spannkraft, die zum Erleben notwendig ist, verloren hat, dann gilt es, dagegen etwas zu unternehmen.

Eine Medizin, um eine zu sehr erweiterte Scheide wieder schmal zu machen: 4 Teile Melone, 2 Teile Mohrrübe

Diese beiden Dinge werden zu Pulver gestoßen und in ein Gazesäckchen getan. Wenn dies in die Juwelpforte hineingesteckt wird, so wird sie sicherlich enger werden.

Ein Mittel, um den Perlenstab des Mannes groß zu machen:
West-Pferd-Pille:

5 Teile Aloeholz, 6 Teile Weihrauch,
6 Teile Myrrhe, 5 Teile Magnolie
6 Teile Majoran, 1 Teil Gewürznelken
7 Teile Wegerich, 4 Teile Pfirsichkerne

Diese acht Bestandteile werden pulverisiert und mit Wasser zusammengemischt. Daraus formt man eine Pille in der Größe einer Walnuß. Diese wird in Reiswein eingenommen.

Wenn ein Monat vergangen ist, wird der Perlenstab lang und dick sein.[404]

So einleuchtend auch der Zusammenhang von Erlebnisfähigkeit und Kreativität klingt, so wenig weiß man heute, ob die Durchführung des Programmes eines gastronomischen Hedonismus durch *genetische* Faktoren behindert werden kann. Genußunfähigkeit in krankhafter Form liegt bei *Anorexia nervosa* vor, Magersucht, die eine psychogene Eßstörung mit verzerrter Einstellung gegenüber Nahrungsaufnahme darstellt, eine unbegründete Angst vor Übergewicht und ein gestörtes Verhältnis zum eigenen Körper beinhaltet. Die *Bulimia nervosa*, der Heißhunger, gehört ebenso zur Klasse der seelisch verursachten, gestörten Verhältnisse zur Nahrungsaufnahme. Beide Extremformen lassen den Gedanken aufkommen, daß auch der noch nicht krankhaften Genußunfähigkeit eine anlagebedingte Disposition zugrunde liegt. Dies ist insofern von Bedeutung, als es die Lehrbarkeit eines Hedonismus von Essen und Trinken betrifft. Kann man durch die Lektüre genießerischer Beschreibungen von schönen Speisen und köstlichen Weinen einen Menschen verführen, wenn bei ihm keine Neigung zum kulinarischen Genießen vorhanden ist? Anders gefragt: Werden Feinschmecker geboren? Die Neurobiologie der Zukunft wird uns sicher mehr darüber berichten. Überraschend wäre es nicht, wenn sie die Frage bejahte.

Einen Hinweis in diese Richtung, und zwar bezüglich der Alkoholverträglichkeit, haben wir bereits heute in den Händen. Der Metabolismus von Ethanol erfolgt im menschlichen Körper durch Alkoholdehydrogenase (ADH) zu Acetaldehyd und mit Aldehyddehydrogenase weiter zu Essigsäure. Die individuelle Konzentration des Enzyms ADH, das für den Abbau des Ethanols verantwortlich ist, kann nun erblich bedingt schwanken bzw. ist bei manchen Rassen in geringerer Konzentration im Magen-Darm-Trakt vorhanden.[405] Dadurch ändern sich natürlich auch das Sozialverhalten und die Sitte des Trinkens in Gesellschaft. Denn jemand, der Alkohol schlecht abbauen kann und deshalb die Nebenwirkungen erheblich spürt, wird sich nicht gerne in dieses »künstliche Paradies«, wie es Baudelaire genannt hat, begeben.[406] So erklärt sich sicherlich eine natürliche Neigung oder Abneigung, sich dem äthylischen Vergnügen hinzugeben.

Selbst wenn man seine Veranlagung kennt oder zumindest ahnt, wo man sich in der Verträglichkeitsskala einzuordnen hat, bleibt das Wertentscheidungsproblem bestehen: Soll man sich den Ratschlägen der Diätetiker fügen und auf ein möglichst langes Leben völlig ohne äthylische Freuden bauen, oder soll man den Kompromiß eingehen, daß man nur soviel Ethanol zu sich nimmt, daß man in jedem Falle signifikant unter der zirrhogenen Grenzdosis bleibt. Die Gesundheitslehrer tendieren zu einem grundsätzlichen pharmakologischen Calvinismus, den Onfray markant umrissen hat: »Es geht in gewisser Weise darum, schon zeitlebens zu sterben, weil es danach zu spät sein könnte. Schon vor dem Tod eine Leiche werden, die Gefühllosigkeit von Kadavern anstreben, folglich nicht trinken, nicht essen. Oder so wenig wie möglich und dazu den Rat, alle Freuden der Gastronomie als Sünde zu betrachten (...), so daß einem die Lüste des Gaumens vergällt werden.«[407] Der Aufruf zum frugalen Leben wird nicht nur medizinisch begründet, sondern es ist auch Ideologie mit im Spiel, wenn es darum geht, möglichst lange schaffensreich und für die Gesellschaft nützlich tätig zu sein. Die Option, ein vielleicht etwas kürzeres, aber dionysisches, rauschhaftes, maßloses, triebhaftes Leben zu führen anstelle eines längeren harmonischen apollinischen Lebens,[408] wird dem Bürger meist schon deshalb verwehrt, weil die Ungebärdigkeit des Weingottes mit Freiheitsdrang und Rebellion gegen soziale Regelsysteme verbunden ist. Seit griechischer Zeit ist der Spruch der Volksweisheit ἐν οἴνῳ ἀλήθεια tradiert,[409] der sicher nicht in erster Linie kognitiv zu deuten ist, sondern normativ: im Wein darf sich verborgenes Wissen entfalten. In der dionysischen Enthemmung entledigt sich der sonst angepaßte Bürger der Zwangsmoral, die ihn üblicherweise bedrängt, und begehrt Unbotmäßiges. Spirituelle Getränke verführen zum Ungehorsam, zu Spontaneität und Autonomie. Die Wahrheit, die ihm in glücklicher Beflügelung zuteil wird, ist die Erkenntnis seiner regelgeleiteten Eingrenzung, die ihn im Alltag umgibt. Zumindest für kurze Zeit verweigert er den bürgerlichen Gehorsam – ein Aussteiger für einen Abend. Wenn es ihm nicht gelingt, auf dem Bacchanal eine schöne Bacchantin zu verführen, eine Mänade, die seine Euphorie teilt, so wird er doch in seinem erweiterten Vorstellungsraum hedonistische Kühnheiten durchspielen und sich am virtuellen Ungehorsam freuen. Selbst die temporäre gedankliche Präsenz der Möglichkeiten seiner schlummernden Kräfte fungiert als kleiner Erholungsurlaub von der konformen Eingepaßtheit in den unvermeidlichen Ordnungsrahmen seiner Existenz. Bei aller Neigung zu angeheitertem Nonkonformismus sollte allerdings nicht vergessen werden, daß die Droge »Alkohol« nicht nur lustfördernde Qualitäten besitzt. Wenn Onfray unbekümmert »Alkohol als Königsweg zu den Genitalien« beschreibt, vergißt er die alte pharmakologische Weisheit, daß dies eben nur für die Libido-erweckende Zugangsphase zutrifft, aber nicht für den Potenz-erfordernden Hauptteil des Geschehens. So manche Euphorie weicht dann einer Desillusion, wenn sich nach gebahntem Weg die schöne Illusion nicht umsetzen läßt.

Übrigens ist der Alkohol im Abendland in der gleichen Weise mit Nonkonformismus verbunden wie bestimmte Drogenarten in anderen Kulturbereichen. Bei den Huichol-Indianern im Hochland von Mexiko war lange Zeit die kultische Droge Peyotl verbreitet, die aus der Kaktusart Peyote gewonnen wird und Meskalin sowie weitere Alkaloide enthält. Bei dem Bestreben der christlichen Kolonialherren, dieses Indianervolk zu unterwerfen, zu zähmen und sie in das abendländische Ordnungsschema zu zwängen, spielte Peyotl eine wichtige Rolle: es wurde zum Symbol des Widerstandes gegen die neue Staatsgewalt, weil diese Droge die Indianer so enthemmte, daß sie sich nicht mehr bändigen ließen. Die Drogen, d. h. Alkohol, Peyotl oder Koka in Bolivien und Peru, wurden von der regierenden Schicht nie nach objektiven, pharmakologischen Gesichtspunkten als medizinisch schädlich oder harmlos beurteilt, sondern nach ordnungspolitischen und sozioökonomischen Interessen. Wenn Koka die Indios als Bergarbeiter ausreichend sedierte und ihnen das Hungergefühl nahm, war es akzeptabel, weil damit Leistungsbereitschaft, Minen-Ausbeute und Konformität erhöht wurden. Wenn Peyotl Aufmüpfigkeit und Resistenz gegen oktroyiertes Arbeitsethos förderte, wurde es als »schädliche« Droge abqualifiziert.[410]

Was ist die Eßlust? Eine Weise des In-der-Welt-Seins. Ein Genießen der Luft, des Wassers, des Geschmacks, des Lufthauchs, der Gerüche. Und der Worte, der Worte, der Worte...

Unersättliche Gier der Körperöffnung, die die Leere und das Bedürfnis nach Füllung liebt, auch wenn diese notwendigerweise vorübergehend ist: Eine gefüllte Leere verliert ihren Sinn, indem sie einen Bruch im Raum der Leere erzeugt. Die einfältigen Körperöffnungen suchen indes das vollkommene Nahrungsmittel, das ihren unvermeidlichen Mangel mit einem beständigen Verlangen sättigt. Wie ein Schwamm, der immer wieder ausgepreßt wird. Der Schlemmer ist gierig nach Leben, der Feinschmecker nach Augenblicken und der Vielfraß nach Genuß. Allerdings ist der Mund gleichzeitig der symbolische Träger der Beziehungen zwischen der inneren Subjektivität, die sich auf schmerzliche Weise jeglicher Mitteilbarkeit entzieht, und der äußeren spröden Dingwelt.

Daher das quälende Bedürfnis, das Innere mit dem Äußeren in Verbindung zu setzen, um die quälende Einsamkeit zu überwinden. Und zugleich auch, immer oder fast immer, die hedonistische Begierde nach dem Objekt des Wunsches. Sich sättigen an der guten Milch aus der guten Brust, an der Musik, an den Farben, an den Formen. Mit einem anderen Körper eins werden. Mit mehreren Körpern. Auf verschiedene Weisen.

Den Lebenstrieb bejahen, die Grenzen akzeptieren, die ihm von den Urphantasmen, den Urängsten und der immanenten Gewalttätigkeit auferlegt werden, das Ganze in ein Ich integrieren, das sich auf die Welt hin öffnet, und dann mit einem anderen... Das ist der Wunsch, den die gute Fee (als Repräsentantin der Mutter) vor jeder Wiege aussprechen sollte.

Ein Schlemmer zu sein heißt, liebesfähig zu sein.[411]

Humor und Problembewältigung

Zu den geselligen Freuden im Kreis gleichgesinnter Freunde gehört – gerade auch in Verbindung mit leichter Angeheitertheit – der *Humor*. Bei manchen Illuminierten öffnen sich zu später Stunde in unglaublicher Weise die Schleusen, um Schnurren, Anekdoten und Witze zu erzählen. Es ist nicht einfach, hinter den vielfältigen humorvollen Erzählungen eine einheitliche Leitvorstellung des Humoristischen zu entdecken. In der typisch komischen Situation wird der gewöhnliche Ablauf der Ereignisse durchbrochen. Moralische Regeln werden unterlaufen, Unverschämtheiten als völlig normal behandelt, kausal unzusammenhängende Vorkommnisse verbunden, semantische Doppeldeutigkeiten ausgeschlachtet, Redundanzen plattgewalzt und Überflüssigkeiten kultiviert. Nehmen wir als Beispiel Karl Valentins Selbstbiographie, die viele dieser Momente enthält:

Karl Valentin, Sohn eines Ehepaares, geboren am 4. Juni 1882. Sein Drang, größer zu werden, ging in Erfüllung, so daß er zur Jahrhundertwende genau 17 Jahre, 6 Monate und 26 Tage alt war. Er lernte aus Gesundheitsrücksichten die protestantische Religion. Sein Hang zur Musik ist alltäglich. Kaum den Kinderschuhen entwachsen, kauften ihm seine Eltern größere. Er hat die ganze Welt bereist mit Ausnahme von Amerika, Asien, Afrika, Europa und sämtlichen anderen Ländern. Etwas von den körperlichen Eigenschaften Karl Valentins zu beschreiben, ist am Platze. Sein Körpergewicht ist unwichtig, seine Größe länglich, sein Gang beweglich, sein Charakter charakteristisch, seine Haltung lächerlich. Er lebt von der Unsinnfabrikation, er gedenkt, Reichtagsabgeordneter bei eventuellem Stellungswechsel immer werden zu können.[412]

Karl Valentin · 1882-1948

Die Mischung aus alogischen und verstehbaren spitzfedrigen Anspielungen ist sehr bezeichnend für die Diktion des bayerischen Komikers.

Als Leitmotiv hinter der verbreiteten Kultur des Humors und hinter der offensichtlichen Freude an absurden, kontrakausalen, irrsinnigen Lebenssituationen vermuten Philosophen und Psychologen diverse Steuergrößen. Henri Bergson meinte, daß im Witz vor allem die menschliche Unfähigkeit sichtbar gemacht wird, mit der sich schnell wandelnden Komplexität des Lebens fertig zu werden.[413] Viele Szenen von Karl Valentin fallen sicherlich unter diese Kategorie. Auch Bertolt Brecht hat dies so gesehen: »Hier (bei Karl Valentin) wird gezeigt die *Unzulänglichkeit aller Dinge*, einschließlich uns selber. Wenn dieser Mensch, eine der eindringlichsten geistigen Figuren der Zeit, den *Einfältigen*, die Zusammenhänge zwischen Gelassenheit, Dummheit und Lebensgenuß leibhaftig vor Augen führt, lachen die Gäule und merken es tief innen.«[414] Die Freude an gespielten Katastrophen entlastet sicher vom realen Ärger mit der gerade im technischen Zeitalter immer komplizierteren Gerätewelt, die uns ausweglos bedrängt. In vielen scherzhaften Geschichten spielt auch der Überraschungseffekt eine wesentliche Rolle. Eine Erzählung nimmt nach einem ernsthaften Anfang eine zwar logisch mögliche, aber sachlich völlig unplausible Wendung, die der Zuhörer niemals erwarten konnte. Die Heiterkeit wird durch eine Verfremdung des ursprünglichen Kontextes erreicht, der dabei mit einem kategorial völlig unpassenden anderen Zusammenhang gekoppelt wird.

Vor allem Arthur Schopenhauer hat diese zwar logisch zulässige, aber semantisch unsinnige Kategorienvermengung als zentralen Zug humoriger Kontexte herausgestellt. Dies trifft sicher auf Valentinsche Anzeigen zu: »Besseres Mädchen (von kinderlosen Eltern) sucht Stellung als Empfangsdame in einer Hufschmiede. Sieht mehr auf hohen Lohn als auf schlechte Behandlung.«[415]

Die philosophisch tiefgründigste Analyse der Funktion des

Humors geht auf Sigmund Freud zurück, der die psychische und gesellschaftliche Situation des Witzeerzählers und -konsumenten mit berücksichtigt. Wenn man die Zielobjekte durchmustert, über die bevorzugt gewitzelt wird, dann fällt auf, daß im allgemeinen sexuelle Themen vorherrschen und diese auch die beste Garantie für einen Lacherfolg in sich tragen. Schon dieses Faktum suggeriert, daß Humor für Entlastung von Restriktionen sorgt, welche unseren natürlichen Antrieben durch die gesellschaftlichen Konventionen auferlegt werden. Die Ursache des Gelächters ist dann eher selten eine unerwartete Wendung, sondern die Übertretung des Tabus, etwas konventionell Unaussprechliches direkt zu nennen. Gesellschaftlich verpönte Gedanken und Gefühle dürfen im humorvollen Kontext ausgedrückt werden. Obszönitäten sind erlaubt. Für einen Moment wird die Restriktion aufgehoben, allerdings nur, bis der Scherz verklungen ist. Für diese freudianische Deutung spricht auch, daß über den Gegenstand des Lachens keineswegs in einer anschließenden ernsthaften Gesprächssituation weitergeredet werden darf. Denken wir etwa an folgende Geschichte, die man sich in Spanien erzählt:

»Weißt du, warum Junggesellen schlank sind und Ehemänner dicke Bäuche haben?«

»Nein – warum?«

»Der Junggeselle kommt am Abend nach Hause, macht den Kühlschrank auf, sieht, daß es sich nicht lohnt, und geht schlafen.

Der Verheiratete kommt am Abend nach Hause, geht zum Ehebett, hebt die Decke auf, sieht, daß es sich nicht lohnt, und geht zum Kühlschrank.«[416]

Diesen Witz kann man sicher zur vorgerückten Stunde, wenn der Alkohol schon etwas für Enthemmung gesorgt hat, auch in Kreisen traditionalistischer Staatsbeamten erzählen, man muß aber fast sicher davon ausgehen, daß die Thematik im seriösen Gespräch als peinlich empfunden und sich der Hauptstrom der Unterhaltung schnell harmloseren Gegenständen zuwenden würde.

Freud hat eine überraschende Parallele zwischen Scherzen und Träumen konstatiert:[417] In beiden Situationen wird gleichermaßen der Zensor, der die internalisierten Hemmungen im bewußten Alltagsleben repräsentiert, umgangen. Im Humor wie im Traum werden verborgene Wünsche entschleiert, unter der Maske des Witzes ist Unerledigtes, Unbefriedigtes versteckt. Mit dem Scherz haben wir aber ein Instrument in der Hand, Unbewältigtes dimensional zu verkleinern. Worin liegt nun die *hedonistische* Funktion des Humors? Sicher einmal in der freudvollen Betätigung der Lachmuskeln selbst; darüber hinaus aber auch in der Relativierung von sittlichen Prinzipien, die sonst mit verbissenem Ernst verteidigt werden und dem Lustgewinn im Wege stehen. Zwar ist, wie wir am obigen Beispiel gesehen haben, nicht zu erwarten, daß Humor einen entscheidenden Beitrag zur Befreiung von gesellschaftlichen Repressionen bringen kann, weil seine Wirkung auf ein winziges zeitliches Intervall eines Ausnahmekontextes beschränkt ist. Dennoch sollte man dieses Genre pflegen, weil darin wertvolle Reflexionsmomente enthalten sind, die unterschwellig doch zu relativierendem Hinterfragen führen können. Der systematische Gewinn liegt somit in der Verstärkung jener Einstellung, die letztlich *Toleranz* kennzeichnet. Die gedankliche spielerische Tabuverletzung antizipiert eine mögliche Welt, in der das Witzgeschehen real ist. Daneben charakterisiert heitere Gelassenheit von jeher den abgeklärten Hedonisten. Zu wünschen ist deshalb, daß von der isolierten Situation des Humors Einstellungen auf die Lebenspraxis überfließen. Man sollte die Fähigkeit entwickeln, in zunächst nichtaufknotbaren gordischen Situationen nicht das Schwert zu ziehen wie Alexander, sondern das Komische an der Lage zu entdecken. Ein Gelächter an der richtigen Stelle zum Zeitpunkt einer anscheinend unauflösbaren Verwirrung kann einen dialektischen Umschlag der verbissenen auf Lösung orientierten Einstellung in eine gelockerte, auf schicksalshafte Akzeptanz hingerichtete Haltung mit sich bringen. Die Gelöstheit allein kann dann den rettenden Einfall katalysieren, weil der Verstand, weniger fokussiert auf einen Problemkomplex, nun einen erweiterten Theorieraum zur Verfügung hat, innerhalb dessen auch diese Verwicklung sich löst.

Eine existentiell bedrohliche Situation, eine ökonomisch fatale Lage, eine emotionale Ausweglosigkeit engen unsere Phantasie, in der die notwendigen Hypothesen für die Lösungsansätze lagern, unglaublich ein. Die hektische Zentriertheit auf einen ad hoc zu findenden Ausweg paralysiert die Vernunft und den Zugriff zum Ideenvorrat. Die Wendung der scheinbaren Aporie ins Komische öffnet aufgrund ihrer entspannenden Funktion ein Reservoir an Möglichkeiten, an die man zuerst nicht denken konnte; unter veränderten Umständen zeigt sich oft eine Variante oder Alternative nach dem bewährtem Muster klassischer Strategie: eine Festung, die sich nicht einnehmen läßt, umgeht man.

Jedenfalls besteht kein Zweifel, daß Menschen, die in der Lage sind, schwierige Situationen ins Komische zu ziehen, in den allermeisten Fällen schon den Schlüssel zu deren Bewältigung in der Hand haben. Eine Entkrampfung der Einstellung, eine Depotenzierung der vielleicht zu hoch empfundenen Wertigkeit des Zielobjektes schaffen günstige Voraussetzungen für den Erfolg. Humor zieht das Leben ins Spielerische. Er destruiert den tierischen Ernst, der uns in den meisten Situationen abverlangt wird, und macht durch dessen psychologische Transformation in den Unernst aus scheinbar tragischen Umständen ertragbare Lebenslagen: Eifersuchtssituationen werden in Lustspielfassung entdramatisiert.

Mit dieser Charakterisierung des Humors ist ein Modell entworfen, in dem durch eine humoristische Wendung die spielerische Bewältigung von Zwistigkeiten erreicht wird. Die Komödie, in der die lebensechte Konfliktsituation in ihrer Wertigkeit heruntergespielt erscheint, entlastet jenen Zuschauer, der in der Lage ist, die Übertragung auf seine reale Überlebensproblematik vorzunehmen. In diesem Transfer liegt allerdings auch die Schwierigkeit, nämlich humoristische Depotenzierungen von

Konflikten auf der Schauspielebene in die Realität einzubauen. Wenn Aristophanes oder Molière eine gelungene Lösung für eine Alltagsschwierigkeit vorschlagen, bedarf es der Abstraktion vom Zeitgeist der jeweiligen Epoche, um echten Gewinn für die aktuelle Problematik zu ziehen. Sonst geht der Zuschauer nach Hause und findet dennoch den Ausweg aus seiner Sackgasse nicht, weil er die Anwendung der dichterischen Idee nicht sieht oder ihr mißtraut.

Luxus und Überfluß

Zu den permanenten Vorwürfen, die der konsequente Hedonismus zu parieren hat, gehört seine Abqualifizierung als luxuriöse Lebensform.[418] Luxus trägt von jeher das moralisch negative Bedeutungsmoment der widernatürlichen Ausschweifung mit sich, überflüssig in antiker Sicht,[419] sündhaft unter christlicher Perspektive. Der pejorative Sinn ist bis heute in einigen europäischen Sprachen ausgeprägt, wenn zum Beispiel im Spanischen »lujo« Luxus und Pracht bedeutet und das verwandte »lujuria« mit Unzucht, Geilheit und Üppigkeit wiedergegeben wird. In moralischer Hinsicht war man sich lange Zeit einig über die Verwerflichkeit des üppigen Lebensstils, nicht nur unter dem christlichen Aspekt der Sünde, sondern auch unter dem Gesichtspunkt einer sparsamen Bewirtschaftung der Lebenskräfte. Vielleicht aus einer Reaktion vom Typ »saurer Trauben« verbreiteten sparsame Tugendhüter die Mär, daß ein Leben in Luxus aufreibender sei als der einfache Stil der Genügsamkeit. Vermutlich stand dabei die Befürchtung im Hintergrund, daß bei einer Verfügbarkeit unbegrenzter Mittel alle vernünftigen Hemmungen über Bord geworfen würden. Später dann kamen aber doch Zweifel auf, ob die Tugend des schlichten Lebens nicht einfach auf einer Rationalisierung der Situation mangelnder Ressourcen gründet. Zudem wiesen auch die Ökonomen darauf hin, daß der erhöhte Verbrauch von Waren durch einen Teil der Bevölkerung, auch wenn er mit sozialer Ungleichheit einhergeht, Arbeitsplätze schafft, den Umsatz steigert und das Geld zirkulieren läßt, so daß das gute Leben der Reichen indirekt auch die Lebensqualität der Armen zu erhöhen vermag. In diese Richtung zielt der schon früher erwähnte Bernard de Mandeville mit seiner Bienenfabel, durch die er zeigen will, daß das lasterhafte Leben der Individuen sich durchaus als förderlich für die Wohlfahrt der Allgemeinheit auswirken kann.[420] Die Entmoralisierung des luxuriösen Lebensstils und dessen ökonomische Einordnung versachlichte die Diskussion um die Beurteilung des opulenten Lebens sehr, zudem man sich nun auch Gedanken machte, wie eine Abgrenzung von üppiger Verschwendung und minimalem Lebensaufwand zu treffen sei. Die Grenzziehung ist letztlich kultur- und regionsabhängig. Die Ursache für sozialen Unfrieden ist primär immer die starke Streuung in den Einkommen und erst sekundär der Verwendungszweck, den die Besserverdienenden mit dem Überschuß anstreben. Sobald in einer Gesellschaft jemand ein wenig mehr Geld besitzt, als er für das überlebensnötige Grundquantum an Waren braucht, beginnt er mit dem Rest eine letztlich nur als »luxuriös« zu bezeichnende Verschönerung seines Lebens. Ab welcher Grenze der Luxus rechtens zum Laster gestempelt werden kann, dürfte wohl kaum entscheidbar sein. Schon Voltaire hat auf den stetigen Übergang hingewiesen, der zwischen dem luxusfrei lebenden Tier und dem einfachen Naturmenschen existiert, der sich bereits ein wenig nicht unbedingt überlebensdienlichen Komfort in seinem kargen Dasein gönnt.[421] Auch vom Standpunkt eines kulturellen Lebens sollte man nicht übersehen, daß dieses selber in gewissem Sinne als Luxus einzustufen ist und daß das kulturelle Schaffen nicht in Ländern mit asketischer oder puritanischer Grundeinstellung floriert. Wenn eine Gesellschaft nicht bereit ist, ein wenig von ihrem erwirtschafteten Nettogewinn für die Einrichtung von Opernhäusern abzuzweigen, gibt es keine Motivation für Komponisten und Librettisten, Opern zu schaffen. Bezüglich der Typologie von Luxus liegt also dieselbe Schwierigkeit vor, der wir schon bei den Bemühungen begegnet sind, Wertstufen in die Lustformen einzuführen. Wenn Kant zwar *Üppigkeit* als Übermaß des *geschmackvollen* Genusses noch billigen will, aber *Schwelgerei* als *geschmacklosen* Genuß ablehnt,[422] so sieht man die ganze Subjektivität der hoffnungslosen Abgrenzerei: bei den meisten Autoren läuft es letztlich nur wieder auf ein Vorurteil gegenüber der Sinnlichkeit hinaus. Luxuskritiker tolerieren vielleicht noch eine üppige Opernausstattung, aber eine verschwenderische Investition in Liebesangelegenheiten »entgleist« dann zur Schwelgerei. Aber wer möchte versuchen, einen guten Grund zu finden, daß eine teure Opernvorstellung ein sittlich höherwertigerer Luxus ist als eine erfüllte Liebesnacht mit einer kostspieligen Kurtisane? Objektivierbare Grenzziehungen zwischen geistiger und körperlicher Sinnlichkeit sind im epikureischen Kontext eben nicht durchführbar.

Das Moment der Sinnlichkeit spielt auch die entscheidende Rolle in Werner Sombarts Analyse des Luxus und dessen ökonomischen Verflechtungen.[423] Er sieht in Luxus und Sparsamkeit alternative Formen des Umgangs mit Sinnlichkeit. Es handelt sich dabei um zwei Arten der Bewirtschaftung von Gütern: der verschwenderische Genuß und der asketische Verzicht. Sombart bildet die Analogie zur Sexualität, wo ein freies, vielfältiges Liebesleben einer verkümmerten Minimal-Erotik gegenübersteht. Luxus bedeutet allgemein also die zügellose Befriedigung der Sinne, das heißt das Ausleben der sensorischen Möglichkeiten, sei es mit Personen oder durch Dinge, die Wohlgefallen erregen. Der Genuß von Wohlstand wird dabei im völlig außermoralischen Sinne verstanden; falls jemand einen Einwand gegen den Gebrauch der rechtmäßig erworbenen Mittel vorbringen möchte, hat dieser Befürworter der Beschränkung die Begründungslast.

Der häufigste Einwand gegen den Luxus betrifft die *Vergeudung* kostbarer Ressourcen, die ein luxuriöses Leben mit sich bringt. Daran ist etwas Richtiges, wenn man von der Endlichkeit bestimmter kostbarer Ressourcen ausgeht, die unersetzlich verschleudert werden. Allerdings sollte auch bedacht werden, daß der durch den kapitalistischen Luxus erzeugte Erfindergeist das Bestreben mit sich bringt, neue Lagerstätten zu erschließen bzw. neue Technologien zu entwickeln, um alte Lagerstätten noch ergiebiger auszubeuten. Die Zahl der tatsächlich verfügbaren Energiequellen ist niemals eine Konstante, sondern hängt vom Einfallsreichtum der Theoretiker und Techniker ab. Die Verfügbarkeit von Rohstoffen ist somit niemals vorhersehbar, da wir künftige technologische Einfälle nicht voraussagen können. Der Kapitalismus und die Eigendynamik des Marktes fördern zweifellos den verschwenderischen Umgang mit Gütern, aber beide enthalten auch viel Innovationspotential, um neue, vielleicht völlig andersartige Lagerstätten lohnend zu erschließen und den mit einer hohen Entropieproduktion verbundenen Abfall umweltfreundlich zu entsorgen.

Zudem ist ein luxuriöses Leben nicht automatisch nur *quantitative* Steigerung des Durchlaufs von Waren, sondern sehr oft auch energetisch sparsame Verfeinerung der Gebrauchsgüter. Gerade die *qualitative* Verbesserung erhöht in den meisten Fällen den Genuß, um den es ja beim Luxus geht, eher als eine Vergrößerung des Volumens. Nehmen wir beispielsweise die Musik. Eine tagesfüllende Berieselung mit platter, leicht zu produzierender Unterhaltungsmusik stumpft die Sinne ab. Eine aufmerksam verfolgte, aber aufwendig herzustellende Symphonie liefert dagegen einen tieferen Musikgenuß – zumindest, wenn man sich die Mühe macht, in deren Komplexität einzudringen. Weniger, aber komplexerer Luxus bietet also mehr für die Sinne als die Überfülle simpler Reize. Dasselbe gilt auch für den Bereich des Automobils: Ein dauerhaft, vielleicht über ein Jahrzehnt verläßlich laufender Klassiker bringt mehr Freude als der jährliche Wechsel der neuesten Sportwagenattraktion. Unter Umständen läßt sich der *Verfeinerungsluxus* sogar sparsamer realisieren als eine simple mittlere Standardlösung, bei der quantitativ mehr Mittel benötigt werden. Im hedonistischen Sinne ist also der *Vergeudungsluxus* sicherlich nicht das Optimum. Überhaupt ist anzumerken, daß zumindest im Sinne des späten Epikur ein

Leben im Luxus – wenn man darunter die profanen Genüsse versteht, wozu heute auch noch die technischen Hedonika zu rechnen sind – nicht zu den höchsten Zwecken gehört. Zumindest im Alter war Epikur ein Verfechter des einfachen, natürlichen Lebens. Der Weise braucht bei Wasser und Brot Zeus nicht zu beneiden.[424] Man könnte es eher Aristipp zutrauen, daß er das Angebot der technischen Zivilisation angenommen hätte, sich sein Wohlleben auf artifizielle und luxuriöse Weise zu verfeinern. Die meisten Philosophen allerdings waren eher Verfechter des einfachen Lebens. Aber trotz philosophischer Warnungen scheint die Sehnsucht der Menschen nach einem vollkommenen, paradiesischen Wohlleben immer wieder durchzubrechen. Vielleicht muß man Luxus und Paradiesideal unter dem gleichen Telos subsummieren: Durch Luxus wird die Perfektion des vielfach tristen Daseins angestrebt, und das Paradies ist letztlich die transzendente Projektion dieses irdischen Wunsches. Nirgendwo hat sich dieser Zusammenhang schöner manifestiert als im Koran: »Für die Gottesfürchtigen aber ist ein Ort der Seligkeit bereitet mit Bäumen und Weinreben bepflanzt, und sie finden dort Jungfrauen mit schwellenden Busen und gleichen Alters mit ihnen und vollgefüllte Becher«[425], heißt es in der 78. Sure Al-Naba, die der Verkündigung.

In der Gesellschaft scheint es einen wellenartig sich ablösenden, modehaften Einstellungswandel bezüglich Genuß, Konsum und Luxus zu geben. In stetem Wechsel findet man verehrende und verachtende Haltungen gegenüber Prunk und Üppigkeit, wobei die Kritik in erster Linie der *demonstrativen Opulenz* gilt, jener Zurschaustellung von Gütern, die vorrangig nicht der eigenen Freude dienen, sondern nur Besitz zeigen soll und vielfach sogar mit dem Unvermögen von Genuß verbunden ist. Volkswirtschaftlich spielt dieser moralische Unterschied keine Rolle. Verschwendung, ob individuell Freude bringend oder nur als Demonstration von Vermögen gedacht, kurbelt die Produktion an und liefert Wohlstand auch für jene, die nur herstellen, aber nicht genießen. Die Psychologie des Luxus zeigt, daß dem Streben nach nicht überlebensdienlichen Gütern eine enorme Triebkraft innewohnt. Damit käme eine sittliche Verpflichtung auf Kargheit einer Dämpfung der evolutorischen Innovation gleich, wie die sozialistischen Experimente der menschlichen Geschichte überzeugend gezeigt haben. Abstumpfung und Resignation waren die Resultate des sittlichen Gebotes eines luxusarmen Lebens. Der Wunsch nach Objekten, die »einfach schön« sind, selbst wenn sie nicht adäquat genutzt werden können, beflügelt den einzelnen zu enormen Anstrengungen. Die Leistungskonkurrenz der meisten Automobile ist von dieser Art. Obwohl viele Besitzer die Leistung und Kurvenwilligkeit ihrer potenten Fahrzeuge nicht erproben, weil ihnen dazu der Mut und die Risikobereitschaft fehlen, schwärmen sie von den Qualitäten ihres Besitzes, sonnen sich im Neid der Umgebung und träumen vom virtuellen Siegen über die nachbarliche Konkurrenz. Narzißmus und Repräsentation motivieren den Überschwang und steuern die Anstrengungen, um die erforderlichen Ausgaben für die Luxusgüter finanzieren zu können. Auch jede Familienfeier, eine Verlobung, eine Hochzeit, bedeutet eine Darstellung der Leistungsfähigkeit des Clans, der der Umgebung seine finanzielle Kraft präsentiert. Die Zahl der eingeladenen Gäste, die Qualität von Sekt und Champagner und die Dauer dieses Festes haben eine ökonomische Darstellungsfunktion und steuern die Einordnung der Sippe auf eine bestimmte Gesellschaftsebene.

In der ökonomischen Beurteilung luxuriöser Objekte wie repräsentativer Prachtbauten von Versicherungen oder staatliche Macht demonstrierender Verwaltungsgebäude sollte man Vorsicht walten lassen, weil man deren langzeitliche Funktion nicht leicht abschätzen kann. Wie Hans Magnus Enzensberger in seiner Analyse bemerkt hat,[426] enthält luxuriöse Prachtentfaltung auch ein gut Teil an zunächst nicht berechenbaren Gewinnmöglichkeiten, wie man an dem verschwenderischen Schloß Neuschwanstein sieht, das das bayrischen Volk einst sechs Millionen Mark kostete und das inzwischen über seine Besucher dem Freistaat ein Vielfaches des Betrages eingebracht hat. Die Ressentiments gegen die Freude am Luxus, der das Lebensdienliche überschreitet, gründen vermutlich in den charakterlichen Besonderheiten der meist intellektuellen Kritiker. Deren Skrupel sind weniger durch moralische Bedenken als vielmehr durch Empfindungsarmut und Gemütskälte bedingt. Man denke zum Beispiel an Lenin oder Mao Tse Tung, die ihr Volk an rigoristische Askese gewöhnen wollten, nicht weil dies volkswirtschaftlich geboten war, sondern weil diese Herrscher keinen emotionalen Zugang zu einem glücklichen Leben hatten.

Σωφροσύνη, also vernünftige Besonnenheit und die richtige Wahl schöner Dinge sind allerdings vonnöten, wenn man mit Luxus glücksfördernd umgehen will. Vor allem sollte man jene Güter vorziehen, die viele Möglichkeiten individueller Gestaltung eröffnen und *aktives* Genießen gestatten, bei dem eine bestimmte Menge an Eigenleistung eingebracht werden kann. Vorzugsweise sollte man zum Beispiel lieber einen schönen Flügel, eine wertvolle Geige anschaffen als nur Reproduktionsinstrumente für Musik, die nur *passives* Erleben ermöglichen. Damit ist gewährleistet, daß man seine Freizeit in die Praxis und die Handhabung dieser Instrumente investiert. Bei der allgemeinen Arbeitsnot wird man in Zukunft gehalten sein, zwei Berufe zu erlernen, einen, falls sich Arbeit bietet, und einen, falls man das soziale Netz in Anspruch nehmen muß. Sportgeräte, die zur Teilnahme an Aktivitäten wie Tauchen, Fliegen, Klettern, Skifahren ermuntern, sind bessere Investitionen als optische Wiedergabeapparate, die nur zeigen, wie *andere* Menschen ihr Leben aktiv gestalten. Alle Luxusgegenstände, die Leistung fordern, die Anstrengung mit sich bringen, die körperliche Aufbauarbeit bedingen, liefern wesentlich mehr Befriedigung und Lustgewinn als die auf reine Rezeptivität ausgelegten Unterhaltungsmaschinen, die den Zuschauer und Zuhörer über kurz oder lang zur geistigen und körperlichen Atrophie führen. Ein solcher *aktiver* Luxus bringt einen reicheren Lebensstil mit sich; die Verführung, mit den neu erworbenen funktionalen Objekten ein *aktives* Dasein zu gestalten, ist viel größer als jener *passive* Luxus eines Brillantkolliers, das nach kurzer Bewunderung seinen Reiz verliert und als toter Gegenstand seine lustbringende Rolle ausgespielt hat.

Besonnenheit ist auch vonnöten, um die eigenen, individuellen Möglichkeiten beim Auswählen ästhetischer Objekte auszuloten. Ein gewisses Maß an Selbsterkenntnis und Einsicht in die eigenen emotionalen Dispositionen ist unumgänglich, um nicht permanent in kostspielige Luxusgüter zu investieren, deren Verwendung man dann nicht gewachsen ist oder die gar nicht der eigenen Gemütslage entspricht. Dies gilt gleichermaßen für aufwendige Geräte wie Personalcomputer, Fitneßanlagen, Sprachtrainer oder schöne Einrichtungsgegenstände. Es ist nicht leicht, seine echte individuelle Lebenslinie in der heutigen Verführungsszenerie des Marktes zu finden. Epikurs schon erwähnte ἐγκράτεια, Beherrschung des Luststrebens, schützt in vielen Fällen vor Enttäuschung und Fehlinvestitionen. Mit diesen Vorbehalten kann man sich dem ästhetischen Hedonismus des Lebens, bei dem man sich mit Dingen umgibt, die Wohlgefallen auslösen, durchaus hingeben. Von moralischer Seite her läßt sich kein Fehl daran finden.

»Make love, not war«, hedonistische Jugendkultur

Oh, Cäcilia! Sie kamen im Wiegeschritt, das Kofferradio geschultert, abwechselnd Kaugummi kauend oder Schokolade, sie hatten viel Freizeit und wollten singen und tanzen, sie gründeten einen Rundfunksender – American Forces Network – und eröffneten einer lernbegierigen Jugend die bis dahin vollkommen fremde nordamerikanische Kultur. Man lauschte Swing und Jazz, erlernte die Fremdsprache, viele Begriffe gingen unübersetzt in den deutschen Sprachgebrauch ein. Im Laufe weniger Jahre verankerte sich fest der Wertekanon Jugendlichkeit – Ungebundenheit – Reisen. Alles begleitet, untermalt und erhöht durch Musik, Musik, Musik in Radio und Kino. In den Musikfilmen bewegten sich die Protagonisten im Wiegeschritt, hatten viel Freizeit, sangen, tanzten, sprachen englisch, vertraten einen freien Lebensstil. Die Zuschauerinnen sprangen in die Petticoats, himmelten ihn an, Elvis über alles, und fielen vorschriftsmäßig in erst Ekstase, dann Ohnmacht: das war das Glück.

Die Frauen arbeiteten und reisten nach Italien. Eine kurvenreiche Blondine im Zweiteiler auf nagelneuem Badetuch, neben sich das unvermeidliche Kofferradio, im Respektsabstand eine Rotte dunkelbraun gebrannter schwarzlockiger Anbeter: das war das Glück.

In den Familien wurde gegessen und gefressen, getrunken und gesoffen. Es folgte die Mode- und die Einrichtungswelle und das erschwingliche Auto für jedermann: das war das Glück. Sparbuch, Eigenheim, Renditen: Musik, Musik, Musik.

Ganztagsarbeit und Haushalt mit Kindern entwickelten sich zu einer Riesenbürde; zaghafter Protest wurde laut, als Johanna von Koczian im Moritatenstil sang: »Das bißchen Haushalt macht sich doch von allein, sagt mein Mann...« Gesetzliche Gleichstellung einerseits, kaum Arbeitsteilung im Alltag andererseits, der Unmut wuchs. Immer mehr durch Berufstätigkeit finanziell unabhängige Frauen verlangten die Scheidung, was wegen des Schuldprinzips zu bizarrsten Verwicklungen führte, z. B. mußte »er« in flagranti ertappt und mit einer fremden Dame fotografiert werden – das ist der Stoff, aus dem Komödien sind. Allerdings nur im Kino, im richtigen Leben konnte sich jeder Wunsch nach mehr Freiheit zur existentiellen Bedrohung wandeln, denn das starre Gefüge der paternalistischen Familie sah feststehende Rollen vor. Doch nicht nur Kritik an diesen Rollenbildern allein begann die Gesellschaft aufzurütteln, es ging um die Struktur der kapitalistischen Gesellschaft ganz allgemein. Dies ist vielleicht ein Kennzeichen der philosophisch-kritischen Ansätze nach 1945 überhaupt: es wird jeder Mangel messerscharf am gesellschaftlichen Corpus seziert und herauspräpariert. Es wird angeklagt und gefordert, verurteilt und verdammt. Im Krieg der Wörter sind die Gefechtsstellungen wie folgt verteilt: Desillusionierte junge Erwachsene formulieren den Existentialismus, allen voran Sartre. Selbstbewußt gewordene Frauen entwickeln die feministische Theorie, allen voran Simone de Beauvoir. Die Frauen können auf die Erfahrungen der Amerikanerinnen zurückgreifen, so daß auf diese Weise ein ganz anderer Aspekt der nordamerikanischen Kultur Einzug hält. Zornige Gesichter, zusammengebissene Lippen, unmusikalische Protestmärsche. § 175, § 218 – das auch war das Antlitz des Anti-Hedonismus oder die Gefechtsstellung der »stabilisierenden« Kräfte.

Wer Anfang der sechziger Jahre ein Teenager war, konnte sich ihrem Einfluß nicht entziehen, sie kamen im Wiegeschritt auf die Bühne, die Gitarre unter dem Arm, sie spielten und sangen und begründeten die weltumspannende Beat-Bewegung. Sie verkörperten Jugendlichkeit, Ungebundenheit und Kraft. The Fab Four (die Beatles) reisten in Sachen Love and Peace um den Erdball, und ihre Zuschauer, wir kennen die Wochenschauen und Filme, verharrten schneebleich tief in Tränen der Verzückung mit offenen Mündern hingegeben stumm der Gewalt der Musik, o Cäcilia: es war Seligkeit.

Das Spiel ist aus. Noch nicht aus sind die Kriege.
Auch zwischen Sparta und Athen der Krieg
ist nicht in Liebe, nein, in Blut erstickt.
So gings bis heute, Jahrhundert um Jahrhundert. –

Die Frauen? – Ja, die Frauen haben oftmals
verflucht den Krieg der Männer, Brüder, Söhne.
Sie kämpfen gegen ihn noch immer an.
Doch kommt kein Friede bloß vom waffenlosen Kampf
der Frauen gegen liebestolle Männer.
Auch Aristophanes hat nicht geglaubt,
es sei so leicht, den Wahnsinn zu beenden,
nur: daß es Wahnsinn war, das wollt' er zeigen,
und daß es denkbar wäre, daß die Liebe
siegt über Vorurteil und altgewohnten Haß.

Und wahr ist auch, daß Frau'n – und manche Männer –
von Zeit zu Zeit erkennen, daß das Treiben
von Rüstung, Feindbild, alter Tradition
Gewohnheits-Unrecht, das sich hält für recht,
zum Lachen wäre, wenns nicht zum Weinen wäre.
Drum denkt heut dran, es geht uns alle an,
es gilt für jede Frau und jeden Mann:
Falls ihr noch leben wollt, verteidigt euch –
vor allem gegen den Verteidigungsfall,
in dem es nichts mehr zu verteidigen gäbe!

Denn zu Lysistratas Zeit war der Krieg
noch menschlich unmenschlich und nicht wie heute.
Es gab noch Sieger und gab noch Beute,
und Aristophanes konnte noch lachen
und sein Athen noch mit ihm lachen machen.
Wir aber brauchen heute andre Rollen,
wenn wir nicht heut nur, nein auch morgen lachen wollen.[427]

Erich Fried · 1921-1988

Ende der sechziger Jahre wollten diese Teenager und Twens in keiner Beziehung in die Fußstapfen ihrer Eltern treten, nicht Häusle bauen, nicht in Vietnam sterben, nicht die große Mühle weiterdrehen, im Mai 1968 brachen alle schwelenden Konflikte offen aus. Die opponierende Jugend wollte alles auf einmal, wollte Hedonismus pur – oder jedenfalls das, was sie darunter verstand. Zwei gängige Schlagworte aus dem deutschen Sprachraum sind typische Kürzel damaligen Selbstverständnisses: »Wer zweimal mit derselben pennt, gehört schon zum Establishment«, und: »Macht kaputt, was euch kaputtmacht«. Und im Hintergrund dudelten die Protestsongs von Bob Dylan, Joan Baez und Franz Josef Degenhard. Die Beat-Generation fragte, was *wirklich* ist. Und fragte, was wirklich *ist*. Das Sein bestimmte das Bewußtsein. Eine Anschauung, die 10 Jahre später in ihr Gegenteil verkehrt war: das Bewußtsein bestimmte das Sein. Zum alternativen Leben in Wohngemeinschaften gehörten nicht nur gemeinsam zu teilende Freundinnen, Geld- und Nahrungsvorräte, sondern auch die Haschischpfeifen, was wesentlich dazu beitrug, die Revolte insgesamt als halbkriminell in Mißkredit zu bringen. Recht auf Rausch? Undenkbar; Alkohol und Tranquilizer genügen doch. Ein Thema, das die Rolling Stones in »Mothers little helpers« besangen. Die Hausfrau als Haushaltsmaschine in einem maschinellen Tagesablauf, der Hände und Füße auf Trab hält, und zwar direkt proportional zu lähmender geistiger Unterforderung. »Mother« wirft sich Pillen ein wie TV-Serien, wo sie das Leben anderer beobachtet, anstatt das ihre zu leben. Ein millionenfaches Roboterschicksal. (Vgl. Abb. 16)

Wie Blüten gehn Gedanken auf
Hundert an jedem Tag –
Laß blühen! Laß dem Ding den Lauf!
Frag nicht nach dem Ertrag!
Es muß auch Spiel und Unschuld sein.
Und Blütenüberfluß,
sonst wäre die Welt uns viel zu klein
und Leben kein Genuß.[428]

Hermann Hesse · 1877-1962

Haschisch damals wurde als Zugang zum Selbst verstanden und begrüßt. Damit eng verbunden die Suche nach einem ganzheitlichen Selbst- und Weltverständnis auf dem spirituellen Wege der Meditation. Die Beatles reisten nach Indien, alle Welt reiste nach Indien, Ravi Shankar reiste in den Westen und seine Musik mit ihm. Musik, abermals Musik. Jetzt aber entwickelte sich eine Synthese, die arabeskenhaft umschlang, was eine ost-westliche Allianz nur zu bieten hat. Inzwischen hatten amerikanische Hippies Landkommunen gegründet, Scott MacKenzie sang: »If you're going to San Francisco, be sure to wear some flowers in your hair«, und alle Blumenkinder skandierten Hare Krishna, Hare Rama... Für einen winzigen Teil der Bevölkerung schien das freie, friedliche Leben Wirklichkeit geworden zu sein. Zwischen Ölkrise, Arbeitskampf und feministischem Kampf blieb immer noch der Blick auf diese Utopie unabhängiger Individualität. Eine gute atmosphärische Beschreibung gibt Timothy Leary: »Die Gefahren des Hedonismus! Die gesellschaftlich gefährliche Entdekkung des Verzückungs-Schaltkreises: ›Meine natürlichen Körpergefühle sind wohltuender und interessanter als territoriale Gesellschaftsbelohnungen. Ich will frei und high bleiben. Irdische Angelegenheiten sind roboterhaft.‹ [...] Sobald das somatische Nervensystem nach Gutdünken an larvale Prägungen angeschlossen oder von demselben losgelöst werden kann, ist der erste Schritt zur Abkehr vom geprägten Roboterdasein vollzogen. Das fünfte Gehirn beginnt direkt die erste Sprache der Natur – die metakulturelle Biochemie des Körpers – zu senden/empfangen. Wenn das Individuum Kontrolle über die neurosomatischen Funktionen erlangt, die Lustgefühle des Körpers wählen und einschalten kann, dann vollbringt Sie/Er den ersten Schritt zur Beherrschung des Nervensystems. [...] Das Auftauchen der hedonistischen Psychologie in den sechziger Jahren ist mit offizieller Geringschätzung und Anklage aufgenommen worden. [...] Politiker sahen genau die kulturelle Gefahr des Hedonismus. Die neurosomatische Sicht befreit den Menschen von der Hingabe an ›Bienenstock‹-Belohnungen (die nun als ›roboterhaft‹ betrachtet werden) und eröffnet Blickwinkel natürlicher Befriedigung und metasozialer ästhetischer Offenbarung. Letztere lautet: ›Ich kann meine inneren, somatischen Funktionen beherrschen, auf daß die einfließenden Stimulanzen selektioniert, gewählt und abgestimmt werden, und zwar nicht auf der Basis von Sicherheit, Macht, Erfolg oder gesellschaftlicher Verpflichtung, sondern in Begriffen ästhetischer und psychosomatischer Weisheit. Sich wohl zu fühlen. Den irdischen Einflüssen zu entfliehen.‹ [...] Die Drogenkultur der sechziger Jahre brachte Millionen verzückter Hedonisten, Sensualisten, Hippies und Naturliebhaber hervor, die, von sozialen Fesseln befreit, umherschwebten, jedoch keinen Platz zur Verfügung hatten, wo sie sich hinwenden konnten.«[429]

Gewiß ist Woodstock für wenige Tage der Ort kosmischer Kommunikation mithilfe der Musik gewesen; danach kam Punk, eine lichtlose Underground-Bohème voller Künstlichkeit, der das Allgemeinverbindliche fehlte. Die Musikszene spaltete sich in unüberschaubare Vielfalt – analog verschwand der einigende revolutionäre Schwung. Jedoch: das Thema »Befreiung der Frau« war gesellschaftspolitisch etabliert und wurde in soziologischer, psychologischer, ökonomischer – usw. – Hinsicht behandelt. Die Feministinnen legten besonderen Wert auf die Feststellung, nicht eine Beteiligung der Frau innerhalb bestehender Machtstrukturen zu fordern, sondern eine Veränderung des Geschlechterverhältnisses *auf der Basis*, was etwas qualitativ Neues war. Der befreite Mensch der Zukunft sollte so männlich oder weiblich oder androgyn sein, wie seine/ihre Natur es eben in sich barg. Er/sie sollte sich wünschen dürfen; er/sie sollte überhaupt wünschen dürfen. Die sexuellen Rollen wurden gründlich hinterfragt, allen voran durch die französischen Intellektuellen. Felix Guattari analysiert wie folgt: »Ich glaube, daß man sich bemühen müßte, eine dritte, mehr molekulare Ebene freizulegen, auf der man nicht mehr in der gleichen Weise die Kategorien, Gruppierungen und ›Spezialitäten‹ unterscheiden würde, sondern die scharfen Gegensätze zwischen den Gattungen aufgeben und statt dessen nach gleitenden Übergängen zwischen Homosexuellen, Transvestiten, Drogenabhängigen, Sado-Masochisten und Prostituierten, zwischen Frauen, Männern, Kindern, Jugendlichen, Psychotikern, Künstlern, Revolutionären suchen würde, also zwischen sexuellen Minderheiten aller Art, wenn einmal klar ist, daß man in diesem Bereich überhaupt nur einer Minorität angehören kann.«[430] Jean-François Lyotard verknüpft engstens Frauenfrage und Kapitalismus-Kritik: »Jedenfalls können die Frauen nur unter der Bedingung, daß ihre Unterschiedlichkeit neutralisiert wird, der modernen Gesellschaft angehören. Auch die heutige ›Erotik‹ impliziert – im Umfeld einer echten Volkskultur aus Pornos, Frauenzeitschriften und der Pille – eine solche *Homologisierung*. Sie wird von einem absoluten Wert beherrscht: der permanenten sexuellen und affektiven Verfügbarkeit, die man dann Emanzipation, Befreiung, Unabhängigkeit nennt und als Anti-Werte Ehe und Familie entgegensetzt. Also, es ist der gleiche Wert, den das Kapital den Männern aufzwingt; mit denselben Qualitäten: Freiheit, Verfügbarkeit, Mobilität, staffiert es ihre Reduktion auf Arbeitskraft aus. Die sexuelle und affektive Freiheit der Frauen (wie der Männer) ist ein kapitalistischer Wert, nicht nur weil sie den Sex in eine auf dem männlichen Markt leicht verkäufliche Ware verwandelt, sondern auch deshalb, weil, wie im Fall der ›freien‹ Arbeitskraft, sämtliche Unterschiede neutralisiert werden müssen, also auch die zwischen den Geschlechtern und den vielen singulären Lüsten, damit sie endlich allesamt unter das Gesetz der Austauschbarkeit gestellt werden können.«[431]

Auf der Suche nach der weiblichen Identität fragt Luce Irigaray: »Wenn nun die ›Waren‹ sich weigerten, auf den ›Markt‹ zu gehen? Wenn sie untereinander einen ›anderen‹ Handel unterhielten? Einen Austausch ohne identifizierbare Terme, ohne Aufrechnen, ohne Ende... Ohne eins (eine) plus eins (eine), ohne Reihung, ohne Zahl. Ohne Maßstab. Wo das rote Blut und der Schein nicht mehr unterschieden wären durch Umhüllungen, die über ihre Preise hinwegtäuschen. Wo Gebrauch und Austausch sich vermischten. Wo das Mehr ebenso das Minder an Reserve wäre. Wo die Natur sich ohne Erschöpfung verausgabte; sich ohne Arbeit austauschte; sich – geschützt vor männlichen Transaktionen – umsonst hingäbe: grundlose Lust, Wohlstand ohne Leid, Lusterleben ohne Besitz. Ironie gegenüber dem Berechnen, dem Sparen, der mehr oder weniger räuberischen, gewaltsamen Aneignung, den mühsamen Kapitalbildungen. Utopie? Vielleicht. Aber vielleicht ist es ja auch so, daß diese Weise des Austausches seit jeher die Handelsordnung unterhöhlt.«[432] Die italienische Feministin Carla Lonzi pointiert diese Gedanken: »Die Frau ist nicht die Große Mutter, die Vagina der Welt, sodern die Kleine Klitoris auf der Suche nach ihrer Befreiung.«[433]

Frau und Mann der 70er Jahre hatten schon wesentlich mehr Möglichkeiten, ein glückliches Leben zu führen als ihre Eltern 20 Jahre zuvor: es gab die Pille, es gab Spirale, Pessar, Kondom – und ein offenes Gespräch darüber. Aufklärungsfilme und Ehehygiene-Versandhandel hatten Tabus gebrochen und die Diskussion entkrampft. Außer den sexuellen Lebensfreuden galt die Selbstfindung als erstrebenswert, sie braucht Freizeit. Diese Freiheit wurde selbstverständlicher – auch für den Mann. Psychedelische Musik durchströmte die Räume, in denen die Meditierenden im Lotussitz thronten. Es ist ein unabweislicher Vorzug dieser gastfreundlichen Spiritualität, Tore ins Selbst aufgestoßen zu haben, so daß die verdrängten wahren Wünsche – gerade der Frauen – unverhüllt hervortraten, so skeptisch man diese Sonderform der Welterklärung »Esoterik« auch beurteilen mag. Immerhin waren ihre Geschwister Antikriegs- und Antirassismusdemonstrationen.

Abermals 20 Jahre später – heute – gibt es Frauenbeauftragte, Frauenquote und Gleichstellungsämter. Der Ersatzdienst ist gang und gäbe, und zu jedem Rüstungsvorhaben erheben sich Proteststimmen. Die ökologische Bewegung ist um den Naturschutz bemüht. Eine riesige Freizeitindustrie symbolisiert *den* Höchstwert der Gesellschaft: freie Zeit für den Lebensgenuß mit Jugendlichkeit, mit Ungebundenheit, mit Kraft durch Fitneß. Teilnehmen sollen alle: die Jugendlichen, die jugendlichen Senioren, die Patchwork-Familien, die einander in serieller Monogamie (Wilhelm Reich) Lebensabschnittsgefährten sind, die sportlichen Singles, alle geht es an. Die Genüsse guter Küche befriedigen kulinarische Gelüste; das begann vor Jahrzehnten mit dem Fersehkoch Clemens Wilmenrod und findet heute Fortsetzung durch Alfred Biolek; ja, selbst die Gattin des Bundespräsidenten öffnet ihre Küche für ein TV-Team. Alles in allem keine schlechten Aussichten für Hedonisten! Die nationale Kommunikation durch Funk und Fernsehen fand durch die rasante Entwicklung auf dem Elektroniksektor eine weltumspannende Ausweitung durch das Internet. (Was für ein Sprung, denkt man z. B.

an das subversive Radio Alice aus Bologna, das in den 70er Jahren aufrütteln wollte zum Ungehorsam und zur Wiederaneignung der Zeit.) Freie, unkontrollierbare Kommunikation mit jedem Bewohner des globalen Dorfes macht in greifbarer Zukunft aus Nationen *die eine* Weltgesellschaft, die sich in *einem* Boot weiß – ökologisch, humanitär, friedlich. Es sind auch ganz diese Gedanken, die sich in der jüngsten musikalischen Entwicklung spiegeln. Selbstbewußte junge Frauen wie Madonna (Claudia Schiffer, Naomi Campbell oder Prinzessin Diana) sind Vorbild für Millionen, sie verkörpern Freiheit, Jugendlichkeit und Schwung, eine gewisse Dominanz und gelassene Selbstbestimmung.

Die Generation ihrer Eltern – umstellt von einem Regelwerk der Moral – griff nach Alex Comforts Buch »Der aufgeklärte Eros«, das 1964 auch deutsch erschien, um in ihrem Wunsch nach beglückendem sexuellen Erleben Bestätigung und Aufmunterung zu finden. Und einige Jahre später nach David Baumgardts »Jenseits von Machtmoral und Masochismus. Hedonistische Ethik als kritische Alternative«, das 1977 auf deutsch erschien und deshalb so interessant ist, weil Baumgardt systematisch eine Philosophie des Hedonismus entwickelt, die zwar die Zwangsbewirtschaftung des Durchschnittslebens der Durchschnittsbürger analysiert, aber nicht steckenbleibt in dieser Anklage, sondern, wie Comfort, den Menschen Bestätigung und Aufmunterung schenkt und sie in ihrem Wunsch nach einem glücklichen Leben ganz ausdrücklich bestärkt; er schließt mit folgenden Gedanken: »Kurz: Was uns als begrenzten Wesen zu tun übrigbleibt, ist herauszufinden, welche Handlungen in jedem konkreten Fall allen Betroffenen das tiefste und anhaltendste, wahre Glück vermitteln. Ein solches Handeln allein kann als das ›richtige‹ bezeichnet werden und nicht etwa dasjenige, welches sich auf vage, unspezifische absolute Prinzipien glaubt berufen zu können. Große Führer der Menschheit haben dies immer erkannt; in Fällen des Konfliktes zwischen zwei die Wahrheit für sich beanspruchenden Prinzipien trafen sie diejenige Wahl, die nach ihrem besten Wissen den von ihrer Entscheidung Betroffenen das größte Glück versprach. Die einzige Alternative zu der Fata Morgana eines konstanten oder progressiv expandierenden Wissens um eine absolute Wahrheit ist nach meiner Überzeugung ein konsequent durchdachter und praktizierter kritischer Hedonismus. Kurz, was ist der Sinn des Lebens? Die kleine motorische Kraft, die wir in uns haben, so weit als möglich zu schützen, zu steigern und weiterzugeben.«[434] An der Schwelle zum dritten Jahrtausend fragen wir uns natürlich, wie es um die Praxis dieser Theorie bestellt ist. Fester denn je ist der Wertekanon Jugendlichkeit – Ungebundenheit – Reisen verankert, und wer es irgend ermöglichen kann, reist. Reist immer schneller, höher, weiter, am liebsten ins All, wenn dies ginge, klein wird der Erdball, und Reisetage schrumpfen zu Reisestunden, ein Zeit- und Raumgleichheitsgefühl stellt sich ein. Der skeptische Zeit-Philosoph Paul Virilio bewertet die Auswirkung der Geschwindigkeitssteigerung auf die Psyche aus kritischer Distanz: »Im Wunsch nach einem metallischen Körper wiederholt der in seinem automobilen Gehäuse eingeschlossene Passagier die erste Kopplung. So, als hätte mit der Revolution der Transporte das materialistische Abendland seine Metempsychose geradezu in die Körper verlegt, beschleunigt die Industrie der Bewegung die Transporte unbekümmert um das langsame Auf und Ab der Geburten- und Sterberaten; in unserer Art von hier nach da, von einem zum anderen ›abzufahren‹, eingeschlossen in den Abstand der Geschwindigkeiten, eingemauert in die Energie des Reisen, gleichen wir weniger Kerlen und Weibern als Bahnhöfen. Das Territorium, Ort des Auswurfes, nicht mehr der Auswahl, wird zum Saum einer unausgesetzten Küstenschiffahrt: Einschiffen, Ausschiffen, Umschlagspunkt von Lasten – unablässig setzen die technischen Rhythmen uns auseinander und wieder zusammen. Der Geschwindigkeitsexzeß ist eine Fahrschule, die Reflexe und Reaktionen in uns einübt...«[435]

Sie kommen auf dem Skateboard, den Walkman am Gürtel, abwechselnd Kassetten einschiebend oder die Sender wechselnd, immer in Eile; sie nutzen ihre Freizeit zum Besuch von Diskotheken, wo sie tanzen wie die Roboter kantig-präzise nach den technischen Rhythmen der Techno-Musik. Ihr Idol sieht aus wie ein androgyner Astronaut vom Rande der Milchstraße, der mit den besten Absichten zu uns gekommen ist und allerbestens begrüßt wird, hallo Michael! Und auf der Bühne wie im Clipping (Fernsehwerbung für Musik) singt und spricht er englisch, tanzt wie ein Roboter, tanzt wie ein Mensch, lebt seine Weltraum-Mission; reist um die Welt, indem er sie umfliegt; verkörpert einen freien Lebensstil und entschwebt schließlich in Zeiten und Räume jenseits der Jahrtausendschwelle. Wer in den 90ern jung ist, kann sich dieser Wirkung nicht entziehen, will love, bekommt die love parade (wie über eine Million im Berliner Sommer 1997!), will peace, bekommt Exstase, gerät in Verzückung und ist hingegeben der Gewalt der Musik, oh Jackson: du bist das Glück. Am Ende dieses Jahrhunderts wollen diese Teenager und Twens Hedonismus pur, was immer sie darunter verstehen. Sicher gehört dazu der bemerkenswerte Haustier- und Kleinkindersatz Tamagotchi. Sicher gehört dazu der Flug im Sitzen, die allzeit verfügbare Reise in die virtuellen Welten des Cyber-Universums. Alle Wünsche werden nun virtuelle Wahrheit; was für Erlebnisse, was für Risiken; welch' Augenmaß wird nötig, um im Hier und Jetzt Mensch zu bleiben, der letztendlich doch angewiesen ist auf die Glücksmöglichkeiten seines Körpers, seines Nervensystems. So wollen wir uns im Aufbruch kurz erinnern, wie man Reiseziele ansteuert, virtuelle und reale: If you're going to San Francisco be sure to wear some flowers in your hair. Zur Not virtuelle, viel lieber aber echte, hilf, Cäcilia!

Ausblick

Die kontratraditionale Befreiungswelle von 1968 ist nun dreißig Jahre alt und ihre damaligen praktizierenden Hedonisten sind ins mittlere Lebensalter getreten. Wie alle Wogen war auch diese einem Dämpfungsprozeß unterworfen, aber dennoch hat die Energie der Welle Wirkungen hinterlassen, eine partielle Lockerung des überkommenen Lebensernstes ist geblieben. Die Blumenphilosophie war in ihrem destruktiven Teil sicher erfolgreich ideologiekritisch, in ihrem konstruktiven Ansatz allerdings zu wenig substantiell, um als permanente Stimulanz zu einer tragenden Lebensorientierung auszureichen. Systematisch gesehen war die philosophische Basis einfach zu schmal. Dennoch ist jeder Schritt zur Erhöhung des Handlungspielraums, der die Rechte der anderen berücksichtigt, respektabel.

Was kann man unter den gegenwärtigen sozio-ökonomischen Randbedingungen erwarten für einen gelebten Hedonismus, der freien Menschen im Rahmen ihrer Möglichkeiten ein ungezwungenes freudvolles Dasein eröffnet? Wenn man den Blick über Europa hinaus weitet, läßt sich wohl kaum leugnen, daß die Zeichen diesbezüglich auf Sturm stehen. Der ideologische Kampf um die geistige Vorherrschaft auf unserem Planeten ist voll entbrannt. Samuel Huntington[436] hat den Zusammenstoß der Kulturen prophezeit; wenn die fundamentalistischen Basisgruppen in den im Abendland vorherrschenden Hochreligionen an Einfluß gewinnen, wird der Spielraum für liberale, spielerische, individualistische Lebensgestaltung enger werden. Die hierarchischen theokratischen Wertesysteme bergen die Gefahr in sich, das Glücksstreben des Einzelnen zu vernichten, indem sie ihn weltanschaulich versklaven. Die Errungenschaften freiheitlicher Aufklärer, seit der Renaissance in mühsamer ca. 600-jähriger philosophischer Anstrengung den konservativen Kräften abgetrotzt, drohen dann unter dem Ansturm absolutistischer Positionen zu zerbrechen. Die heidnische Freiheit, die wir zumindest in

Teilen nach griechischen Vorbildern wieder realisiert haben, ist ein hohes Gut, für das sich der weltanschauliche Einsatz lohnt. Darum sollten wir den dritten Weg des Aristippos nicht als Errungenschaft, sondern als *Aufgabe* sehen. Der Weg der Freiheit zum individuellen Glück ist den Hütern der gesellschaftlichen Ordnung immer ein Dorn im Auge gewesen. Auch wenn wir gesehen haben, daß das Verfolgen des individuellen guten Lebens keineswegs zum sozialen Nihilismus und zur Anarchie führen muß, werden die ideologischen Gegner nicht müde, aus diesem Vorurteil repressives Kapital zu schlagen. Hier kann nur permanente Wachsamkeit und Verteidigungsbereitschaft helfen, die so mühsam gegen die gesellschaftlichen Zwangskräfte errungene Lebensqualität zu erhalten und zu vervollständigen. Ideologen und Verfechter kollektiver politischer Ordnung werden auch in Zukunft dem einzelnen seinen Weg der Freiheit und sein Recht auf die Gestaltung seines κῆπος streitig machen. Zufriedenheit und das individuelle Glück von Männern und Frauen hängen davon ab, wie weit sie die inneren persönlichen Strebungen im gesellschaftlichen Umfeld verwirklichen können. Wem also nicht Unterwerfung unter Ideologen und Fremdbestimmung durch historische Wertesysteme, sondern autarke, selbstverantwortete, eigenbestimmte Lebensführung ein Anliegen ist, der sollte sich auch für die Zukunft heftig zur Wehr setzen. Die Freiheit wird uns nicht geschenkt, man muß sie sich erkämpfen. So schließen wir denn mit Heinrich Heine: »Schlage die Trommel und fürchte Dich nicht und küsse die Marketenderin!«

Anmerkungen

Einleitung
Von Lust und Freude

1 Heinrich Heine: Deutschland – Ein Wintermärchen. Caput 1. In: Helmut Holtzhauer (Hrsg.): Heines Werke. Band II, Berlin/Weimar: Aufbau-Verlag, 1984, S. 95

2 Bernulf Kanitscheider: Auf der Suche nach dem Sinn. Frankfurt/M.: Insel, 1995

3 John Leslie: Universes. London: Routledge, 1989

4 Max Weber: Wissenschaft als Beruf. Tübingen: Mohr, 1988, S. 599

5 Gilles Kepel: Die Rache Gottes. Radikale Moslems, Christen und Juden auf dem Vormarsch. 2. Aufl. München: Piper, 1991, S. 193 ff.

6 Bernulf Kanitscheider: Im Innern der Natur – Philosophie und moderne Physik. Darmstadt: Wissenschaftliche Buchgesellschaft, 1998, Kapitel V

7 Vgl. Bernulf Kanitscheider: Naturalismus und wissenschaftliche Weltorientierung. In: LOGOS, Neue Folge Bd. 1, Heft 2 (1994) S. 184-199

8 Michael Murphy: Der Quantenmensch. 3. Aufl., Integral: Volkmar-Magnum, 1994

9 Gaby Miketta/Claudia Tebel-Nagy: Liebe & Sex. Über die Biochemie leidenschaftlicher Gefühle. Stuttgart: Thieme, 1996

10 Arno Plack: Die Gesellschaft und das Böse. Frankfurt/M.: Fischer, 1991

Die Philosophie der Lust
Die Leidenschaft und das höchste Glück

11 ἥδομαι wie sich freuen, Vergnügen haben. ἡδομένως sagt: mit Vergnügen, gern. ἥδυς heißt angenehm, erfreulich, und ἡδέως sagt so viel wie freudig oder gern.

12 Ein zu weiter Lustbegriff hat einige Autoren dann dazu veranlaßt, von der »absoluten Wahrheit des Hedonismus« zu sprechen (W. H. Sheldon: The absolute truth of hedonism. In: Journal of Philosophy 10 (1950), S. 285-304)

13 Einige griechische Autoren wie z. B. der Sophist Prodikos von Keos haben die ἥδοναὶ nochmals in die Kategorien χαρά (Freude), τέρψις (Ergötzen) und εὐφροσύνη (Heiterkeit) aufgespalten. Aber Aristoteles meint, daß es sich in allen drei Fällen nur um andere Namen für ἡδονή handelt. Aristoteles: Topik 112 b 21-26. Wir folgen im weiteren diesem Sprachgebrauch.

14 Theodor Gomperz: Griechische Denker II. Leipzig: Veit & Comp., 1903, S. 172

15 Diogenes Laërtius: Leben und Meinungen berühmter Philosophen. 2. Aufl. Hamburg: Meiner, 1967, Buch II, Kapitel VIII

16 Die Griechen unterschieden zwischen πόρνη und ἑταίρα, gewöhnlichen Prostituierten und gebildeten Gefährtinnen, die Liebe und geistige Anregung zu verbinden wußten. Der Verkehr mit Hetären galt in Griechenland keineswegs als gesellschaftlich anstößig. Ja noch mehr, weise Staatsmänner sahen die soziale Notwendigkeit der käuflichen Liebe ein. Solon errichtete ein öffentliches Freudenhaus, um jungen Männern sexuelle Entspannung zu bieten, die er für gesundheitlich notwendig ansah (Athen. XIII 569 d); aus dem Ertrag ließ er einen Tempel für Aphrodite erbauen. Aspasia, die zweite Gattin des Perikles, selbst vordem Hetäre und Schülerin des Sokrates, brachte eine große Zahl von gefälligen Mädchen nach Athen und gründete dort ein öffentliches Haus. (Athen XIII. 569 f.) Aspasia war es auch, die im Verein mit den Hetären als Vorkämpferin für die griechische Frau auftrat, die sonst in der Ehe ein unterdrücktes Dasein führte. Die Hetären legten auch wesentlich mehr freundliches Bemühen in erotischen Dingen an den Tag als die frustrierten Ehefrauen, denn diese waren durch das Gesetz in ihrem Status abgesichert, jene mußten, wenn sie ihren Liebhaber nicht verlieren wollten, ihn durch Liebreiz faszinieren. (Athen. XIII 559 a, b) Die Namen der Gespielinnen berühmter Philosophen sind uns teilweise überliefert. Platons Gefährtin war Archaianassa (Diog. Laërt. III, 31), Herpyllis die Geliebte des Aristoteles, sie schenkte ihm einen Sohn Nikomachos (Diog. Laërt. V, 1). Von Sokrates wird sogar berichtet, daß er Hetärenausbilder (πορνοδιδάσκαλος) gewesen sei (Xenophon: Memorabilia II, 11). Sokrates scheute sich auch nicht, mit seinen Schülern die schöne und beliebte Hetäre Theodote zu besuchen, um sich mit ihr über ihre Tätigkeit zu unterhalten und ihr Ratschläge zu geben, wie man auf geschickte Weise neue Freier gewinnen kann! Das Hetärenwesen hatte auch eine Beziehung zur Religion. In Korinth war ein Freudenhaus mit dem Tempel der Aphrodite verbunden, in dem sich über tausend Liebesdienerinnen (sog. ἱρόδουλοι ἑταίραι) für den Fremden bereit hielten. (Vgl. den Artikel: »Hetairai« in Pauly: RECA Bd. VIII, 2, S. 1331-1364). Bezeichnend für den Umgang der antiken Gesellschaft mit dem Phänomen der freien Sexualität war auch die kultische Einbettung der Prostitution. Auf dem Berg Eryx in Sizilien gab es einen Tempel für die Venus Erucina, eine Pilger- und Kultstätte für die Freudenmädchen Roms. Auch an der Porta Collina in Rom stand ein Tempel der Göttin für den

Schutz der Liebesdienerinnen. Zur Ehre ihrer Patronin zogen diese »in feierlicher Prozession zum Tempel und ehrten die Göttin mit Weihrauch-, Blumen- und Kräuteropfern.« (Bettina Eva Stumpp: Prostitution in der römischen Antike. Berlin; Akademie Verlag, 1998, S. 140)

17 ἔχω καὶ οὐκ ἔχομαι (Athenaios XII, 544 d)

18 Athenaios: Deipnosophistae XIII, 588

19 Athenaios: Philosophengastmahl XIII, 588 e

20 Vgl Kap. IV, 5

21 Aristoteles: Nikomachische Ethik. Hrsg. v. Günther Bien. Hamburg: Meiner, 1972, 10.2

22 Diogenes Laërtius: a.a.O. II, 85

23 Lukian: Hetärengespräche, 5, 1-3. Übers. v. F. Blei, Wiesbaden: Fourier, 1967, S. 12-14

24 Diogenes Laërtius: a.a.O. II, 87

25 Aristoteles: Nikomachische Ethik. A.a.O., 7.14; 10.1-5

26 Ebd.

27 Aristoteles: Einführungsschriften. Übers. v. O. Gigon. Zürich: Artemis, 1961, S. 119

28 Panajotis Kondylis: Der Philosoph und die Lust. Frankfurt/M.: Keip, 1991, S. 19

29 Diogenes Laërtius: a.a.O., II, 69

30 Alkiphron: ἐπιστολαὶ ἐρωτικαί, übersetzt von Paul Englisch: Geschichte der erotischen Literatur Griechenlands, Berlin 1927, S. 46-47

31 Diogenes Laërtius: a.a.O., VI, 72

32 Diogenes Laërtius: a.a.O., VI, 69

33 Michel de Montaigne: Essais, übers. v. J.D. Tietz. Zürich: Diogenes, 1992, S. 856

34 Vgl. Ernest Borneman: Ullstein Enzyklopädie der Sexualität. Frankfurt/M.: Ullstein, 1990, S. 378

35 Dieser Spruch findet sich ursprünglich bei Euripides und wird von Stobaios: Florilegium 29,56 überliefert. (Vgl. dazu Wolfgang Röd: Der Weg der Philosophie, Bd. 1, Altertum, Mittelalter, Renaissance. München: C.H. Beck, 1994, S. 92)

36 In unserer Zeit hat Ludwig Marcuse auf brillante Weise die Hintergründe der Entrüstung über das Obszöne aufgedeckt: ›Eifernd oder hochmütig: die alte Aufregung ist sehr am Leben und wert, gründlich untersucht zu werden‹ (L. Marcuse: Obszön. Diogenes, Zürich, 1954, S. 52)

37 Aristippos der Ältere hatte eine Tochter namens Areté, die der Vater seine hedonistische Ethik gelehrt hatte. Areté konnte deshalb an ihren

Sohn Aristippos den Jüngeren die Philosophie des Großvaters weitergeben, weshalb der Enkel den Beinamen Μητροδιδάκτος erhielt. Areté gilt heute als eine der ersten Philosophinnen. Aristippos der Jüngere war dann der Lehrer von Theodoros dem Atheisten.

38 Vgl. die eingehende Analyse von Hildegard Cancik-Lindemaier: Ehe und Liebe. Entwürfe griechischer Philosophen und römischer Dichter. In: Andreas K. Siems: Sexualität und Erotik in der Antike. 2., unveränd. Aufl., Darmstadt: Wiss. Buchges., ^{2}1994, S. 232-263, Properz auf S. 253

39 Aristophanes: Lysistrata 890-955 übers. von L. Seeger

40 Klaus Doering: Der Sokratesschüler Aristipp und die Kyrenaiker. Akademie d. Wissenschaften u.d. Literatur, Abhandlungen d. Geistes- u. Sozialwiss. Kl. Nr. 1, Stuttgart: Steiner-Verlag, 1988, S. 62-70

41 Xenophon: Erinnerungen an Sokrates, II, 1, 11. Übers. von Rudolf Preiswerk. Stuttgart: Reclam, 1992, S. 40

Von der Lust zur Seelenruhe

42 Markante Beispiele für diese Behauptung stellen die schüchternen Übersetzungen griechischer Originale durch zeitgenössische Philologen dar: Wenn die griechischen Darstellungen sexueller Tatsachen ins Detail gehen, flüchten sich die scheuen Sprachkundler ins Latein (vgl. Athenaeus: Deipnosophistae XII, 577, übers. von Charles Burton Gulick. London, Heinemann 1959, S. 119). Manche Passagen bei Ovid wurden von einigen Übersetzern gänzlich übersehen. (Vgl. Wilhelm Kroll: Römische Erotik, in: Andreas K. Siems: a.a.O. Darmstadt: Wiss. Buchges., 1994, S. 116)

43 Diogenes Laërtius: a.a.O., X, 4-7

44 Diogenes Laërtius: a.a.O., X, 6. Die Diffamierung steigerte sich erwartungsgemäß in der Polemik der Kirchenväter, bei Augustinus, bei Isidor von Sevilla und bei Hieronymus wird er nur mehr als »Schwein« bezeichnet. [Vgl. Jochen Schmidt: »Für und wider die Lust: Epikur und Antiepikureismus. Von der Antike bis zur Moderne. Mit einem Versuch über Hieronymus Boschs ›Garten der Lüste‹«, in: ders. (Hrsg.): Aufklärung und Gegenaufklärung in der europäischen Literatur, Philosophie und Politik von der Antike bis zur Gegenwart. Darmstadt: Wiss. Buchges., 1989, S. 206-219]

45 J. Schmidt: Für und wider die Lust. loc. cit. S. 216

46 Diogenes Laërtius: a.a.O., X, 122ff.

47 Diogenes Laërtius: a.a.O., X, 6

48 Olof Gigon: Epikur. Von der Überwindung der Furcht. Stuttgart: Artemis, 1968, S. 22

49 Friedrich Überweg: Grundriß der Geschichte der Philosophie I. Die Philosophie des Altertums. Hrsg. von Karl Praechter. Stuttgart: Schwabe, 1960, S. 456

50 Cicero: De finibus bonorum et malorum II, 5-13 (dt.: Über das höchste Gut und das größte Übel). Stuttgart: Reclam, 1996

51 H. Usener: Epicurea. Leipzig, 1897

52 Z.B. Malte Hossenfelder: Epikur. München: Beck, 1991, S. 63

53 Cicero: De fin. II, 114

54 Diogenes Laërtius: a.a.O., X, 143

55 Diogenes Laërtius: a.a.O., X, 67. In monistischer Sichtweise kann man problemlos körperliche und seelische Vorgänge aufeinander kausal beziehen.

56 Johannes Mewald: Epikur. Philosophie der Freude. Eine Auswahl aus seinen Schriften. Stuttgart: Kröner, 1960, S. 67

57 Aphrodite Kypris hat ihren Namen nach der Kultstätte Paphos auf Kypros (Zypern).

58 Asklepiades, Anthologia Palatina V, 85 (übers. von Paul Englisch). Hrsg. v. F. Dübner, Paris 1871

59 Horaz: Oden und Epoden. Lat.-dt. I, 11, Übers. von Bernhard Kytzler. 3. Aufl. Stuttgart: Reclam, 1984

60 Zu diesem wichtigen Begriff hellenistischer Philosophie vgl. die ausführliche Analyse bei D. Kimmich: Epikureische Aufklärungen. Darmstadt: Wiss. Buchges., 1993, S. 16f.

61 D. Kimmich: a.a.O. S. 25

Die Tugenden der Stoiker

62 Cicero: De finibus bonorum et malorum II, 39

63 Ebd., II, 109

64 Cicero: De fin. II, 12

65 Dazu später mehr (Kap. IV, 2)

66 Cicero: De fin. II, 60

67 Friedrich Nietzsche: Zarathustra: Von den Lehrstühlen der Tugend. Kritische Studienausgabe. Hrsg. von Giorgio Colli und Mazzino Montinari. Bd. II, 2., durchgesehene Aufl. München/Berlin: dtv-de Gruyter, 1988, S. 34

68 Seneca: De vita beata, XIV, 1

69 Ebd., VII, 3

70 Plutarch: Non posse suaviter vivi secundum Epicurum. Moralia. Moralische Schriften. Übersetzt von Otto Apelt. Leipzig: Meiner, 1926

71 Friedrich Überweg: Grundriß der Geschichte der Philosophie I. A.a.O., S. 425

72 Friedrich Überweg: Grundriß der Geschichte der Philosophie I. A.a.O., S. 579

73 Selbst Lukrez' großes Werk »De rerum natura« entging nur in einem einzigen Exemplar der Vernichtung durch christliche Fanatiker. (Bertrand Russell: Philosophie des Abendlandes. Wien: Europaverlag, 1983, S. 267)

Die dunkle Macht der Triebe
Warnungen

74 Vgl. H.P. Duerr: Der Mythos vom Zivilisationsprozeß, Frankfurt: Suhrkamp 1990, Bd. 2. Intimität § 13, S. 179

75 E. und G. Rotter: Venus, Maria, Fatima. Wie die Lust zum Teufel ging. Düsseldorf: Artemis & Winkler, 1996, S. 21

76 Zum Problem des Wechsels des Gesellschaftssystems vgl. E. Borneman: Das Patriarchat. Frankfurt/M.: S. Fischer, 1975

77 E. und G. Rotter: Venus, Maria, Fatima. A.a.O., S. 57

78 Antike Zaubersprüche (Hrsg. Alf Önnerfors). Stuttgart: Reclam, 1991, S. 35-37

79 Man denke an das Sprichwort: ἐν οἴνῳ αλήθεια = in vino veritas, das noch zur Sprache kommen wird.

80 B. Russell: Eroberung des Glücks. Frankfurt/M.: Suhrkamp, 1978, S. 101

81 Hesiod: Theogonie, Vers 116

82 »Eros ergreift nicht nur Männer und Frauen, sondern er verwundet auch die Seelen der Götter über uns (...) und ihn vermag auch der allmächtige Zeus nicht abzuwehren, sondern er gibt nach und beugt sich willig.« (fr. 431) (Euripides: Tragödien und Fragmente, Bd. 5, Darmstadt: WBG, 1981, übers. v. G.A. Seeck, p. 431, S. 185 f.)

83 Demokrit 160 fr. 235. In: W. Capelle: Die Vorsokratiker, Fragmente und Quellenberichte. Stuttgart: Kröner, 1968, S. 447 f.

84 A. Schopenhauer: Welt als Wille und Vorstellung. München: Deutscher Taschenbuch-Verlag, 1998, S. 374

85 Heraklit fr. 4: In W. Capelle: Die Vorsokratiker. A.a.O., S. 154

86 Jamblich 58 D 8. In: W. Capelle: Die Vorsokratiker. A.a.O., S. 195

87 Ebd., S. 496

88 Ebd., S. 498
89 Ebd., S. 499
90 Platon: Politeia 585 b
91 Platon: Philebos 63 b

Weltangst und Weltflucht

92 Auch Platons Höhlengleichnis spiegelt den dualen Gegensatz des dunklen Inneren der Höhle und des lichten Außenraumes wider. (Platon: Politeia 514 a)
93 G. Denzler: Die verbotene Lust – 2000 Jahre christliche Sexualmoral. München: Piper, 1991
94 Was die griechischen Aufklärer bereits wußten. Vgl. z. B. Protagoras »Von den Göttern vermag ich nichts festzustellen, weder, daß es sie gibt, noch, daß es sie nicht gibt, noch, was für eine Gestalt sie haben; denn vieles hindert ein Wissen hierüber: die Dunkelheit der Sache und die Kürze des menschlichen Lebens«, Protagoras fr. 4. In: W. Capelle: Die Vorsokratiker. A. a. O., S. 333
95 K.-H. Deschner: Das Kreuz mit der Kirche. Eine Sexualgeschichte des Christentums. Düsseldorf: Econ, 1974
96 U. Ranke-Heinemann: Eunuchen für das Himmelreich. Hamburg: Hoffmann & Campe, 1988
97 Koholet 7,4
98 Koholet 7,26
99 Vgl. dazu später Kap. III, 11.

Ein psychologischer Erdrutsch

100 Für eine Zusammenstellung aller Paulinischen Äußerungen zu diesem Thema vgl. E. u. G. Rotter: Venus, Maria, Fatima. A. a. O., S. 97
101 G. Denzler: Die verbotene Lust. A. a. O., S. 32
102 Gal 5,24
103 Augustinus: De civitate Dei, XIV, 19, 23, 24
104 G. Denzler: A. a. O., III. Die Frau als Hexe. S. 305
105 Ebd., S. 311 f.
106 Auf der Basis von Papst Innozenz' VIII. Hexenbulle von 1484 publizierten 1487 die beiden Dominikaner Jakob Sprenger und Heinrich Institoris den »Hexenhammer«, der die genauen Vorschriften für die Hexenprozesse enthielt (J. Sprenger/H. Institoris: Der Hexenhammer. München: dtv, 1982)

107 Über die Hintergründe des Hexenwahns gibt es eine Vielfalt von Vermutungen. Ein Motiv war sicher die Sexualunterdrückung, welche sich im Frauenhaß äußerte. Frauen wurden als Repräsentanten natürlicher Sinnlichkeit betrachtet, als Ausdruck unbeherrschbarer chaotischer Kräfte. Aus der Zähmung dieser femininen Naturkräfte entstand die bürgerliche asexuelle Frau der Neuzeit, so sieht es z.B. der Sexualwissenschaftler Gunter Schmidt. (Vgl. G. Schmidt: Das Große Der Die Das. Über das Sexuelle. Hamburg: Rowohlt, 1988, S. 140)

108 Vgl. dazu: Mary Daly: Kirche, Frau und Sexus. Olten: Walter-Verlag, 1970

109 Kavita Sinha. In: Ulla Hahn (Hrsg.): Stechäpfel. Gedichte von Frauen aus drei Jahrtausenden. Stuttgart: Reclam 1992

110 G. Denzler: Die verbotene Lust. A.a.O., S. 66

111 Th.v. Aquin: Summa theologica I, II, Quaestio 34. Deutsche Thomas-Ausgabe. Graz: Styria-Verlag, 1955, Band X, S. 201-214

112 Ebd., Quaestio 34

113 Ebd., Quaestio 33,3, a.a.O., S. 196ff.

114 K. Deschner: Das Kreuz mit der Kirche. A.a.O., S. 91

115 Th. v. Aquin, Deutsche Thomas-Ausgabe. Bd. X, a.a.O., S. 205

116 Th. v. Aquin: Summa contra Gentiles, Liber III, Cap. 122

117 Offensichtlich hat sich diese Asymmetrie bis in die Gegenwart erhalten. Nach modernen Statistiken erreichen von den strenggläubigen Katholikinnen nur 34% den Orgasmus, während die indifferenten Religionsangehörigen zu 70% den Höhepunkt beim sexuellen Verkehr erlangen. (Kirsten von Sydow: Lebenslust weiblicher Sexualität von der frühen Kindheit bis ins hohe Alter. Bern: Hans Huber, 1993, S. 141)

118 Teresa Vicens (Hrsg.): Speculum al Joder. Tratado de recetas y consejos sobre el coito. Palma de Mallorca: Hesperus, 1994

119 Vgl. Frank Fürbeth: Vorzivilisatorische Unschuld oder öffentliche Prostitution. Zum Bericht des Humanisten Poggio Bracciolini über das Bad. Baden im Aargau 1416. In: Forschung Frankfurt 1 (1997) S. 24

120 H.P. Duerr: Der Mythos vom Zivilisationsprozeß. Bd. 1: Nacktheit und Scham. Frankfurt am Main: Suhrkamp, 1988, S. 59f.

121 Ausgestellt im Prado, Madrid; entstanden um 1503/1504

122 Die Adamiten waren eine mittelalterliche Sekte, die schamfreie Sexualität auslebten, weil sie danach »strebten, so zu sein, wie Adam im Paradies vor dem Sündenfall«. Nach Wilhelm Fraenger spiegelt die Mitteltafel des »Garten der Lüste« die adamitische Utopie der Lebenshaltung einer erbsündenfreien Moral. (W. Fraenger: Hieronymus Bosch. Gütersloh: Bertelsmann, 1975)

123 Jochen Schmidt: Für und wider die Lust. A.a.o., S. 218

124 Damit wird auch der fundamentale Gegensatz zwischen dem heidnischen und dem biblisch-christlichen Menschenbild getroffen. Die Überzeugung von der Verworfenheit und irreparablen Verdorbenheit der menschlichen Natur, die sich durch die katholische und evangelische Tradition hindurchzieht, und zwar von Augustinus über Luther bis Karl Barth, rechtfertigt dann auch aus christlicher Perspektive den Höllenkult. [Vgl. dazu Franz Buggle: Kritische Aspekte des biblisch-christlichen Menschenbildes, in: K. Weinke/A. Grabner-Haider (Hrsg.): Menschenbilder im Diskurs, Leykam o. J.] Für einen heutigen säkularen Betrachter erscheint die Sündenanklage absurd, aber man darf nicht vergessen, daß sie ein hochwirksames Machtinstrument war, das vielen Menschen Heulen und Zähneknirschen verursacht hat – allerdings hier auf der Erde.

Kognitive und moralische Aufklärung
Die Ambivalenz der Tugenden

125 L. Valla: De vero falsoque bono, Opera omnia, Basel 1540, Reprint Turin 1962, III, S. 8-10

126 V. Sommer: Lob der Lüge. Täuschung und Selbstbetrug bei Tier und Mensch. München: C.H. Beck, 1993, S. 119 ff.

127 F. La Rochefoucauld: Maximen und Reflexionen. Stuttgart: Reclam, 1948, S. 3

128 B. Mandeville: Die Bienenfabel oder Private Laster, öffentliche Vorteile. Frankfurt/M.: Suhrkamp, 1968

129 Pietro Bembo: Asolaner Gespräche. Dialog über die Liebe. Heidelberg: Manutius Verlag, 1992, S. 115-116

130 L. Valla: De Voluptate ac de vero bono. In: Opera omnia. Tomo I, Torino: Bottega d'Erasmo, 1962, S. 896

131 G. Pico della Mirandola: Oratio de hominis dignitate. Opera Omnia I, Basel 1557, Neudr. Hildesheim, Georg Olms 1969, S. 313, übers. von J. Burckhardt: Kultur der Renaissance in Italien, II. Darmstadt: WBG, 1962, S. 241

Körperliche Schönheit

132 Vgl. W. Sombart: Luxus und Kapitalismus. Berlin: Duncker & Humblot 1913, Kap. III »Die Säkularisation der Liebe«, S. 45 f.

133 L. Valla: De Voluptate Lib I, Cap. XXII, a.a.O., S. 915 f.

134 A. Firenzuola: Discorsi delle belleze delle donne, 1542. Dt. Gespräche über die Schönheit der Frauen, Leipzig: Friedrich Rothbarth, 1903

135 Vgl. J. Burckhardt: Kultur der Renaissance. A.a.O., S. 233 ff.

136 Pietro Bembo: Gli Asolani ed 1575, S. 134. dt. H. Rabow: Die »Asolanischen Gespräche des Pietro Bembo«. Bern, 1933

137 Agnolo Firenzuola: Gespräche über die Schönheit der Frauen, a.a.O. S. 27-28

138 W. Sombart: Luxus und Kapitalismus. A.a.O., S. 68

139 Franz Blei: Formen der Liebe. Marbach: Perlen-Verlag, 1956

140 In Anschluß an den Sprachgebrauch der modernen Sexualforschung verwenden wir den Terminus Erotographie anstatt des tradierten, abwertenden Ausdruckes Pornographie. Nach der Auffassung heutiger Sexualforscher ist Erotographie »etwas Positives, eventuell sogar etwas Künstlerisches. Die Darstellungen können stimulieren und das sexuelle Erleben bereichern.« (G. Kockott: Die Sexualität des Menschen. München: C.H. Beck, 1995, S. 40)

141 P. Findlen: Humanismus, Politik und Pornographie im Italien der Renaissance. In: L. Hunt: Die Erfindung der Pornographie. Frankfurt/M.: Fischer, 1994, S. 44-114

142 Zitiert nach Lynn Hunt: Obszönität und die Ursprünge der Moderne. In: L. Hunt: Die Erfindung der Pornographie. Frankfurt/M.: Fischer, 1994, S. 23

143 In unserer Zeit hat u.a. Ludwig Marcuse überzeugend herausgearbeitet, daß der Kern aller Angriffe gegen »obszöne« Literatur in deren aufreizender Wirkung, in der Anregung zu sexuellen Handlungen liegt. »Die Verurteilung hat in unserer Kultur nur einen Sinn innerhalb der platonisch-katholisch-protestantisch-idealistischen Metaphysik.« (L. Marcuse: Obszön. Geschichte einer Entrüstung. Zürich: Diogenes, 1984, S. 20). In der paganen Tradition, die Aretino aufgreift, macht es keinen Sinn, etwas zu verdammen, was uns die intensivste Lust vermittelt und uns schließlich und endlich auch ins Leben gerufen hat. Auch aus feministischer Perspektive wird heute erotische Offenheit in der verbalen und bildlichen Darstellung nicht mehr als Diskriminierung und Unterdrückung der Frau angesehen, sondern als Element ihrer freien

Lebensäußerung. So argumentiert Nadine Strossen, die Präsidentin der American Civil Liberties Union, »wir sind im Gegenteil davon überzeugt, daß eine Zensur von sexueller Darstellung die Rechte und die Sicherheit von Frauen eher beschneidet, als daß sie ihnen dienlich wäre«. (N. Strossen: Zur Verteidigung der Pornographie. Für die Freiheit des Wortes, Sex und die Rechte der Frauen. Zürich: Hoffmans Verlag, 1997, S. 10)

144 Pietro Aretino: Kurtisanengespräche. Frankfurt/M.: Insel, 1986, S. 43-46

145 M. Kurzel-Runtscheiner: Töchter der Venus. Die Kurtisanen Roms im 16. Jahrhundert. München: C.H. Beck, 1995, S. 19

146 Sogar im konservativen Spanien wurde Epikur wieder von renommierten Autoren wie Quevedo verteidigt. Vgl. Don Francisco de Quevedo y Villegas: Defensa de Epicuro. Obras completas Tomo I, Aguilar, Madrid, 1961, S. 978

147 M. Kurzel-Runtscheiner: Töchter der Venus. A.a.O., S. 25

148 Erasmus von Rotterdam: Colloquia familaria. Opera omnia I, Hildesheim: Georg Olms, 1961, S. 626, dt. Vertraute Gespräche. Darmstadt: WBG, 1967

149 W. Vogel: ... und wendet eure Augen nicht ab ... Kulturgeschichtliche Betrachtungen zur Pornographie. Pfungstadt: Ergon, 1995, S. 22

150 Margaret C. Jacob: Die materialistische Welt der Pornographie. In: Lynn Hunt, a.a.O., S. 155

151 Paul Lafargue. Das Recht auf Faulheit und andere Satiren. Frankfurt/M.: DB, 1993, S. 76

152 D. Hume: A treatise of human nature, dt.: Ein Traktat über die menschliche Natur. Hamburg: Meiner, 1973, III, 3, I, S. 326

153 Ebd., II, 3, II, S. 153

154 K.R. Popper: Wie ich Philosophie sehe. In: G. Lührs et al. (Hg.): Theorie und Politik aus kritisch rationaler Sicht. Bonn: Dietz, 1978, S. 1-16

155 B. Russell: Eroberung des Glücks. Frankfurt/M: Suhrkamp, 1978, S. 101

156 R. Descartes: Brief an Elisabeth, Prinzessin von der Pfalz vom 1. 9. 1645. In: R. Descartes: Briefe 1629-1650, hrsg. von M. Wenze. Köln: Stauffen-Verlag, 1949, S. 311

157 J.-J. Rousseau: Abhandlung über den Ursprung und die Grundlagen der Ungleichheit. In: J.-J. Rousseau Gesammelte Schriften, hrsg. von H. Ritter, München: Carl Hanser Verlag, 1978, S. 205

158 J.-J. Rousseau: Die Bekenntnisse. ›Die Träumereien des einsamen Spaziergängers‹. München: Winkler Verlag, 1978, S. 39

159 M. Naumann (Hg.): Artikel aus der von Diderot und D'Alembert herausgegebenen Enzyklopädie. Frankfurt/M.: Röderberg, 1972, S. 997

160 Diderot: Seneca Essay II, VI. Zitiert nach: Bernd A. Laska: Einleitung in LaMettries Anti-Seneca, Nümberg: LSR, 1985, S. XVII

161 Die entscheidenden Stellen im Werk Voltaires verdanke ich der akribischen Suche von Margit Flach (Lauterbach)

162 Voltaire: »Samson«. In: Garnier Frères (Hrsg.) Œuvres Complètes, Paris 1877-85, Tome 3, S. 111

Die Kunst der Wollust

163 Voltaire: Brief an M. Thierist v. 11. 9. 1722, in: Correspondance Tome 33. In: Œuvres Complètes. A.a.O. S. 72

164 J.O. de LaMettrie: L'homme machine, dt.: Der Mensch als Maschine. Hrsg. von B.A. Laska. Nürnberg: LSR, 1985

165 J.O. de LaMettrie: L'art de jouir, dt.: Die Kunst Wollust zu empfinden. Hrsg. von B.A. Laska. Nürnberg: LSR, 1987

166 P. Kondylis: Die Aufklärung im Rahmen des neuzeitlichen Rationalismus. Stuttgart: Klett-Cotta, 1981

167 Patricia Smith Churchland: Die Neurobiologie des Bewußtseins. Was können wir von ihr lernen? In: Thomas Metzinger (Hrsg.): Bewußtsein. Paderborn: Schöningh 1996^2, S. 464-490.

168 J.O. de LaMettrie: La volupté, zitiert nach H.P. Kondylis: Der Philosoph und die Lust. Frankfurt/M.: Keip, 1991, S. 132

169 Gaby Mikettal/Claudia Tebel-Nagy: Liebe und Sex. Über die Biochemie leidenschaftlicher Gefühle. Stuttgart: Thieme, 1996, S. 15

170 Pierre de Bourdeille, Seigneur de Brantôme (1538-1614): Das Leben der galanten Damen. Frankfurt/M.: Insel, 1986

171 J.O. de LaMettrie: Über das Glück oder Das höchste Gut. (Anti-Seneca). Hrsg. von B.A. Laska. Nürnberg: LSR, 1985

172 J.O. de LaMettrie: Über das Glück. A.a.O., S. 17

173 Ebd., S. 20

174 Ebd., S. 22

175 Diogenes Laërtius II,89

Lust und Gewalt

176 D.A.F. de Sade: Ges. Werke. Hrsg. von Bettina Hesse. Köln: Könemann, 1995

177 A. Baruzzi (Hrsg.) Aufklärung und Materialismus im Frankreich des 18. Jahrhunderts, München: List, 1968

178 A. Baruzzi: a.a.O., S. 138

179 Diese Identifizierung ist kein Schluß, sondern eine begriffliche Rekonstruktion. W. K. Frankena hat in einer wichtigen Arbeit gezeigt, daß der sogenannte »naturalistische Fehlschluß« gar keine falsche Ableitung im logischen Sinn darstellt, sondern höchstens eine material nicht adäquate Definition. [W. Frankena: The naturalistic fallacy. In: Mind 48 (1939), S. 464-477.] Es ist immer eine offene Frage, ob es sinnvoll ist, das Prädikat »gut« mit einer natürlichen Eigenschaft wie »angenehm« zu identifizieren. [Vgl. dazu J. J. C. Smart: Ethics, Persuasion and Truth. London: Routledge, 1984]

180 D. A. F. de Sade: Die Philosophie im Boudoir oder die lasterhaften Lehrmeister. Ges. Werke Bd. 5, a.a.O., S. 66

181 D.A.F. de Sade: a.a.O., S. 67

182 D.A.F. de Sade: a.a.O., S. 7

183 K. Thiele-Dohrmann: Pikant wie ein Engel... Hetären, Kurtisanen, Mätressen. Hamburg: Kabel, 1995, S. 205-206

184 D. A. F. de Sade: Philosophie im Boudoir. A.a.O., S. 146

185 Christian Vogel: Der wahre Egoist kooperiert, in: H.D. Ebinghaus/G. Vollmer (Hrsg.): Denken unterwegs. Stuttgart: Hirzel, 1992, S. 169-182

186 Die Anwendung dieses sonst besser zu vermeidenden Begriffes ist hier gerechtfertigt, weil in de Sades Sexualmodell die Minimalbedingung der reziproken Relation nicht erfüllt ist. Diese Verwendung von »Perversion« wurde von Thomas Nagel vorgeschlagen [Th. Nagel: Sexual Perversion, in: R. Baker/F. Elliston (Hrsg.): Philosophy and Sex. Buffalo/U.S.A.: Prometheus, 1984, S. 268-279, dt. auch in: Th. Nagel: Letzte Fragen. Bodenheim: Philosophische Verlagsgesellschaft, 1996, S. 65-82] und ist allgemein angenommen worden.

187 S. de Beauvoir: Soll man de Sade verbrennen? Drei Essays zur Moral des Existenzialismus. München: Szczesny Verlag, 1964, S. 66

188 Ebd., S. 45

189 Ebd., S. 45

190 D. A. F. Marquis de Sade: Franzosen, noch eine Anstrengung, wenn ihr

Republikaner bleiben wollt. Schriften aus der Revolutionszeit 1788-1795. Hrsg. von G.R. Lind. Frankfurt/M.: Insel, 1989, S. 149

191 Wie richtig de Sades Ratschlag war, sieht man daran, daß sich bis zum heutigen Tage durch die *Illegalisierung* der Prostitution jene Verbrecherszene hält, die aus einer an sich moralisch völlig unbedenklichen Übereinkunft von mündigen erwachsenen Menschen jenes zwielichtige und gefährliche Rotlicht-Milieu entstehen läßt. Die Abqualifizierung des entgeltlichen Geschlechtsverkehrs als sittenwidrig, das Ausgrenzen der Freudenmädchen dadurch, daß man ihnen Arbeitsverträge und Sozialversicherung vorenthält, schafft jenes gesellschaftliche Niemandsland, in dem sich dann das organisierte Verbrechen etabliert. (Vgl. Ariane Barth: Kampf um die Reeperbahn. In: Der Spiegel Nr. 50, 1997, S. 88-107)

192 D.A.F. Marquis de Sade: Franzosen ... a.a.O., S. 178

193 Ebd., S. 183

194 Quelle: News. Österr. Nachrichtenmagazin Nr. 46, 13. Nov. 1997, S. 70

195 Joel Feinberg: Offense to others: Oxford University Press, 1987

Utopien des Zusammenlebens

196 F. de Rabelais: Gargantua und Pantagruel, hrsg. von H.u.E. Heintze. Frankfurt/M.: Suhrkamp, 1974.

197 D. Diderot: Nachtrag zu »Bougainvilles Reise« oder Gespräch zwischen A. und B. über die Unsitte, moralische Ideen an gewisse physische Handlungen zu knüpfen, zu denen sie nicht passen. (1775) In: Philosophische Schriften. Berlin: Aufbau-Verlag, 1961, S. 197-237

198 Denis Diderot: Die indiskreten Kleinode. Karlsruhe, 1965, S. 74-77:

199 Ch. Fourier: Theorie der vier Bewegungen unter allgemeinen Bestimmungen. Hrsg. von Theodor W. Adorno. Frankfurt/M.: Europäische Verlagsanstalt, 1966

200 Ebd., S. 166

201 Ebd., S. 190

Vom Hedonismus zum Utilitarismus

202 In Deutschland wurde das intellektuelle Klima durch Kant bestimmt, für den Glückseligkeitslehren, da sie nicht nach Prinzipien a priori geordnet sind, nicht zur Grundlage menschlichen Handelns taugen. Glückserleben ist a posteriori gegeben, als empirische Tatsache. »Nur die Erfahrung kann lehren, was uns Freude bringt.« (I. Kant: Metaphy-

sik der Sitten. Philosophische Bibliothek, Band 42. Hamburg: Meiner, 1959, S. 17.) Sittliches Handeln muß als a priori begründet und als notwendig einsehbar formuliert sein: »Die Vernunft gebietet, wie gehandelt werden soll.« (I. Kant: a.a.O., S. 27)

203 J. Bentham: An Introduction to the Principles of Morals and Legislation. New York: Hafner-Press, 1948, S. 1

204 J.S. Mill: Das Nützlichkeitsprinzip. Ges. Werke, hrsg. von Th. Gomperz. Bd. I, Leipzig, 1869, S. 134

205 Vgl. die Resultate der psychobiologischen Forschung in Kap. II

206 J. Bentham: An Essay on »Paederasty«. In: J. Baker/F. Elliston (Hrsg.): Philosophy and Sex. Buffalo: Prometheus, 1984, S. 353-369

207 Ebd., S. 354

208 I. Kant: Vorlesungen über Moralphilosophie. Kant's Ges. Schriften Bd. 27,1, Berlin: de Gruyter, 1974, S. 391

209 M. Ruse: The Morality of Homosexuality, in: R. Baker/F. Elliston: Philosophy and Sex. A.a.O., S. 370-390

Die Metaphysik des Willens und der Macht

210 A. Schopenhauer: Ueber die Weiber. In: Parerga und Paralipomena Bd. II, Leipzig: Reclam, S. 648

211 A. Schopenhauer, a.a.O., S. 659

212 F. Nietzsche: Von alten und jungen Weiblein, in: Also sprach Zarathustra, Leipzig: Naumann Verlag, 1907, S. 95

Hedonismus in der analytischen Philosophie

213 B. Russell: Dennoch siegt die Vernunft. Der Mensch im Kampf um sein Glück. Bonn: Athenäum, 1956, S. 57ff.

214 B. Russell: Die Eroberung des Glücks. Frankfurt/M.: Suhrkamp, 1978

215 Ebd., S. 24

216 Ebd., S. 24f.

217 Paul Lafargue: Das Recht auf Faulheit und andere Satiren. Berlin: Stattbuch Verlag, 1991, S. 1

218 Max Weber hat den Zusammenhang klargelegt: »Die asketischen Mittel sind im Prinzip die gleichen: Ablehnung [...] des unbefangenen Kunst- und Lebensgenusses, der ›Leichtfertigkeit‹ und aller müßigen Geld- und Zeitvergeudung, der Pflege der Erotik oder irgendwelcher von der rationalen Orientiertheit auf Gottes Willen und Ruhm und das heißt: auf die rationale Arbeit im privaten Beruf [...] ablenkenden

Beschäftigung.« (M. Weber: Wirtschaft und Gesellschaft. Tübingen: Mohr (Siebeck), 1985[5], S. 719)

219 B. Russell: Lob des Müßiggangs. In: B. Russell: Philosophische und politische Aufsätze. Stuttgart: Reclam 1971, S. 166-182

220 Ebd., S. 170

221 Ebd., S. 181

222 B. Russell: Ehe und Moral. Darmstadt: Verlag Darmstädter Blätter, 1984[2], S. 98

223 B. Russell: Sexualethik. In: B. Russell: Warum ich kein Christ bin. München: Szczesny Verlag, 1963, S. 162-172

224 B. Russell: Ehe und Moral. A.a.O., S. 98

225 B. Russell: Sexualethik. A.a.O., S. 166

Ordnung, Triebfreiheit und Devianz

226 H. Marcuse: Schriften, Bd. 5: Triebstruktur und Gesellschaft. Frankfurt/M.: Suhrkamp, 1979

227 Ebd., S. 173

228 Ebd., S. 188

229 Dieter Schmack/Thomas Gesterkamp: Hauptsache Arbeit. Männer zwischen Beruf und Familie. Hamburg: Rowohlt, 1996

230 H. Marcuse: Zur Kritik des Hedonismus, in: Schriften Bd. 3, Frankfurt/M.: Suhrkamp, 1979, S. 251

231 Ebd., S. 256

232 Ebd., S. 268

233 K.D. Opp: Abweichendes Verhalten und Gesellschaftsstruktur, Darmstadt: Luchterhand, 1974, S. 38

234 H. Peters: Devianz und soziale Kontrolle: eine Einführung in die Soziologie abweichenden Verhaltens. Kleinhenn: Juventa, 1989, S. 27f.

235 Vgl. Uwe Scheffler: Diskriminierung von sozialen Randgruppen durch das kriminalsoziologische Konzept abweichenden Verhaltens? in: Jan C. Joerden [Hrsg.], Diskriminierung/Antidiskriminierung. Berlin: Springer Verlag, 1996, S. 103-124

Hedonismus und Tiefenpsychologie

236 Brief von Freud an Fließ. v. 10. 7. 1900

237 Sigmund Freud: Eine Schwierigkeit der Psychoanalyse. In: Ges. Werke Bd. XII, Frankfurt/M.: S. Fischer Verlag, 1947, S. 3-12

238 Ebd., S. 9

239 Reich hat ein Schicksal erfahren, das charakteristisch für einen Aufklärer in einer repressiven Gesellschaft ist: Er, der 1939 in die USA ausgewandert war, erhielt dort 1954 Rede- und Schreibverbot. Seine Bücher wurden verbrannt, und er selbst starb, weil er dieses Verbot nicht beachtet hatte, in einem Gefängnis in Pennsylvania.

240 Wilhelm Reich: Die Funktion des Orgasmus. Köln: Kiepenheuer & Witsch, 1927, 6. Aufl. 1997, S. 89

241 Ebd., S. 152

242 Sigmund Freud: Abriß der Psychoanalyse. Frankfurt/M.: Fischer, 1958, S. 58

243 Wilhelm Reich: Die Funktion des Orgasmus. A. a. O., S. 168

244 E. J. Haeberle: Die Sexualität des Menschen. Berlin: de Gruyter, 1985, S. 477 ff.

245 M. D. Eschner: Die geheimen sexualmagischen Unterweisungen des Tieres 666. Bergen: Peyn & Schulze, 1991, S. 96 (Zur Erläuterung: 666 = apokalyptische Zahl, Zahl des Antichrist)

Naturale Fundamente
Die psychologische Basis des Lustempfindens

246 William P. Alston: »Pleasure«. In: Encyclopedia of philosophy, ed. by Paul Edwards. London: CollierMacmillan, Vol. 6 (1967), S. 341-347

247 Gilbert Ryle: The concept of mind, Kap. 4, dt. Der Begriff des Geistes. Stuttgart: Reclam, 1969

Der physiologische Unterbau des Erlebens

248 Theophrast: De sensu et sensibilibus IV, 26. In: Ges. Werke. Hrsg. v. F. Wimmer, Paris: Firmin-Didot, 1931, S. 326

249 Hans-Joachim Grüsser: Vom Ort der Seele. In: Aus Forschung und Medizin, 1,90, Berlin, S. 75

250 Aristoteles: de juventute et senectute 3 p 468 b

251 Pierre Paul Broca hat 1878 noch ohne Kenntnis der Funktion diesen mittleren Gewebeteil des Gehirns nach seiner Lage benannt.

252 Paul McLean: A triune concept of the brain and behaviour. In: T. Boag/ D. Campbell (Hrsg.) The Hinks memorial lecture. Toronto, 1973, S. 6-66

253 Paul McLean: Die drei Dimensionen der Entwicklung des Gehirns und des Rechts. In: M. Gotha/M. Rebinder (Hrsg.): Der Beitrag der Biolo-

gie zu Recht und Ethik. Berlin: Duncker & Humblot, 1988, S. 112-128

254 D. Fehling: Phallische Demonstrationen. In: A. K. Siems (Hrsg.): Sexualität und Erotik in der Antike. A. a. O., S. 281-323

255 G. Miketta/C. Tebel-Nagy: Liebe und Sex. A. a. O., S. 50

Die Chemie der Gefühle

256 K. Grammer: Signale der Liebe. Hamburg: Hoffmann und Campe, 1993, S. 428

257 Claus Wedekind et. al.: MHC dependent mate preferences in humans. Proceedings of the royal society. (London): B 216, 1995, S. 245-249

258 D. M. Stoddart: The scented ape. The biology and culture of human odour. Cambridge University Press, 1991.

259 Paul M. Churchland: Eliminative Materialism and the Proportional Attitudes. In: K. Moser/J. D. Trout (Hrsg.): Contemporary Materialism. London/NY: 1995, S. 150-179

260 J. D. Vincent: Biologie des Begehrens. Hamburg: Rowohlt, 1990, S. 91

261 Zum Problem von Freiheit und Determinismus vgl. B. Kanitscheider: Wissenschaftstheorie der Naturwissenschaft. Berlin: de Gruyter, 1981, Kap. II,4

262 M. Anderson-Hunt/L. Benerstein: Increased female sexual response after oxytocin. In: British medical Journal 309 (1994), S. 929

263 G. Miketta/C. Tebel-Nagy: Liebe und Sex. A. a. O., S. 143

264 Als einmal am Ende der Pallavicinrinne in der Nordwand des Großglockners ein wagenradgroßer Stein auf mich zustürzte, war es sicher die Euphorie über den baldigen Ausstieg, der mich trotz Fixierung am Eishaken den richtigen Sprung zur Seite tun ließ.

265 E. Bornemann: Enzyklopädie der Sexualität. A. a. o., S. 509

266 K. R. Popper: Unended quest. Glasgow: Fontana/Collius, 1976

267 Hans Lenk: Bergsteiger – Abenteuer der Würde. Erhabenes und Eigenleistung im Naturerleben. In: Berg '94, Alpenvereinsjahrbuch des deutschen und österreichischen Alpenvereins (Bd. 108). München, 1993, S. 195-205

268 Ebd., S. 200

269 Ulrich Aufmuth: Die Lust am Aufstieg. Weingarten: Drumlin Verlag, 1984, S. 162

270 Ebd., S. 165

271 Georg Christoph Lichtenberg: Sudelbuch, F 598. In: Lichtenberg Schriften und Briefe I, Frankfurt/M.: Insel TB, 1992, S. 345

Evolutionäre Determinanten des Luststrebens

272 Röm. 7,7; Gal. 5,24
273 D.A.F. de Sade: Philosophie im Boudoir. A.a.O., S. 302
274 E.O. Wilson: Sociobiology: The New Synthesis. Cambridge/Mass.: Harvard University Press, 1975
275 Vgl. Michael Ruse/Edward O. Wilson: Moral Philosophy as applied science. Philosophy 61, 1986, S. 173-193
276 Volker Sommer: Das feine Tarnkleid der Gedanken. In: Das Plateau. Radius-Verlag, 2. Jg., Nr. 81, 1991, S. 4-23
277 Richard Dawkins: Das egoistische Gen. Berlin: Springer, 1978, S. 77
278 Christian Vogel: Evolutionsbiologische Grundlagen für die »doppelte Moral« bei Mann und Frau. In: W. Böhm/M. Lindauer (Hrsg.): Mann und Frau, Frau und Mann. Hintergründe, Ursachen und Problematik der Geschlechterrollen. Stuttgart: Klett, 1997, S. 151-170
279 Andreas Paul/Eckart Voland: Die Evolution der Zweigeschlechtlichkeit. In: Bernulf Kanitscheider (Hrsg.): Liebe, Lust und Leidenschaft. Stuttgart: Hirzel, 1998, S. 99-116
280 Christian Vogel: Evolutionsbiologische Grundlagen. A.a.O., S. 154
281 Peter Murdock: Ethnographic Atlas. Pittsburg: Pittsburg UP, 1967
282 Eckart Voland: Ehe und Evolution. In: Universitas 45, Nr. 529, 1990, S. 613-626
283 Stendhal (Marie Henri Beyle): Über die Liebe. Berlin: Rütten und Loening, 1985, S. 196-198

Stolpersteine für den Eros

284 Allerdings haben detaillierte Feldstudien gezeigt, daß bei vielen sudanesischen Frauen doch ein residuales Erleben möglich ist, daß sogar einige von ihnen trotz großer Schmerzen beim Geschlechtsverkehr zum Orgasmus kommen können. (Hanny Lightfood-Klein: Sexuelles Erleben beschnittener Frauen. In: Sexualmedizin 22,6, 1993, S. 251-258)
285 Volker Sommer: Die Wissenschaft vom außerehelichen Sex. Zur Biologie des Ehebruchs. In: H. Alberts (Hrsg.): Die Zehn Gebote. Stuttgart: Radius, 1987, S. 63-80
286 Andreas Paul/Eckart Voland/P. Winkler: Die biologische Angepaßtheit des Menschen. In: E. Voland (Hrsg.): Evolution und Anpassung. Stuttgart: Hirzel, 1993, S. 303
287 »Wird ein Mann dabei angetroffen, wie er einer verheirateten Frau bei-

wohnt, so müssen beide sterben, der Mann, der der Frau beiwohnte, und auch die Frau.« (Deuteronomium 22,22)

288 Georg Huntemann: Biblisches Ethos im Zeitalter der Moralrevolution. Neuhausen: Hänssler, 1995, S. 674

Homo- und Bi-Erotik

289 »Homophilie, Homosexualität ist eine schwere Sünde, weil sie eine Sünde gegen die von Gott gesetzte Ordnung der Natur ist«, sagt der evangelische Moraltheologe Georg Huntemann (G. Huntemann: Biblisches Ethos: A. a. O., S. 458)

290 Edward O. Wilson: Biologie als Schicksal. Ullstein: Frankfurt/M., 1980, S. 135

291 Zu Unmöglichem gibt es keine Verpflichtung, Digesten (Celsus) 50, 17, 185, zitiert nach: Detlef Liebs: Lateinische Rechtsregeln und Rechtssprichwörter. München: Beck, 1983³, S. 87, vgl. heute § 388 BGB.

292 Günter Amendt hat es drastisch, aber korrekt ausgedrückt: »Mir ist beim Studium der katholischen und teilweise auch der protestantischen Sexualaufklärung erstmals klargeworden, was der Begriff Sexualverbrechen eigentlich meint und auf wen die Bezeichnung Sexualverbrecher zutrifft: auf die Verfasser dieser Schriften.« (G. Amendt: Sexfront. Frankfurt/M.: März, 1970, S. 137)

293 Kate Millett: Sita. Rowohlt: Reinbek, 1980, S. 285-286

294 A. Ch. Kinsey/W. B. Pomoroy/C. E. Malin: Das sexuelle Verhalten des Mannes. Frankfurt/M.: Fischer, 1970

295 Antonio Gala: La regla de tres. Barcelona: Planeta, 1996; Fernando Geijo: Antonio Gala. Ecos de España 8/91, S. 21

296 Anthologia Palatina V, 116

297 J. W. v. Goethe: Venetianische Epigramme. In: J. W. Goethe: Sämtliche Werke, Briefe, Tagebücher und Gespräche. Hrsg. v. D. Borchmeyer. Bd I. Gedichte 1756-1799. Frankfurt/M.: Deutscher Klassiker Verlag, 1987, S. 443-478

298 G. Kockott: Die Sexualität des Menschen. A. a. o., S. 104

299 Francis Hüsers/Almut König: Bisexualität. Stuttgart: Trias-Thieme, 1996

300 Platon: Symposion 184e

301 Vgl. Erich Bethe: Die dorische Knabenliebe, in: A. K. Siems: Sexualität und Erotik in der Antike. A. a. O., S. 17-57

302 Agnes Frei/Christoph Klimke (Hg.): Lieb doch die Männer und die Frauen. Bisexualität – der zweite siebte Himmel? Reinbek: Rowohlt, 1989

Liebe, Besitz und Eifersucht

303 John McMurtry: Monogamy, a critique. In: R.T. Baker/F. Elliston (Hrsg.): Philosophy and Sex. New York: Prometheus books, 1984, S. 107-118

304 Gabriel García Márquez: Diatriba de amor contra un hombre sentado. Grijalbo Mondadori. Barcelona, 1995, S. 11. »Nichts ist der Hölle so ähnlich wie eine glückliche Ehe«

305 Esther Vilar: Heiraten ist unmoralisch. Bergisch Gladbach: G. Lübbe Verlag, 1994

306 Amo Plack: Die Gesellschaft und das Böse. Frankfurt/M.: Fischer, 1991, S. 165

307 Frank Joachim: Die 8er Ehe. Variationen über die Monogamie. Kabel o.O., 1993

308 Gerhard Szczesny: Das sogenannte Gute. Hamburg: Rowohlt, 1971, S. 106

309 Bertrand Russell: Marriage and Morals. (1929) dt. Ehe und Moral. Darmstadt: Darmstädter Blätter, 1984

310 Günther Patzig: Verhaltensforschung und Ethik. In: Neue deutsche Hefte 31/1984, S. 684 (unsere Hervorhebung)

311 L.I. Tibull: Elegien 6 V. 35 (Sie umarmt dich und seufzt indes nach anderen)

312 Stendhal: Über die Liebe. Berlin: Propyläen, 1982, S. 88-89

313 Wörtlich: zwischen Kohl und Kohl auch einmal Salat. José María Iribarren erklärt die Redewendung: »...todas las cosas piden alguna variación y diversidad, para no cansar el entendimiento ni los sentidos«. (J.M. Iribarren: El porqué de los dichos. Pamplona: Gobierno de Navarra, 1995, S. 67)

314 Hermann Hesse: Gesammelte Dichtungen. Frankfurt/M.: Suhrkamp, 1957, S. 786

315 Viele Dichter haben diese emotionale Disposition der Menschen thematisiert: Miguel de Cervantes läßt Mariana den Vorschlag äußern, die Ehe als höchstens dreijährigen Pachtvertrag zu schließen, und Goethe gibt in den Wahlverwandtschaften dem Graf die Idee ein, daß jede Ehe nur auf fünf Jahre fixiert werden soll. (Miguel de Cervantes Saavedra: Der Scheidungsrichter. Ges. Werke. Hrsg. v. A. M. Rohbauer, Stuttgart: Goverts, 1970, Bd. 4, S. 1077; J.W. v. Goethe: Die Wahlverwandtschaften. Stuttgart: Reclam, 1971, S. 73)

316 Ernest Borneman et al.: Eifersucht. Ein Lesebuch für Erwachsene. Stuttgart: lucy körner Verlag, 1979
317 Ernest Borneman: Ullstein-Enzyklopädie der Sexualität. A. a. O., S. 159
318 Adolph Freiherr von Knigge: Über den Umgang mit Menschen. Bremen: Schünemann, 1964, S. 178
319 Vgl. Heike Matthias: Warum Scheidung? In: Sexualmedizin 22,3, 1993, S. 84-88
320 Helmut Schelsky: Soziologie der Sexualität. Hamburg: Rowohlt, 1968, S. 53
321 Siegfried Schnabel: Tötet die Ehe die Lust? In: Sexualmedizin 16, Nr. 7/8 (1994), S. 215-221
322 Vgl. Kirsten von Sydow: Sexuelle Entwicklung in der Ehe. In: Sexualmedizin 22,2, 1993, S. 44-54
323 Auch manche Frauen zeigen eine durchaus robuste Mentalität, was die qualitative Einschätzung des Partners angeht. So äußert sich Linda Jaivin in ihrem Roman »Haut und Haar«: »Ein Mann soll im Bett seine Sache gut machen und zwischendurch höchstens mal auf ein paar Worte nach oben kommen, und die müssen ja nicht in Sanskrit sein.« (Linda Jaivin: Haut und Haar. Hamburg: Hoffmann und Campe, 1997)
324 Man denke an den berühmten Satz von Ovid: »Nur die ist keusch, um die keiner wirbt.« (Ovid: Amores I,8,43)
325 Charles de Montesquieu: Perserbriefe. Frankfurt/M.: Insel Verlag, 1988, übersetzt von Jürgen von Stackelberg, S. 100
326 Pierre Ambroise Françoise Choderlos de Laclos: Gefährliche Liebschaften. Wien, 1991

Paternalismus, Selbstversklavung und Libidodiskordanz

327 John Stuart Mill: Über die Freiheit. Stuttgart: Reclam, 1974
328 Ebd., S. 103
329 Ebd., S. 141
330 John Claude Wolf: Paternalismus, Moralismus und Überkriminalisierung. In: G. Krötzinger (Hrsg.): Recht auf Sucht? Berlin: Rotbuch Verlag, 1991, S. 38-65
331 Athenaios: Deipnosophistae XIII, 589; Diog. Laert.: V, 12
332 Hans Baldung Grien im Kunstmuseum Basel. Basel, 1978, Nr. 54
333 Peter Sloterdijk: Kritik der zynischen Vernunft, Band 2. Frankfurt/M.: Suhrkamp, 1983, S. 469
334 Ebd., S. 471
335 S. M. Antelman/A. R. Caggiula: Stress-Induced Behavior: Chemother-

apy without Drugs. In: J. M./R. I. Davidson (Hrsg.): The Psychobiology of Consciousness. New York: Plenum Press, 1982, S. 65-104

336 Leopold von Sacher-Masoch: Venus im Pelz. Frankfurt/M.: Insel, 1980, S. 140

337 Ebd., S. 29

338 Vgl. Michael Salewski: Julian, begib dich in mein Boudoir. Weiberherrschaft und Fin de Siècle. In: A. Bagel-Bohlan/Michael Salewski (Hrsg.): Sexualmoral und Zeitgeist im 19. und 20. Jahrhundert. Opladen: Leske & Budrich, 1990, S. 45-70

339 Julian Robinson: Die Weiberherrschaft. München: Ullstein, 1973, Exquisit Bücher Band 70, S. 102

340 Schon die mythische Erzählung vom thebanischen Seher Teiresias, der in seiner Vergangenheit einmal Frau und einmal Mann gewesen war, also beide Empfindungsarten kannte, weist in diese Richtung. Aufgrund seiner zweifachen Erfahrung fragten ihn Zeus und Hera, ob Mann oder Frau beim Geschlechtsverkehr den größeren Genuß habe. Teiresias meinte, daß die Frau neunmal mehr Vergnügen beim Liebesakt habe (Ovid: Metamorphosen 3, 316 ff.)

341 Dies ist ein quantitatives relatives Maß analog einer Prozentzahl, die angibt, bei wieviel Prozent der Paare die Frau das größere Interesse am Geschlechtsverkehr besitzt als der Partner.

342 S. Göttlicher/J. Madjaric: Die Stärke der weiblichen Libido I. In: Sexualmedizin 17, 4, 1995, S. 103-108. II: 17, 5, 1995, S. 136-143. III: 17, 6, S. 168-170

343 S. Göttlicher/J. Madjaric: Die Stärke der weiblichen Libido. In: Sexualmedizin 17,6, S. 168

344 Diogenes Laërtius X,6, vgl. Kap. I, 2

345 Man vergleiche hier zum Beispiel die Triolenstelle bei Buchstabe B im ersten Satz von Tschaikowskys Klaviertrio Opus 50.

346 Man denke nur an die leidenschaftliche Beziehung zwischen Clara und Robert Schumann, welche wunderbare Werke wie die »Dichterliebe« op. 48 nach Gedichten von Heinrich Heine inspirierte, oder Richard Wagners Liebe zu Mathilde Wesendonk, die sich in »Tristan und Isolde« niedergeschlagen hat.

347 P. Englisch: Geschichte der erotischen Literatur. Berlin: Julius Püttmann, 1927, S. 263

348 Wilhelmine Schröder-Devrient: Die Memoiren einer Sängerin. München: Moewig Verlag, 1979

349 Ebd., S. 17

Bewußtseinserweiternde Drogen, psychoaktive Pflanzen und liebessteigernde Mittel

350 Bernardo Ellefsen: Matrimonio y Sexo en el Incario. Editorial Los Amigos del Libro. Cochabamba/La Paz, 1989, S. 314
351 Christian Rätsch: Pflanzen der Liebe. Bern: Hellwag, 1990
352 Eduardo Galeano: Las venas abiertas de América Latina. Madrid: Siglo veintiuno, 1992
353 Wilson Mendieta Pacheco: El Cerro Rico de Potosí. Sociedad Geografica y de Historia »Potosí«. Potosí 1995
354 Stefen M. Mirin et al.: Opiate Use and Sexual Function. American Journal of Psychiatry *137* (1980), 8, S. 909-915
355 Für eine umfassende Information bietet sich an: Alexander Kupfer: Die künstlichen Paradiese. Stuttgart: Metzler, 1996
356 Das Schicksal eines Kokain-Abhängigen wird sehr eindringlich in dem Roman von Jaime Bayly geschildert: Fue Ayer y no me acuerdo. PEISA (Perú) 1996.
357 Noam Chomsky: Die Fünfte Freiheit. Hamburg: Argument 1988, S. 11
358 Milton Friedman: Der Drogenkrieg ist verloren. In: Der Spiegel 14 (1992), S. 77-86
359 Williams Herrera Añez: La despenalización del narcotráfico. Editorial Sirena. Santa Cruz de la Sierra, 1996
360 Timothy Leary: Politik der Ekstase. Hamburg: Wegner, 1970
361 Ebd., S. 201

Natürliche und künstliche Paradiese

362 Charles Baudelaire: Die künstlichen Paradiese. In: Sämtliche Werke, Bd. 5, hrsg. v. F. Kempetal. München: Hanser, 1989, S. 55
363 Timothy Leary: She comes in colors. In: The Politics of Ecstasy. New York: Putnam, 1965, S. 127
364 Ebd., S. 135
365 Vgl. Thomas Elbert/Brigitte Rockstroh: Psychopharmakologie. 2. Auflage, Göttingen: Hogrefe, 1993
366 Sidney Cohen: Medizinischer Stand der Marihuana-Forschung. In: Völger van Welck III: Rausch und Realität, ebd., S. 1390-1396
367 Pschyrembel: Klinisches Wörterbuch. Berlin: de Gruyter, 257. Auflage, S. 3

368 Es sei denn, ein Mann kommt auf die irre Idee, die Penetration seiner Partnerin durch einen *Sprung* zu vollziehen, und zieht sich dabei eine Penisfraktur zu. Zur Beschreibung zweier Fälle vgl. Michael Fedel: Betthupferl. In: Sexualmedizin 17,6, 1995, S. 176-180

369 Es ergab sich als statistisch signifikant, daß das Mortalitätsrisiko bei Männern mit zwei und mehr Orgasmen pro Woche nur halb so groß war wie bei jenen, die weniger als einmal im Monat Geschlechtsverkehr hatten. (G.D. Smith et al.: Sex and death: are they related? Findings from the Caerphilly cohort study. British Medical Joumal 315, 1997, S. 1641-44) (Vgl. auch Sexualmedizin 20,2, 1998, S. 56-57)

370 Friedrich Nietzsche: Zarathustra: Das trunkene Lied. Leipzig: Naumann, 1907, S. 471

371 Werner Groß: Sucht ohne Drogen. Frankfurt/M.: Fischer, 1990, S. 13

372 Ebd., S. 20

373 Horst Eberhard Richter: Der Gotteskomplex. Hamburg: Rowohlt, 1979, S. 166

374 Ebd., S. 171

375 Karl Barth: Kirchliche Dogmatik. 3. Auflage. Gütersloh: Bertelsmann, 1976

376 B. Brecht/P. Picasso: Über Verführung. Darmstadt: WBG, 1998

377 Arthur Schopenhauer: Werke, hrsg. von Löhneysen, Band 1, Frankfurt/M.: Insel, 1960, S. 427

378 In der Kampagne gegen Leary hat auch der Existenzpsychologe Viktor Frankl eine wichtige Rolle gespielt, der auf Anfrage von Gordon W. Allport die Entlassung Learys empfahl. (V.E. Frankl: Logotherapie und Existenzanalyse. Berlin: Quintessenz 1994, S. 291)

379 Julian M. Davidson: The Psychobiology of Sexual Experience. In: J.M. und R.I. Davidson: The Psychobiology of Consciousness. New York: Plenum, 1982, S. 294

Hedonisches Leben mit virtueller Realität

380 Frederika Gers: Vom Chat zum Bett. In: Der digitale Mensch. Spiegel Special Nr. 3, 1997, S. 34

381 Thomas Jendrosch: Virtuelle Spielwiese. Verhaltensforschung und teilnehmende Beobachtung auf dem Datenhighway. In: Sexualmedizin 20, 2 (1998), S. 48-29

Der Hedonist und die anderen
Von der Eigenliebe zur Freundschaft und Geselligkeit

382 Aristoteles: Nikomachische Ethik 1097 B
383 Diogenes Laërtius X, 148-154
384 Hans von Arnim: Epikuros, in: Paulys Realencyclopädie der classischen Altertumswissenschaft, Bd. IV, 1, Stuttgart: Druckenmüller, 1970, S. 133 ff.
385 H. Usener Epicurea. Leipzig: Teubner, 1887, fr. 544
386 Ebd., fr. 546
387 Vgl. Kap. III,5
388 Michel de Montaigne: De l'amitie. In: Essays de Michel de Montaigne, Tome Deuxième. Paris: Editions de la chronique des lettres française, 1928, S. 8 ff.
389 Arthur Schopenhauer: Aphorismen zur Lebensweisheit. Ges. Werke (hrsg. von Hübscher). Band 5, Wiesbaden: Brockhaus, 1961, S. 489
390 Friedrich Nietzsche: Die fröhliche Wissenschaft, Musarion-Ausgabe, München 1924, Band 12, S. 53
391 Nikolai Hartmann: Ethik. Berlin: de Gruyter, 1962^4, S. 473

Rituale des Genusses: Essen und Trinken

392 Immanuel Kant: Metaphysik der Sitten. Philosophische Bibliothek, Band 42. Hamburg: Meiner, 1959, S. 275
393 Ebd., S. 277
394 Beide Ausdrücke bedeuten Feinschmecker, Leckermaul und Weinkenner, aber nicht Vielfraß. Dies ist im Französischen mit dem Ausdruck »goulu« wiedergegeben.
395 Michel Onfray: Die genießerische Vernunft. Die Philosophie des guten Geschmacks. Zürich: Elster, 1996, S. 71
396 Wie wir auch schon im historischen Abschnitt I,1 bemerkt haben.
397 Peter Hibst: Tafelfreuden im Mittelalter. Essen, Thales Verlag 1991
398 Vgl.: Im Spanischen etwa bedeutet »trascendental« soviel wie bedeutend, wichtig, folgenschwer.
399 J. A. Brillat-Savarin: Physiologie des Geschmacks (1825) oder Physiologische Anleitung zum Studium der Tafelgenüsse. Braunschweig: Vieweg, 1865
400 Ebd., S. XV
401 Michel Onfray: Der Uterus, die Trüffel und der Philosoph. A. a. O., S. 106

402 Max de Roche: Cuisine d'Amour. Aphrodisische Speisen. Münster: Stedtfeld, 1991, S. 72
403 Isabel Allende: Aphrodite. Frankfurt/M.: Suhrkamp Verlag 1998, S. 209
404 Wilhelm Heilmann (Hrsg.): Japanische Liebeskunst. München, 1991
405 »Indianer, Eskimos und Asiaten verfügen über 30-50% weniger Aldehyddehydrogenase als okzidentale Rassen.« (Th. Elbert/B. Rockstroh: Psychopharmakologie. Göttingen, 1993, S. 323)
406 Charles Baudelaire: Les paradis artificiels, 1860, deutsch: Charles Baudelaire: Sämtliche Werke, hrsg. von F. Kemp und C. Pichois. München: Hanser Verlag, 1989, Bd. 5, S. 55-189
407 M. Onfray: Die genießerische Vernunft. A.a.O., S. 180
408 Dieses von Schelling eingeführte Begriffspaar gibt die ordnungsbewahrende Tendenz im Menschen nach dem Gott Apollon und den formensprengenden Drang nach dem Gott Dionysos wieder.
409 Er taucht zuerst in den Trinkliedern des Alkaios auf, der mit Sappho das berühmte Dichterpaar aus Lesbos (um 600 v.d.Z.) bildet. (Bergk: Poetae lyrici Graeci, Bd. 4, fr. 53, 57. Leipzig: Reichenbach, 1853. Die lateinische Version »In vino veritas« findet sich bei Horaz: Satiren 1, 4, 89)
410 René Rengli/Jakob Tanner: Das Drogenproblem. Berlin: Springer, 1994, S. 35 ff.
411 Gisèle Harrus-Révidi: Die Kunst des Genießens. Zürich: Artemis und Winkler, 1996, S. 184-185

Humor und Problembewältigung

412 Dies ist erschienen in den Lustigen Blättern in den zwanziger Jahren (Zitiert nach Ariola LP 51157 S »Karl Valentin und Liesl Karlstadt«)
413 H. Bergson: Le rire. Paris 1900, dt.: Das Lachen. Darmstadt: Luchterhand, 1988
414 Bertolt Brecht: Karl Valentin. In: M. Schulte (Hrsg.): Das große Karl Valentin Buch. Müchen: Piper, 1973, S. 91
415 M. Schulte: a.a.O., S. 402
416 Javier Tapia: Chistes de Gallegos, Catalanes, Madrileños, Andaluces y otras hierbas nacionales. El Papagayo, Madrid, 1993, S. 116
417 S. Freud: Der Witz und seine Beziehung zum Unbewußten. Ges. Werke, Bd. 6. Frankfurt/M.: S. Fischer Verlag, 1961^3, S. 181 ff.

Luxus und Überfluß

418 Wie wir auch schon im historischen Abschnitt I, 2 bemerkt haben.
419 Platon: Gorgias 294C; 590B
420 B. Mandeville: Die Bienenfabel. Frankfurt/M.: Suhrkamp, 1968
421 Voltaire: Œuvre complet, hrsg. von Moland, Neudruck Nendeln 1967, Band 10, S. 81, Band 20, S. 16
422 Immanuel Kant: Anthropologie, Teil 1, 2. Buch, § 72. Akademie-Ausgabe. Berlin: de Gruyter, 1968, Band 7, S. 249
423 Werner Sombart: Luxus und Kapitalismus. München/Leipzig: Duncker & Humblot 1913
424 Diogenes Laërtius, 10, 130f.
425 Der Koran, das heilige Buch des Islam, nach der Übertragung von Ludwig Uhlmann neu bearbeitet und erläutert von Leo Winter. München: Goldmann, 1959, S. 477.
426 H.M. Enzensberger: Reminiszenzen an den Überfluß. In: Spiegel, Nr. 51 (1996), S. 108-116

»Make love, not war«, hedonistische Jugendkultur

427 Erich Fried: Lysistrata. Berlin: Wagenbach Tb 206, 1992
428 Hermann Hesse: Voll Blüten. Gesammelte Dichtungen, Bd. 5, Frankfurt/M.: Suhrkamp, 1957, S. 629
429 Timothy Leary: Info-psychologie: Handbuch für den Gebrauch des menschlichen Nervensystems gemäß den Anweisungen der Hersteller. Basel: Sphinx-Verlag 1991, S. 50-51
430 Felix Guattari: Mikro-Politik des Wunsches. Berlin: Merve Verlag, 1977, S. 72
431 Jean-François Lyotard: Das Patchwork der Minderheiten. Berlin: Merve Verlag 1977, S. 61 f.
432 Luce Irigaray: Waren, Körper, Sprache. Der ver-rückte Diskurs der Frauen. Berlin: Merve Verlag, 1976, S. 44-45
433 Carla Lonzi: Die Lust Frau zu sein. Berlin: Merve Verlag 1975, Umschlag
434 David Baumgardt: Jenseits von Machtmoral und Masochismus. Hedonistische Ethik als kritische Alternative. Meisenheim/Glan: Verlag Anton Hain, 1977, S. 424-425
435 Paul Virilio: Fahren, fahren, fahren. Berlin: Merve Verlag 1978, S. 94

Ausblick

436 S.P. Huntington: Der Kampf der Kulturen. München/Wien: Europaverlag, 1997

Weiterführende Literatur

Angelika Dierichs, Erotik in der Kunst Griechenlands. Mainz: Ph. v. Zabern, 1993

Angelika Dierichs, Erotik in der Römischen Kunst. Darmstadt: Wissenschaftliche Buchgesellschaft, 1997

Clifford Bishop, Sex and Spirit. London: Duncan Baird, 1996

Malte Hossenfelder, Epikur. München: C.H. Beck, 1991

Wolfgang Röd, Der Weg der Philosophie, Bd. I. München: C.H. Beck, 1994

Marielouise Janssen-Jureit, Frauen und Sexualmoral. Frankfurt/M.: Fischer, 1986

Georg Denzler, Die verbotene Lust. 2000 Jahre christliche Sexualmoral. München: Piper, 1991

Karl Grammer, Signale der Liebe. Hamburg: Hoffmann und Campe, 1993

Gaby Miketta/Claudia Tebel-Nagy, Liebe und Sex. Über die Biochemie leidenschaftlicher Gefühle. Stuttgart: Thieme, 1996

Bettina Eva Stumpp, Prostitution in der römischen Antike. Berlin: Akademie Verlag, 1998

Herrad Schenk, Frauen und Sexualität. Ein historisches Lesebuch. München: C.H. Beck, 1995

Simon Le Vay, Keimzellen der Lust. Die Natur der Sexualität. Heidelberg: Spektrum, 1994

Timo Airaksinen, The Philosophy of the Marquis de Sade. London/New York: Routledge, 1995

Robert Baker/F. Elliston (Hrsg.), Philosophy and Sex. 2. Auflage. New York: Prometheus Books, 1984

Ekkehart & Gernot Rotter, Venus, Maria, Fatima. Wie die Lust zum Teufel ging. Düsseldorf: Artemis und Winkler, 1996

Hans Peter Duerr, Obszönität und Gewalt. Der Mythos vom Zivilisationsprozeß, Bd. 3. Frankfurt/M.: Suhrkamp, 1993

Bernulf Kanitscheider (Hrsg.), Liebe, Lust und Leidenschaft. Sexualität im Spiegel der Wissenschaft. Stuttgart: Hirzel, 1998

Bernulf Kanitscheider, Auf der Suche nach dem Sinn. Frankfurt/M.: Insel, 1995

Kirsten von Sydow, Lebenslust. Bern: Hans Huber, 1993

Danksagung

Unser Gemeinschaftswerk verdankt Form und Gestaltung nicht nur den Verfassern, sondern auch der vielfältigen Hilfe von Mitarbeitern unseres Zentrums für Philosophie, allen voran Dr. Berthold Suchan, der viele konstruktive Veränderungen am Text angebracht hat. Frau Christel Dörr und Frau Ingrid Weil haben viele Stunden am Computer verbracht, um die immer wieder auftauchenden Neueinfälle der Autoren einzufügen. Dem Insel Verlag sei gedankt für sein Entgegenkommen in der Umsetzung der eher ungewöhnlichen Struktur dieses Buches, das darauf abzielt, Denken und Sinnlichkeit zugleich freudvoll anzuregen.

Literatur der Moderne im insel taschenbuch

Peter Altenberg: Auswahl aus seinen Büchern von Karl Kraus. Mit einem Nachwort von Christian Wagenknecht. it 1851

Lou Andreas-Salomé: Lebensrückblick. Grundriß einiger Lebenserinnerungen. Aus dem Nachlaß herausgegeben von Ernst Pfeiffer. Neu durchgesehene Ausgabe mit einem Nachwort des Herausgebers. it 54

– Rainer Maria Rilke. Mit acht Bildtafeln im Text. Herausgegeben von Ernst Pfeiffer. it 1044

Bertolt Brecht: Hauspostille. Mit Anleitungen, Gesangsnoten und einem Anhang. Radierungen von Christoph Meckel. it 617

Hans Carossa: Werke in Einzelausgaben. Zwölf Bände in Kassette. Die Werke sind auch einzeln lieferbar. it 1461-1472

– Band 1: Gedichte. Der alte Taschenspieler. it 1461
– Band 2: Die Schicksale Doktor Bürgers. Rumänisches Tagebuch. it 1462
– Band 3: Der Arzt Gion. it 1463
– Band 4: Geheimnisse des Lebens. it 1464
– Band 5: Führung und Geleit. it 1465
– Band 6: Aufzeichnungen aus Italien. it 1466
– Band 7: Eine Kindheit. it 1467
– Band 8: Verwandlungen einer Jugend. it 1468
– Band 9: Das Jahr der schönen Täuschungen. it 1469
– Band 10: Der Tag des jungen Arztes. it 1470
– Band 11: Ungleiche Welten. Lebensbericht. it 1471
– Band 12: Ein Tag im Spätsommer 1947. Erzählung. it 1472

– Das Jahr der schönen Täuschungen. it 1091

– Eine Kindheit. it 295 und Großdruck. it 2345

– Die Schicksale Doktor Bürgers. it 830

– Der Tag des jungen Arztes. it 1137

Felix Dahn: Ein Kampf um Rom. Mit einem Nachwort von Hans-Rüdiger Schwab. it 1744

Federico García Lorca: Die dramatischen Dichtungen. Deutsch von Enrique Beck. it 3

Adele Gundert: Marie Hesse. Die Mutter von Hermann Hesse. Ein Lebensbild in Briefen und Tagebüchern. Mit einem Essay von Siegfried Greiner und Illustrationen von Gunter Böhmer. it 261

Hermann Hesse: Bäume. Betrachtungen und Gedichte. Mit Fotografien von Imme Techentin. Zusammenstellung der Texte von Volker Michels. it 455 und it 1815

– Franz von Assisi. Mit Fresken von Giotto und einem Essay von Fritz Wagner. it 1069

155/1/12.96

Literatur der Moderne im insel taschenbuch

Hermann Hesse: Gedichte des Malers. Zehn Gedichte mit farbigen Zeichnungen. it 893
– Hermann Lauscher. Mit frühen, teils unveröffentlichten Zeichnungen und einem Nachwort von Gunter Böhmer. it 206
– Kindheit des Zauberers. Ein autobiographisches Märchen. Handgeschrieben, illustriert und mit einer Nachbemerkung versehen von Peter Weiss. it 67
– Knulp. Drei Geschichten aus dem Leben Knulps. Mit dem Fragment ›Knulps Ende‹. Mit sechzehn Steinzeichnungen von Karl Walser. it 394
– Magie der Farben. Aquarelle aus dem Tessin. Mit Betrachtungen und Gedichten zusammengestellt und mit einem Nachwort versehen von Volker Michels. it 482
– Mit Hermann Hesse durch Italien. Ein Reisebegleiter durch Oberitalien. Mit farbigen Fotografien. Herausgegeben von Volker Michels. it 1120
– Piktors Verwandlungen. Ein Liebesmärchen, vom Autor handgeschrieben und illustriert, mit ausgewählten Gedichten und einem Nachwort versehen von Volker Michels. it 122
– Schmetterlinge. Betrachtungen, Erzählungen, Gedichte. Zusammengestellt und mit einem Nachwort versehen von Volker Michels. it 385
– Die Stadt. Ein Märchen, ins Bild gebracht von Walter Schmögner. it 236
– Der Zwerg. Ein Märchen. Mit Illustrationen von Rolf Köhler. it 636
Henrik Ibsen: Ein Puppenheim. Herausgegeben und übersetzt von Angelika Gundlach. Mit zeitgenössischen Abbildungen. it 323
Jens Peter Jacobsen: Niels Lyhne. Mit Illustrationen von Heinrich Vogeler. Nachwort von Fritz Paul. Aus dem Dänischen von Anke Mann. it 44
Marie Luise Kaschnitz: Beschreibung eines Dorfes. Fotografien von Michael Grünwald. it 665
– Eisbären. Erzählungen. it 4
Harry Graf Kessler: Tagebücher 1918-1937. Herausgegeben von Wolfgang Pfeiffer-Belli. it 1779
Eduard von Keyserling: Schwüle Tage. Erzählung. it 1726
Christian Morgenstern: Alle Galgenlieder. it 6

155/2/12.96

Literatur der Moderne
im insel taschenbuch

Rainer Maria Rilke: Sämtliche Werke. insel taschenbuch-Ausgabe in sechs Bänden. Herausgegeben vom Rilke-Archiv. In Verbindung mit Ruth Sieber-Rilke besorgt durch Ernst Zinn.
- Band I: Gedichte. Erster Teil. it 1101
- Band II: Gedichte. Zweiter Teil. it 1102
- Band III: Jugendgedichte. it 1103
- Band IV: Frühe Erzählungen und Dramen. it 1104
- Band V: Kritische Schriften. Worpswede. Auguste Rodin. it 1105
- Band VI: Malte Laurids Brigge. Kleine Schriften. it 1106

- Am Leben hin. Novellen und Skizzen 1898. Mit Anmerkungen und einer Zeittafel. it 863
- Die Aufzeichnungen des Malte Laurids Brigge. it 630
- Auguste Rodin. Mit 96 Abbildungen. it 766
- Ausgesetzt auf den Bergen des Herzens. Gedichte aus den Jahren 1906 bis 1926. it 98
- Briefe. 3 Bde. in Kassette. Herausgegeben vom Rilke-Archiv in Weimar in Verbindung mit Ruth Sieber-Rilke. Besorgt durch Karl Altheim. it 867
- Briefe über Cézanne. Herausgegeben von Clara Rilke. Besorgt und mit einem Nachwort versehen von Heinrich Wiegand Petzet. Mit siebzehn farbigen Abbildungen. it 672
- Das Buch der Bilder. Des ersten Buches erster Teil. Des ersten Buches zweiter Teil. Des zweiten Buches erster Teil. Des zweiten Buches zweiter Teil. it 26
- Duineser Elegien. Die Sonette an Orpheus. it 80
- Erste Gedichte. Larenopfer. Traumgekrönt. Advent. it 1090
- Ewald Tragy. Mit einem Nachwort von Richard von Mises. it 1142
- Frühe Gedichte. it 878
- Gedichte. Aus den Jahren 1902 bis 1917. Taschenbuchausgabe der 1931 als Privatdruck erschienenen Edition der Handschrift Rainer Maria Rilkes. Illustriert von Max Slevogt. it 701
- Gedichte aus den späten Jahren. Herausgegeben von Franz-Heinrich Hackel. it 1178
- Geschichten vom lieben Gott. Illustrationen von E. R. Weiß. it 43 und Großdruck. it 2313
- In einem fremden Park. Gartengedichte. Zusammengetragen von Marianne Beuchert. Mit zwölf farbigen Bildern von Marion Nickig. it 1820
- Die Letzten. Im Gespräch. Der Liebende. it 935

Rainer Maria Rilke: Die Liebenden. Die Liebe der Magdalena. Portugiesische Briefe. Die 24 Sonette der Louïze Labé. it 355

155/3/12.96

Literatur der Moderne
im insel taschenbuch

Rainer Maria Rilke: Neue Gedichte. Der Neuen Gedichte anderer Teil. it 49
– Das Stunden-Buch, enthaltend die drei Bücher: Vom mönchischen Leben. Von der Pilgerschaft. Von der Armut und vom Tode. it 2
– Vom Alleinsein. Geschichten, Gedanken, Gedichte. Herausgegeben von Franz-Heinrich Hackel. it 1216
– Worpswede. Fritz Mackensen. Otto Modersohn. Fritz Overbeck. Hans am Ende. Heinrich Vogeler. Mit zahlreichen Abbildungen und Farbtafeln im Text. it 1011
– Zwei Prager Geschichten und ›Ein Prager Künstler‹. Mit Illustrationen von Emil Orlik. Herausgegeben von Josef Mühlberger. it 235

Rainer Maria Rilke / Lou Andreas-Salomé: Briefwechsel. Herausgegeben von Ernst Pfeiffer. it 1217

Rilke in Spanien. Briefe, Gedichte, Tagebücher. Herausgegeben von Eva Söllner. Mit farbigen Abbildungen. it 1507

Rilkes Landschaft. In Bildern von Regina Richter, zu Gedichten von Rainer Maria Rilke. Nachwort von Siegfried Unseld. it 588

Leopold von Sacher-Masoch: Venus im Pelz. Mit einer Studie über den Masochismus von Gilles Deleuze. it 469

Felix Timmermans: Das Glück in der Stille. Die schönsten Erzählungen. Ausgewählt von Franz-Heinrich Hackel. it 1886
– Der Heilige der kleinen Dinge. Erzählungen. Mit Zeichnungen des Autors. it 1364
– Das Jesuskind in Flandern. Aus dem Flämischen von Anton Kippenberg. Mit Zeichnungen des Dichters. it 937
– Pallieter. Mit Zeichnungen des Dichters. Aus dem Flämischen von Anna Valeton-Hoos. it 1430
– St. Nikolaus in Not. Aus dem Flämischen von Anna Valeton-Hoos. Mit farbigen Bildern von Else Wenz-Viëtor. it 2023

Georg Trakl: Die Dichtungen. it 1156

Oscar Wilde: Gesammelte Werke in zehn Bänden. Herausgegeben von Norbert Kohl. it 582
- Band 1: Das Bildnis des Dorian Gray
- Band 2: Märchen und Erzählungen
- Band 3: Theaterstücke I
- Band 4: Theaterstücke II
- Band 5: Gedichte
- Band 6: Essays I
- Band 7: Essays II
- Band 8: Briefe I
- Band 9: Briefe II
- Band 10: Briefe III

155/4/12.96

Literatur der Moderne im insel taschenbuch

Oscar Wilde: Aphorismen. Herausgegeben von Frank Thissen. it 1020
– Das Bildnis des Dorian Gray. Deutsch von Hedwig Lachmann und Gustav Landauer. Mit einem Essay, einer Auswahlbibliographie und einer Zeittafel herausgegeben von Norbert Kohl. it 843
– Die Erzählungen und Märchen. Mit Illustrationen von Heinrich Vogeler. Aus dem Englischen übersetzt von Felix Paul Greve und Franz Blei. it 5
– Gedichte. Herausgegeben von Norbert Kohl. it 1455
– Das Gespenst von Canterville. Erzählung. Mit Illustrationen von Oski. Aus dem Englischen von Franz Blei. it 344
– Der glückliche Prinz und andere Märchen. Aus dem Englischen von Franz Blei. Mit Illustrationen von Michael Schroeder und einem Nachwort von Norbert Kohl. it 1256
– Lord Arthur Saviles Verbrechen und andere Geschichten. Mit Illustrationen von Michael Schroeder. Aus dem Englischen von Christine Hoeppner. it 1151
– Salome. Dramen, Schriften, Aphorismen und ›Die Ballade vom Zuchthaus zu Reading‹. Mit Illustrationen von Marcus Behmer. it 107

155/5/12.96